超統計學

在職場裡大聲自信的必備數據分析能力！
憑感覺給無力結論，不如學幾招統計學鐵口直斷

小林克彥監修　智・Side Ranch漫畫　方瑜翻譯

日常生活中廣泛使用的統計學

我是健太 進公司第十年的 上班族
慶東商事 業務部第二課
工藤 健太（32）
業績不錯，公司內的風評也不壞。
好！
×××
工藤健太
○○○
呃，雖然偶爾會出些小差錯……
影印—
影印—
影印份數打錯啦！
對現在的工作很滿意。
喂——健太！社長叫你喔。
社長室
Refresh 人事異動……嗎？

就是在一定期限內調動到其他部門，希望能達到公司內部活性化的效果哪！
所以就麻煩你從今天開始調到「資料分析部」去吧！
鏘——
調職令
資料分析部
工藤 健太
慶東商事
社長
咦——!!
資料分析部，不是在公司內部也老被說成是神祕部門的那個嗎……
社長室
憂～鬱～
為什麼我得去資料分析部啊……
喔喔，健太被調到資料分析部啊！
拍
文典……！
哼哼
真是遺憾啊，你被踢出出人頭地組啦！健太～
業務部第一課
夏目 文典
與健太同期進入公司的對手

嗯，你就好好加油吧！
怒怒怒……
嘆氣…
掰……
垂頭喪氣
資料分析部
這裡嗎……
雖然聽說是處理統計業務的部門，
不過統計到底是什麼……？
叩叩
不好意思。
咿呀
你就是從今天調過來的工藤健太吧？

我是資料分析部的經理，涉谷和美。
請多指教！
慶東商事資料分析部
涉谷 和美
請…請多指教！
我們部門主要的職責就是利用「統計學」來分析資料喔！
那就直說了……你知道什麼是統計學嗎？
唔…
不……其實完全不懂……
所謂統計學，就是彙整大量的資料，並從中讀取資訊，
將不明所以憑工作經驗或靠感覺來理解的事物，重新用數字加以驗證的一門學問！

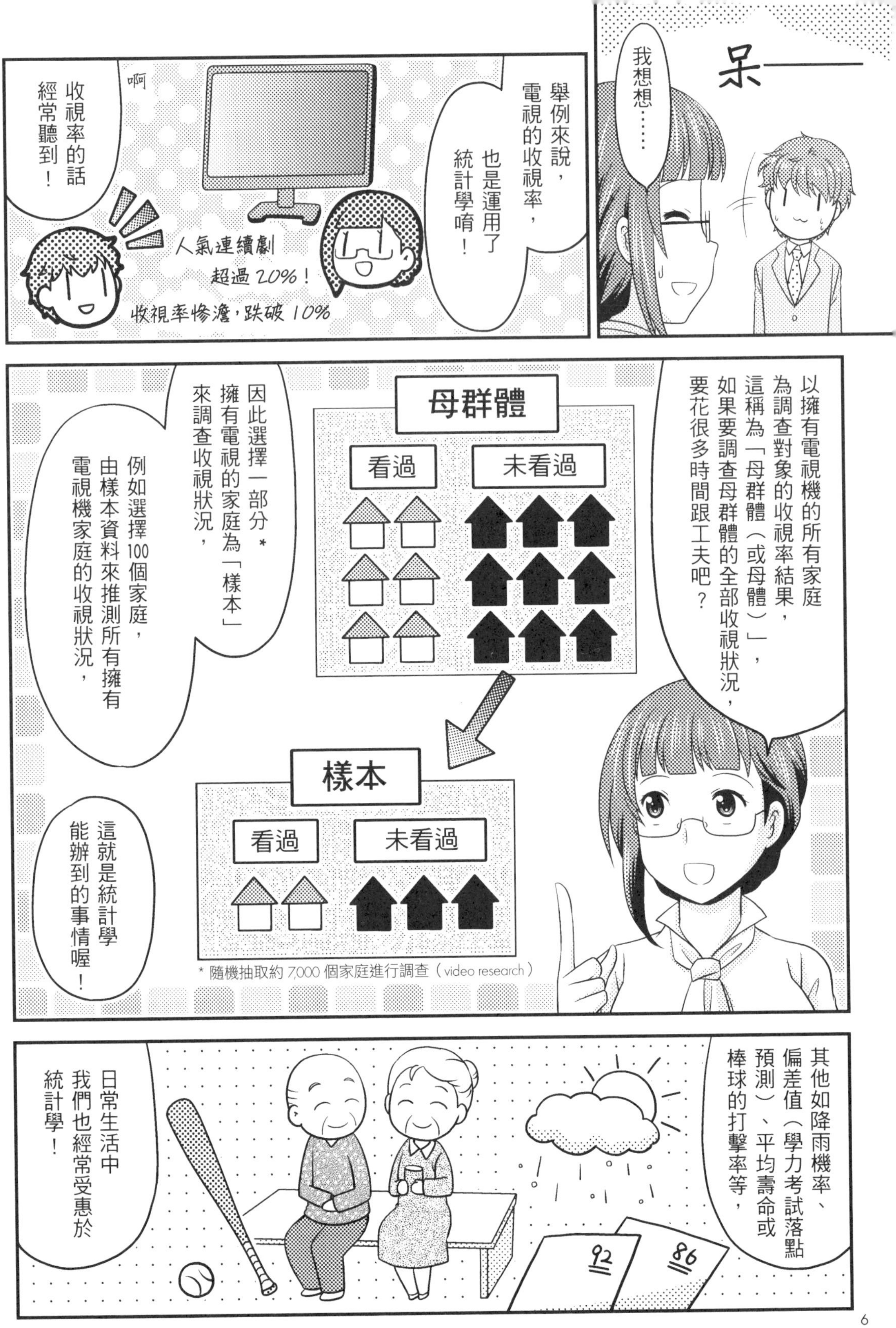
呆——
我想想……
舉例來說，電視的收視率，也是運用了統計學唷！
啊
收視率的話經常聽到！
人氣連續劇超過20%！
收視率慘澹，跌破10%
以擁有電視機的所有家庭為調查對象的收視率結果，這稱為「母群體（或母體）」，如果要調查母群體的全部收視狀況，要花很多時間跟工夫吧？
母群體
看過
未看過
樣本
看過
未看過
因此選擇一部分*擁有電視的家庭為「樣本」來調查收視狀況，
例如選擇100個家庭，由樣本資料來推測所有擁有電視機家庭的收視狀況，
這就是統計學能辦到的事情喔！
* 隨機抽取約7,000個家庭進行調查（video research）
其他如降雨機率、偏差值（學力考試落點預測）、平均壽命或棒球的打擊率等，
日常生活中我們也經常受惠於統計學！
92
86

若將統計學運用到商業上，如分析商品銷售額資料、
分析宣傳行銷費用對於銷售額的貢獻度等，
這些就是我們部門的工作內容。
如何？開始有興趣了嗎？
資料分析部
老實說雖然還搞不太清楚……
沒關係，之後會讓你確實地慢慢記住的。
我們一起加油吧！
微笑
好……好的！
不過要是在和美小姐身邊的話感覺就能好好加油！
握拳

前言

學習統計學的「建議順序」

看到書名而拿起本書的讀者中，應該有很多人認為「統計學很難」、「雖然讀了相關書籍但還是看不懂」對吧？另一方面，最近把「統計學」這個名詞包裝成「什麼都能分析」、「能夠理解世間真相」的神奇關鍵字的狀況也日漸普遍，或許也有人對這門學問抱著期待或興奮感。

所謂統計學，是困難的數學嗎？還是一門可以破解萬物、魔法般的學問呢？透過本書所學到的統計學其實兩者皆非，而是一套「便利的工具」，也是「整理、判斷事物的技術」。

統計學的背後，是龐大數學理論的累積。做為一門學問，將相關理論「由一開始」從頭理解是必要的。然而即便是「入門書」，確實也有許多是秉持「由一開始」的邏輯卻反而讓人難以讀到最後一頁的。但是，統計學本來就是為了解決社會問題才因應而生的一門技術。即便沒有工學知識也能開車、沒有化學知識也可以用清潔劑洗衣服；因此同樣地，即使不具有高度的數學知識，只要利用公式或機率等經過數學驗證確立的手法來解讀資料，就是統計學。

為了學會開車，而從汽油燃燒或輪胎摩擦的原理開始學起的話，雖然不是不重要但卻是在繞遠路。該與開車方法一起學習的，是交通號誌與駕駛上應該注意的地方。同樣地，為了「理解」與「運用」統計學，在學習方法上也有所謂的「建議順序」。

那就是本書的章節構成。統計學可以分為學理基礎的「敘述統計學」，與其實踐及應用的「推論統計學」。在本書中，第一與第二章為「敘述統計學」，而第三章則為「推論統計學」，這是學習統計學的「流程」。不過，本書的特徵在於，在實際闡明「理解」與「運用」統計學重點的同時，也能夠讓各位讀者不中斷流程地通讀到最後這點。針對希望讓多數讀者加強理解或思考的地方會深入解說，但數學上難解之處則僅講述重點便帶過。因為統計學是一門「技術」，即便能夠理解且運用，但愈是對這些地方追根究柢，就愈會跑出專門性高的困難元素。為了避免造成這種會中斷「敘述統計學」到「推斷統計學」流程的情況發生，首先繞統計學的全貌一周便是本書的架構。

我現在以社會大眾為對象教授數學與統計學，為了達到「易懂、愉快、深入」的學習目標，每天都在下工夫。即便是難學的知識，調整學習的順序也會變得易於理解、讓人能夠接受。我認為透過數學傳遞笑容乃是自己的使命。將本書讀到最後一頁的讀者們，我相信也一定會露出笑顏的！

小林 克彥

目錄

第1章 統計學入口

漫畫

學力測驗結果以「指標」進行比較……42

第2章 多變量分析入口

第3章 運用機率的統計學入口

登場人物介紹

涉谷 和美

資料分析部經理。外表看起來成熟穩重，但內在是一旦熱情被點燃便停不下來的類型。視「謎之公式」為自己的信念，總是帶在身上。

工藤 健太

由業務部第二課調職到資料分析部的青年。雖然個性認真，但可惜有點衝動輕率。在資料分析部向和美學習統計學。

社長

慶東商事社長。魅力點是鬍子。以醒腦人事異動為由，將健太轉調到資料分析部。看似隨性，但其實也有身為策士的一面。

夏目 文典

業務部第一課的王牌。是與健太同時進入公司的競爭對手。雖然揶揄被調職到資料分析部的健太，但漸漸被他認真的態度所感動……。

松平 執行董事

慶東商事客戶的執行董事。性格豪爽，會認真聽取並採納下屬的意見。找資料分析部商量廣告設計方案。

里美

健太的表妹，高中生。與健太一樣個性認真，在校成績也名列前茅。與偶然碰到的健太與和美商量考試成績一事。

故事大綱

任職於慶東商事業務部的工藤健太，某天奉命被調職至「資料分析部」。雖然感到困惑，但還是開始向所屬部門的主管涉谷和美學習應用統計學的資料分析手法。究竟，健太是否能學會活用統計學呢……？

第1章

統計學入口

統計學是「統整計量」的學問。
「統整」，指的是收集整理資料；
「計量」，則是分析。
那麼，收集而來的資料該如何進行分析才好呢？
統計學的第一步，由此開始。

資料的「中心位置」不只有一個？

從不同的觀點來看所得金額

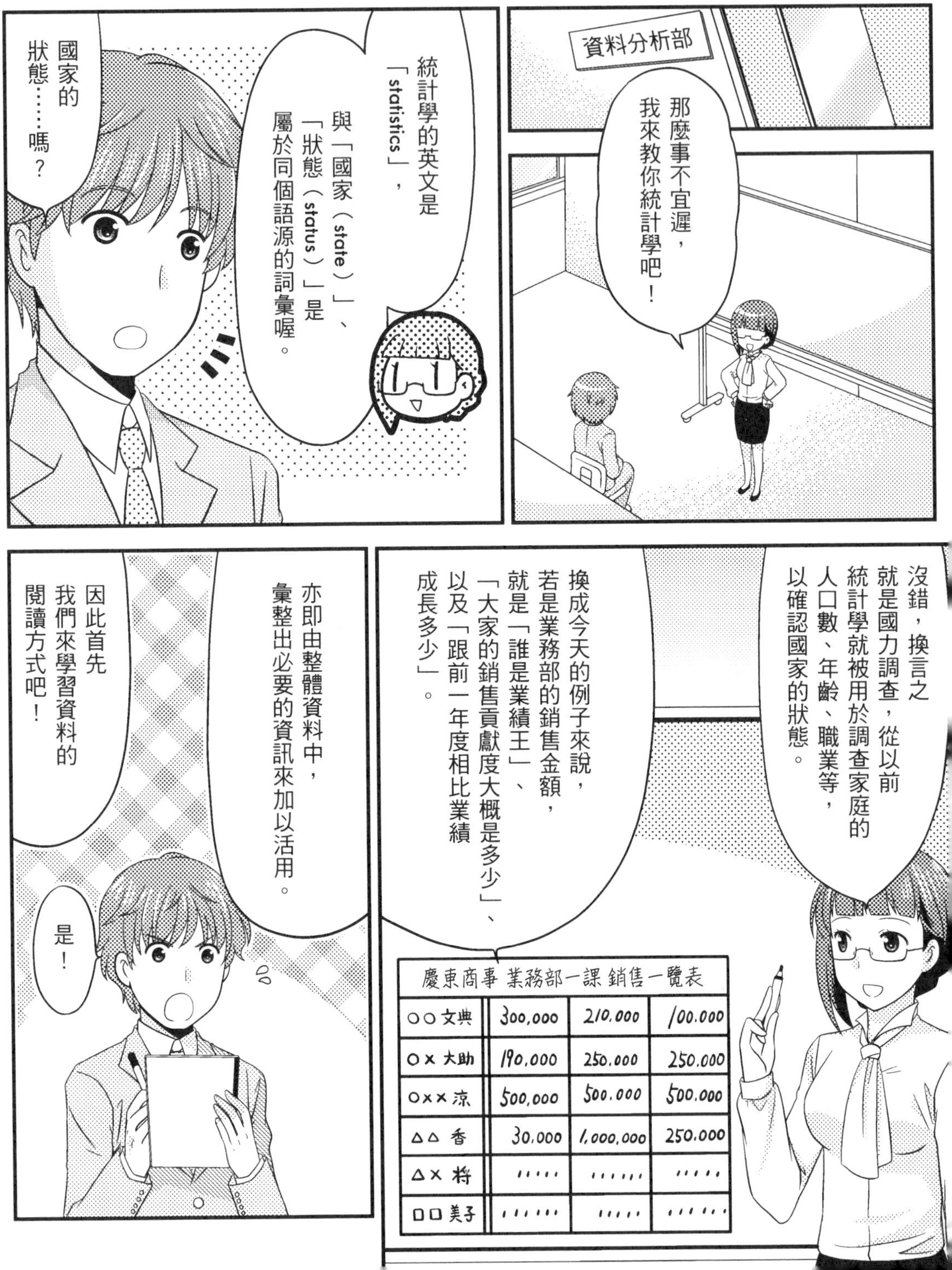
資料分析部
那麼事不宜遲，我來教你統計學吧！
統計學的英文是「statistics」，與「國家（state）」、「狀態（status）」是屬於同個語源的詞彙喔。
國家的狀態……嗎？
沒錯，換言之就是國力調查，從以前統計學就被用於調查家庭的人口數、年齡、職業等，以確認國家的狀態。
換成今天的例子來說，若是業務部的銷售金額，就是「誰是業績王」、「大家的銷售貢獻度大概是多少」、以及「跟前一年度相比業績成長多少」。
亦即由整體資料中，彙整出必要的資訊來加以活用。
因此首先我們來學習資料的閱讀方式吧！
是！
慶東商事 業務部一課 銷售一覽表

○○文典	300,000	210,000	100,000
○×大助	190,000	250,000	250,000
○××涼	500,000	500,000	500,000
△△香	30,000	1,000,000	250,000
△×將	……	……	……
□□美子	……	……	……

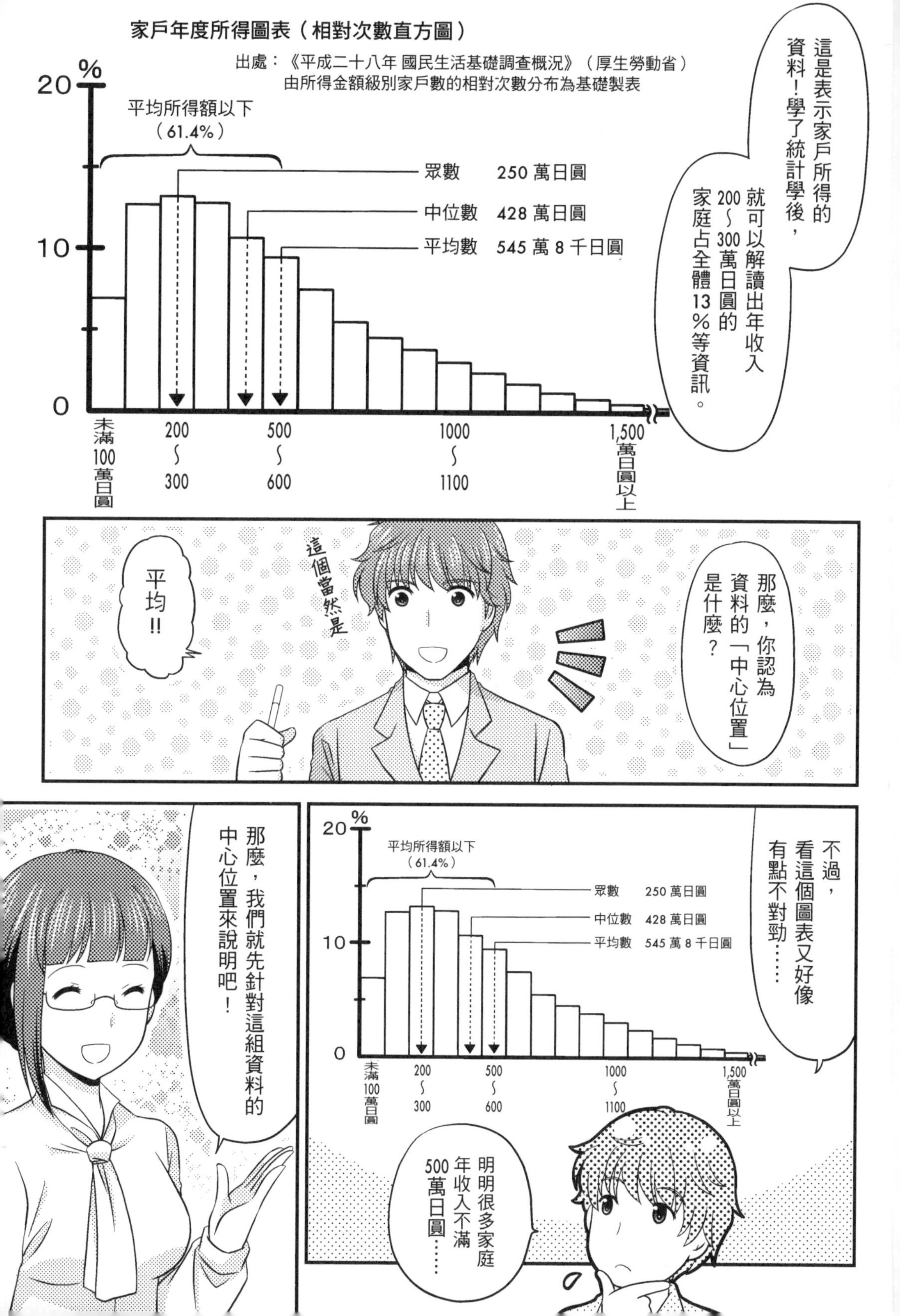
家戶年度所得圖表（相對次數直方圖）
出處：《平成二十八年 國民生活基礎調查概況》（厚生勞動省）
由所得金額級別家戶數的相對次數分布為基礎製表
%
20
10
0
平均所得額以下
（61.4%）
眾數 250 萬日圓
中位數 428 萬日圓
平均數 545 萬 8 千日圓
未滿100萬日圓
200～300
500～600
1000～1100
1,500萬日圓以上
這是表示家戶所得的資料！學了統計學後，
就可以解讀出年收入200～300萬日圓的家庭占全體13%等資訊。
那麼，你認為資料的「中心位置」是什麼？
這個當然是
平均!!
不過，看這個圖表又好像有點不對勁……
明明很多家庭年收入不滿500萬日圓……
那麼，我們就先針對這組資料的中心位置來說明吧！

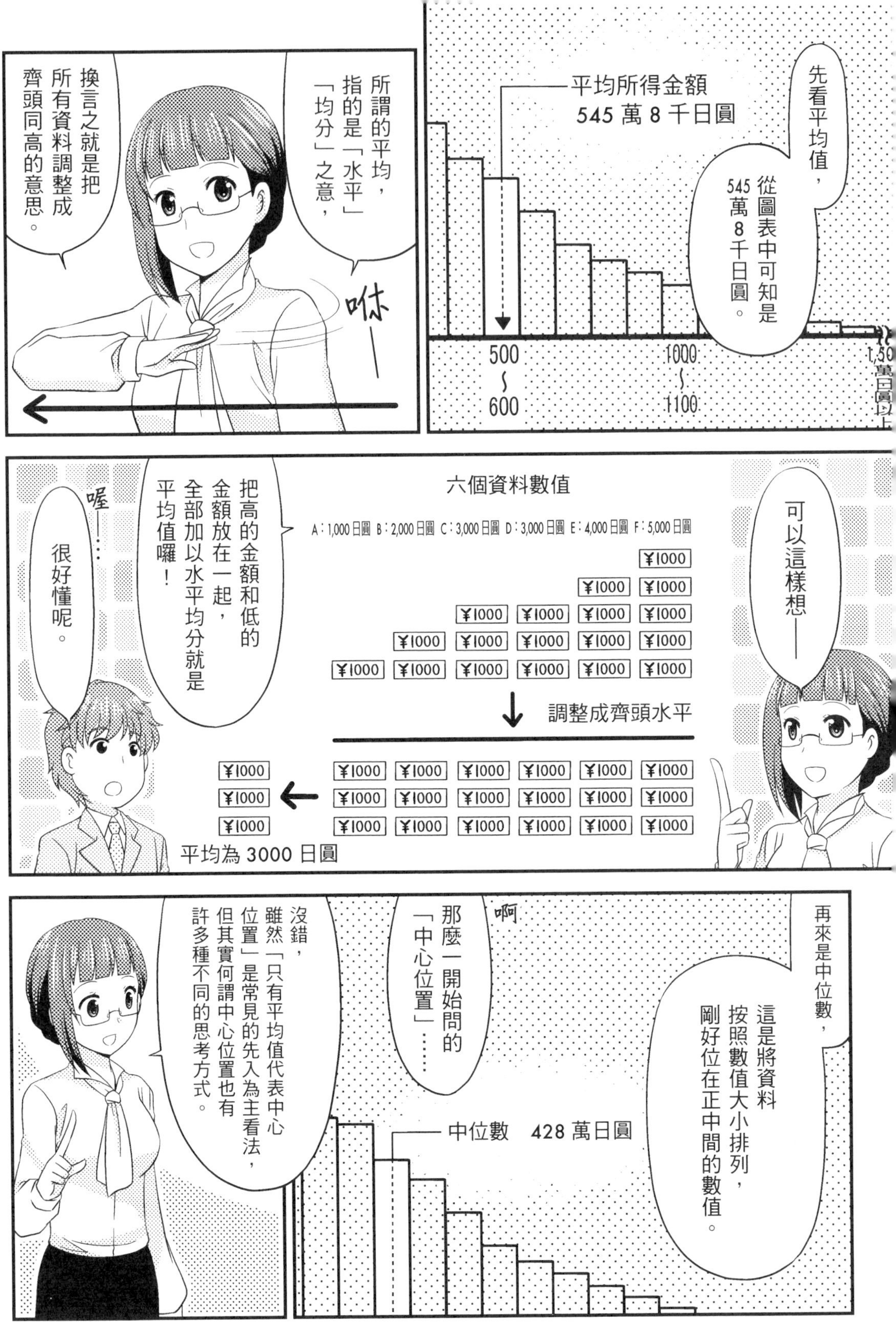
先看平均值，
從圖表中可知是545萬8千日圓。
平均所得金額 545萬8千日圓
500～600
1000～1100
萬日圓以上
所謂的平均，指的是「水平」「均分」之意，
換言之就是把所有資料調整成齊頭同高的意思。
咻—
可以這樣想——
六個資料數值
A：1,000日圓 B：2,000日圓 C：3,000日圓 D：3,000日圓 E：4,000日圓 F：5,000日圓
¥1000
調整成齊頭水平
平均為3000日圓
把高的金額和低的金額放在一起，全部加以水平均分就是平均值囉！
喔—…很好懂呢。
再來是中位數，
這是將資料按照數值大小排列，剛好位在正中間的數值。
中位數 428萬日圓
啊
那麼一開始問的「中心位置」……
沒錯，雖然「只有平均值代表中心位置」是常見的先入為主看法，但其實何謂中心位置也有許多種不同的思考方式。

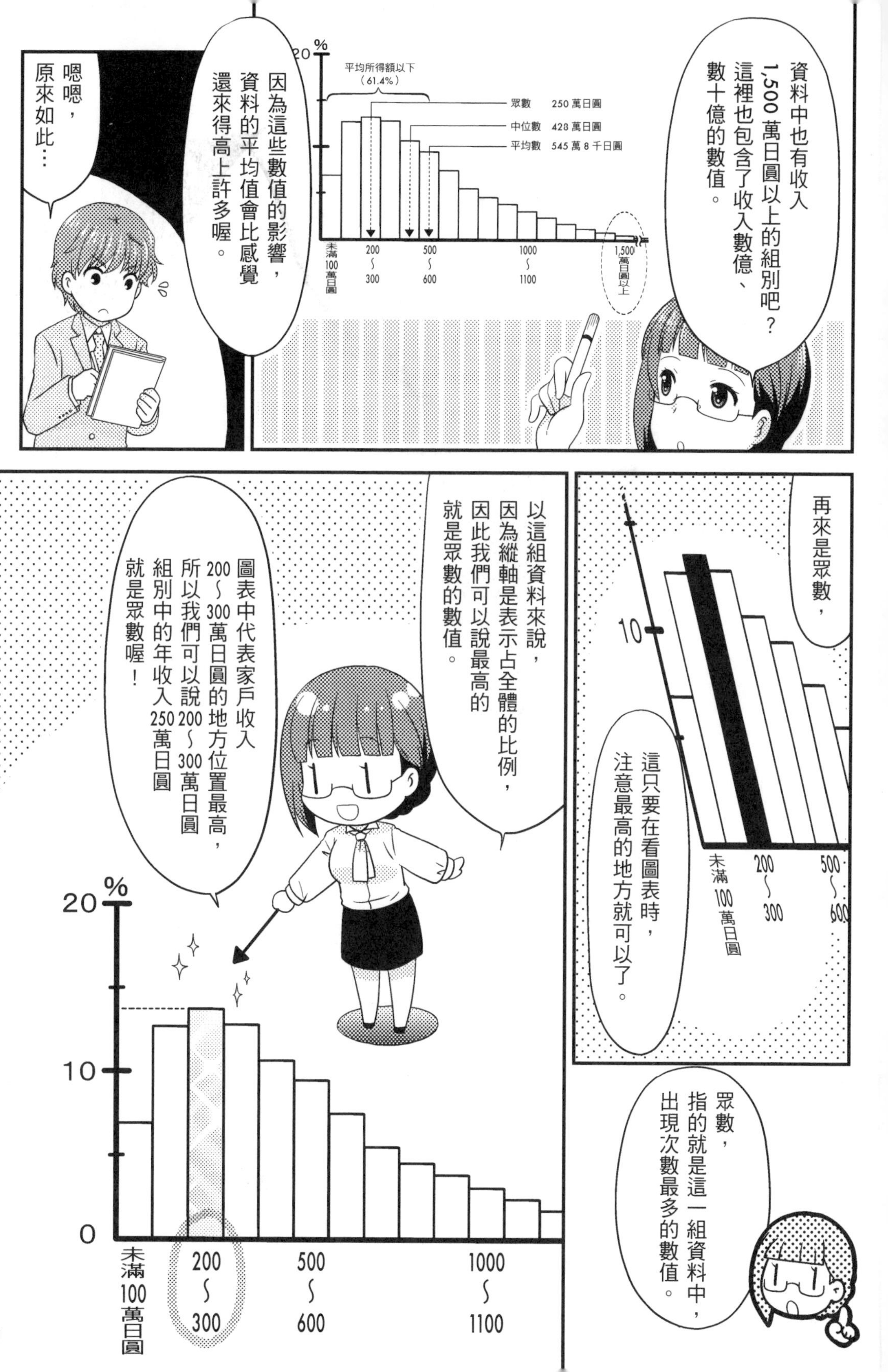
資料中也有收入1,500萬日圓以上的組別吧？這裡也包含了收入數億、數十億的數值。
20 %
平均所得額以下（61.4%）
眾數　250萬日圓
中位數　428萬日圓
平均數　545萬8千日圓
未滿100萬日圓
200～300
500～600
1000～1100
1,500萬日圓以上
因為這些數值的影響，資料的平均值會比感覺還來得高上許多喔。
嗯嗯，原來如此…
再來是眾數，
10
未滿100萬日圓
200～300
500～600
這只要在看圖表時，注意最高的地方就可以了。
以這組資料來說，因為縱軸是表示占全體的比例，因此我們可以說最高的就是眾數的數值。
圖表中代表家戶收入200～300萬日圓的地方位置最高，所以我們可以說200～300萬日圓組別中的年收入250萬日圓就是眾數喔！
20 %
10
0
未滿100萬日圓
200～300
500～600
1000～1100
眾數，指的就是這一組資料中，出現次數最多的數值。

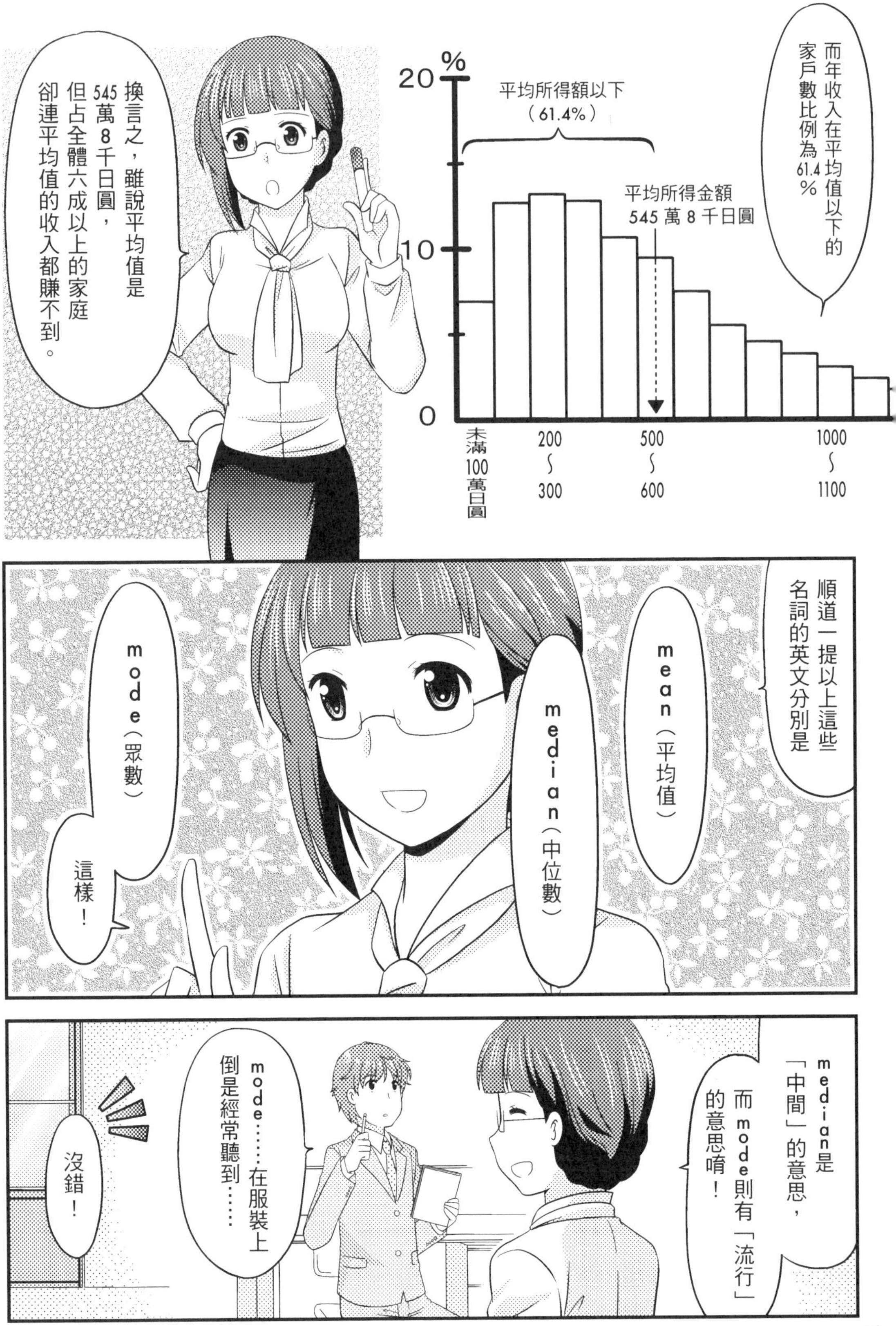
而年收入在平均值以下的家戶數比例為61.4%
換言之，雖說平均值是545萬8千日圓，但占全體六成以上的家庭卻連平均值的收入都賺不到。
%
20
10
0
平均所得額以下（61.4%）
平均所得金額 545萬8千日圓
未滿100萬日圓
200～300
500～600
1000～1100
順道一提以上這些名詞的英文分別是
mean（平均值）
median（中位數）
mode（眾數）
這樣！
median是「中間」的意思，
而mode則有「流行」的意思唷！
mode……在服裝上倒是經常聽到……
沒錯！

會把時尚流行稱為mode對吧！
如果把流行想成是出現次數多來思考名詞的意思的話，
也很有趣喔！
平均值、中位數、眾數等表示中心位置的數值，統稱為「代表值（average）」，
使用不同的代表值來解讀訊息，那麼這些資料所呈現出來的樣貌也會隨之改變！
確實……開始覺得統計學有點意思了。
那麼，針對每個代表值再稍加深入解讀吧！
啪
好！大張旗鼓地來囉！
喝！
嗚哼哼哼
大張旗鼓…
啊部長燃燒起來了
抖抖

關鍵字

什麼是統計學

統計學是解決社會問題的手段方法

南丁格爾也是統計學家！

「克里米亞天使」的另外一面

「統計學」一詞的英語為「statistics」。據稱這是以「國家：state」或「狀態：status」為語源的詞語。政府為了要能夠應對戰爭或災害的受災狀況、擬定傳染疫病的對策等，「統計」被視為確實掌握人口組成或土地使用狀況等「國力」以思考對策的一項手段方法而漸次發展成形。

以「克里米亞天使」之名廣為人知的英國護理師南丁格爾（一八二〇～一九一〇），除了以現代護理教育之母聞名以外，她其實也是一位統計學家（譯註：一八五九年，南丁格爾獲選為英國皇家統計學會第一位女性成員）。十九世紀中葉，英國參戰克里米亞戰爭。至戰地醫院赴任的南丁格爾認為，導致士兵死亡的成因不僅是直接戰死，還有醫院的衛生環境，因而利用統計學提出了相應的改善對策。

南丁格爾運用統計學解決問題

南丁格爾利用統計學，讓許多人了解戰場的現實狀況與所面臨的問題，讓大家能夠理解相應的解決方案。

①課題　從戰場前線所回報的「戰亡者」數字，不論是軍方或政府，都將其理解為「戰死沙場者」的人數。該數字只會不斷增加。

②發現　被派遣到戰地醫院的南丁格爾注意到，其實多數的「戰亡者」都是在不衛生的醫院中死亡的「戰傷者」。

③分析　南丁格爾收集了「戰亡者」的數據資料，運用統計學分析出「戰亡者」多為因醫院的治療或衛生環境而死亡的「戰傷者」的結論。利用圖表將死因為醫院的衛生狀態這一點加以「視覺化」，而得到國會與女王的認同。

④解決　接受南丁格爾的提案、改善戰地醫院的衛生狀態之後，「戰傷者」的救活率有了大幅的提升。

南丁格爾所使用的「雞頭圖」是透過半徑長度來表現占比的相對比例。
連「如何說明」數據分析結果都要下功夫，這在統計學的活用上相當重要！

統計學是改善事物的手段方法

「因為是戰爭，所以會出現戰亡者」，人們把這樣的狀態視為自然現象般地理所當然。在這樣的時代下，南丁格爾意識到「醫院惡劣的衛生狀態」造成戰傷者死亡的狀況（課題），從而提出了「衛生狀態的改善方案」（解決對策）。在當時的英國社會環境，女性要在第一線的醫療現場提出意見是很困難的，但是南丁格爾還是成功說服了軍方。她製作了分用三個顏色標示的圖表（雞頭圖）（譯註：正式名稱為「極座標圓餅圖」，又稱圓形直方圖。後為紀念南丁格爾，亦稱為「南丁格爾玫瑰圖」），將在醫院死亡者占了戰亡者中多數的狀況以視覺化呈現，提出改善醫院衛生環境的訴求。換言之，也就是利用統計學分析並呈報戰場的實際狀況。藉此，英女王似乎也理解到「在醫院死亡者所占的比例程度之高」。

接受南丁格爾的提案，改善了醫院的衛生環境後，戰傷者的救活率便有顯著的提升。就像這樣，統計學是一種判明問題性質，讓周遭了解問題改善對策或解決方案的手段方法。就讓我們一起來學習統計學吧！

小筆記　以發現彗星聞名的天文學家哈雷，曾運用統計學，將實際的人口死亡紀錄編製成以年齡別分類的死亡率一覽表「生命表」。哈雷生命表的利用方式之一，便是提供做為壽險費率的計算標準。

關鍵字

平均值與中位數

雖然日常生活中經常使用，但你知道真正的意思嗎？

「平均值」是各種「中心位置」中的一種

午休・員工餐廳
吵雜
吵雜
之前電視上有做過上班族零用錢的統計資料特別節目，
說是平均每個月四萬日圓，大家都拿到多少錢呀？
在講統計…
四萬
二萬
三萬
七萬
我的兩萬未免也太少了吧！
拍桌
居然還有人是七萬，你是名流嗎！給我請客！
哇——
沒～錯
沒～錯
請客～
咦——!?
原來如此，
如果有極端高的數值，平均值就會跟著被牽動啊……

■來學習意味著「中心位置」的三個代表值吧！

統計學中有各種思考「中心位置」的方法，這些方法統稱為「代表值（average）」。經常出現的代表值有以下三種。

平均值（mean）
將資料數值全部加總之後，除以資料個數所得數值。也稱為「算術平均」、「加總平均」（參見32頁專欄）。例如，聚餐時的「分攤結帳」金額，就是平均值。

中位數（median）
也稱為「中數」。將所有的資料依照數值由小至大排列時， 居於「正中間」的數值。資料個數若是奇數，馬上就能知道中位數的值；但若資料個數為偶數時，該怎麼辦呢？

眾數（mode）
這是稍微有點困難的詞彙，跟「組別」、「次數」、「組距」、「直方圖」等其他統計名詞一起學習吧！

每一個詞的英文首字母都是「m」也是特徵之一。

統計學不會讓「中心位置」曖昧不明

在學習統計學上，各式各樣的「詞彙」與「公式」同等重要。在閱讀第一章與第二章的過程中，會發現到乍看之下困難的公式，其實是為了有效率地表達統計學概念，而使用數學符號標記呈現的緣故。因此，在初學的時候，確實理解每一個統計學詞彙是非常重要的。話雖如此，並不會出現任何難懂的詞彙。我們首先要學的是「**平均值**」，這是我們從小的時候，就經常在日常生活中使用到的詞語呢。

那麼，平均值是代表什麼意思？雖然沒有跟周遭的人們確認過，但多數的人在日常會話中是以「不特別大也不特別小，剛好在中間」的意思來使用這個詞語的吧。

但是，說是「正中間」，以語言來說未免太過曖昧不清，可以有各式各樣不同的詮釋。在統計學上，如同前面所舉的例子，有著對應各式各樣不同的「中心位置」「思考方式」的詞彙。有哪裡不一樣呢？我們來看看每一個詞語所代表的意思吧！

小筆記　Mean 一詞的核心意義是「中」。因為「中→本質」，因此 meaning 代表「意思」，「通往目的前的所經途徑」則是 means（手段），「正中間」則是 mean（平均），這樣聯想應該比較容易記憶。

何謂平均值（mean）？

二萬
四萬
七萬
三萬
平均值為 4 萬

讓我們來看看第 26 頁提到的零用錢的例子。若說「中心位置」是 4 萬的話，會讓人覺得「咦，奇怪？」對吧！要是算「4 萬」、「3 萬」與「2 萬」這三個人的平均值，加總起來「9 萬」÷「3 人」可以得出為 3 萬；但單單加進一個是「7 萬」的人，就能夠讓平均值提高 1 萬。就像這樣有著極端高數值資料的狀況，很容易受到影響也是平均值的特徵。

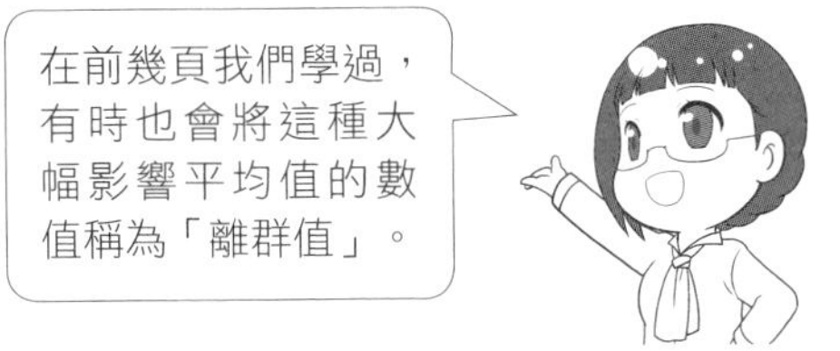
在前幾頁我們學過，有時也會將這種大幅影響平均值的數值稱為「離群值」。

平均值的計算方式

$$平均值（\mu）=\frac{資料加總數}{資料個數}$$

例：請試著求出「2、3、4、7」這 4 個資料的**平均值**為何

↓

$$\frac{2+3+4+7}{4}=\frac{16}{4}=4$$

↓

平均值（μ）＝ 4

原來平均值的記號「μ」代表的是「mean」的「m」啊！知道由來的話也比較容易記住這些符號！

「平均值」是在生活中也經常使用的代表值

在表示「中心位置」的「代表值」之中，最平易近人的就屬「**平均值**（或平均）」了。像是考試的「平均分數」或聚餐時「帳單總額除以出席人數所得出的『分攤金額』」等，**將資料中所有的數值加總，再除以資料個數所得出的值**，這在統計學上經常使用，並以對應於「mean」的首字母「m」的小寫希臘字母 μ（mu）來表示。

何謂中位數（median）？

資料個數為奇數時

中位數，即將資料按數值由小至大排列時，居中的數值

7個　2、3、3、⑤、6、6、8

9個　2、3、4、4、⑤、5、6、6、8

資料個數為偶數時

中位數，即將資料按數值由小至大排列時，居中兩個數值的平均值

8個　2、3、3、④、⑤、6、6、8 → （4＋5）÷ 2＝4.5

10個　2、3、4、4、⑤、⑤、6、6、7、8 → （5＋5）÷ 2＝5

將分析對象所有的數值由小至大排列時，位於「中心位置」的數值就是「中位數」。當數值資料個數為奇數時，中位數的值只有一個。

當資料個數為偶數時，計算位於「中心位置」兩個數值的平均值以求出「中位數」。

不易受到極端數值的影響

將所有的資料按照「資料大小順序（由小至大）」排列時，剛好在「中心位置」的數值即為**「中位數」**。若資料個數為奇數，居於「中心位置」的數值就是一個；但若資料個數為偶數，位居「中心位置」的數值則會有兩個，在此狀況下，會以這兩個數值的平均值（加總後除以二）為中位數。

若資料中包含極端大的數值，平均值的計算極易受其影響；相對於此，中位數的特徵是不易受到極端值影響。將上列「10個」那一組資料的最大值「8」改為「50」或「100」，中位數仍然為「5」。

就像這樣，即便同樣以「中心位置」一語稱之，卻有各式各樣不同的思考與表達方式，請讀者們先記住這一點。

知識庫
統計學詞彙

在統計學上，「資料個數」也被稱為「樣本規模（大小）」、「sample size」。此處為了不要與本頁所提到之「數值大小」混淆，因此統一以「資料個數」來表達。

小筆記　表示中位數的「median」有「中央、中間」之意。而報紙、電視與網路等媒體（media），則是位於資訊與人「中間」的傳遞橋梁。

資料有好幾個「中心位置」

出處：《平成二十八年 國民生活基礎調查概況》（厚生勞動省）由所得金額級別家戶數的相對次數分布為基礎製表

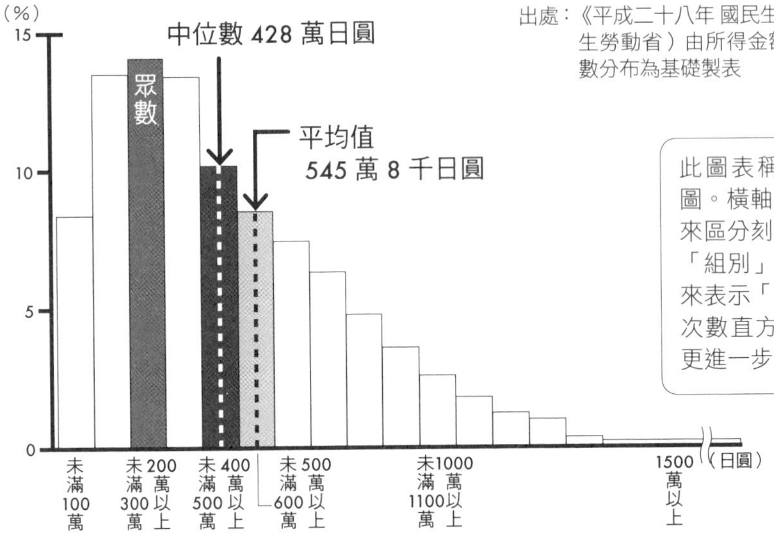

（%）
15
10
5
0
中位數 428 萬日圓
眾數
平均值
545 萬 8 千日圓
未滿100萬
200萬以上未滿300萬
400萬以上未滿500萬
500萬以上未滿600萬
1000萬以上未滿1100萬
1500萬以上
（日圓）

此圖表稱為相對次數直方圖。橫軸以「數值的範圍」來區分刻度，此一區分稱為「組別」。縱軸則以「%」來表示「比例」。關於相對次數直方圖，自 38 頁會有更進一步的詳細說明。

代表值所呈現的「中心位置」為何

為了要「判讀」、「表現」資料，想想看要著重哪一個「中心位置」吧

剛剛我們介紹了在學習統計學時，基本的代表值「平均值（平均）」與「中位數」，現在再整理一次兩者的「相異處」吧。上方是將日本國內的「年度所得別之家戶數相對比例」以百分比呈現的圖表，此種圖表稱為「**相對次數直方圖**」，在統計學上經常使用（在38頁會詳加說明）。此相對次數直方圖，主要呈現資料範圍內的各組金額家戶數，占全體家戶數的比例。

在圖表中有平均值與中位數，以及另一個新詞彙「**眾數**」。「眾數」也是表示「中心位置」的代表值之一，此處請想做是「以出現比例最高的金額組別來代表（中心位置）」（在34頁會詳加說明）。

注意平均值與中位數，就知道兩者呈現出的金額並不相同。哪裡不同？又是如何不同？

■每個代表值表示不同意義的「中心位置」

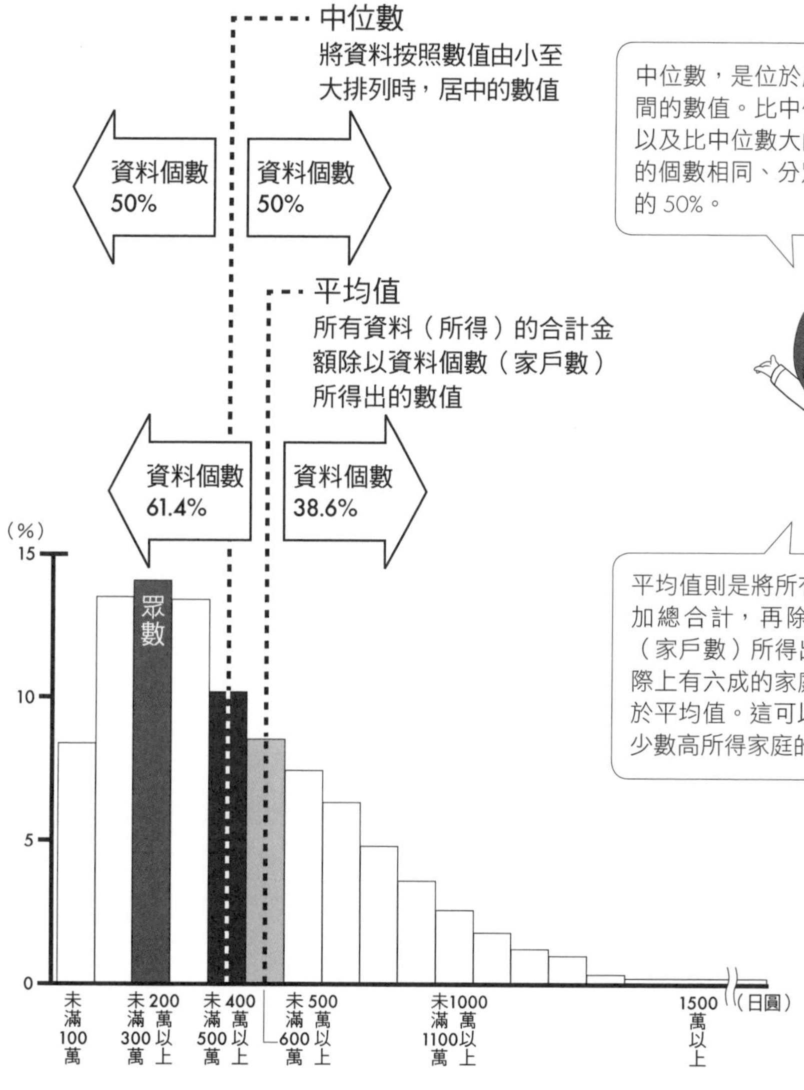

中位數
將資料按照數值由小至大排列時，居中的數值
資料個數 50%
資料個數 50%
平均值
所有資料（所得）的合計金額除以資料個數（家戶數）所得出的數值
資料個數 61.4%
資料個數 38.6%
（%）
15
10
5
0
眾數
未滿100萬
200萬以上未滿300萬
400萬以上未滿500萬
500萬以上未滿600萬
1000萬以上未滿1100萬
1500萬以上
（日圓）

中位數，是位於所有資料正中間的數值。比中位數小的資料以及比中位數大的資料，兩者的個數相同、分別占整體資料的 50%。
平均值則是將所有的所得金額加總合計，再除以資料個數（家戶數）所得出的數值。實際上有六成的家庭家戶所得低於平均值。這可以認為是受到少數高所得家庭的影響。

「這是為了什麼目的而整理的分析或資料」，把這一點放在心上來思考代表值是非常重要的！

就自己的「所得」實際感受而言，平均值的金額並不合理；但若是中位數的話，好像就更能和自己的所得進行比較！

專欄

加法的「算術平均」與乘法的「幾何平均」差異為何？

如何求出「乘法的平均」？

在至今章節中，我們探討了總稱為代表值的「中心位置」中的平均值與中位數，再加上之後會學到的「眾數」，就是經常被使用的三種代表值。但是，除此之外還有其他的代表值。在本專欄中，我們就先來看看其中之一的「**幾何平均**」的計算方式與使用方法吧。

我們在日常生活中廣泛使用的「平均」，是將資料「相加」，意即經「加法」的合計數除以資料個數所得出的數值，這個數值稱為「**算術平均**」。另一方面，亦有被稱為「幾何平均」的平均值。將資料「相乘」，也就是說由「乘法」所得出的值來思考「中心位置」，這就是幾何平均。

幾何平均，是適於思考「增加率的平均」的代表值，我們來看看幾何平均的計算方式吧。

五個資料				
1	1	1	2	16

五個□（平均）				
□	□	□	□	□

讓五個資料對應五個□，來比較看看算術平均與幾何平均的算式吧！

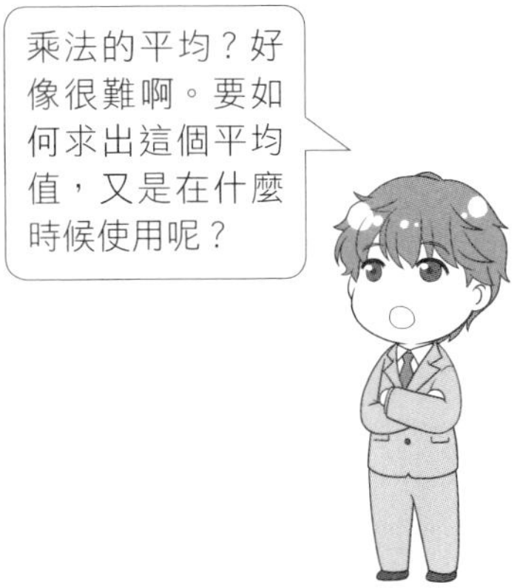
乘法的平均？好像很難啊。要如何求出這個平均值，又是在什麼時候使用呢？

我們會按照步驟一一確認的，不用擔心！
利用左上的五個資料，我們先來「複習」算術平均吧！

算術平均

資料的合計數「21」除以資料個數「5」所得出的數值即為算術平均。換言之，以「□」代表算術平均的數值，五個「□」的加總數等於原本資料的加總數。

五個□的加總　　五個資料的加總

$$\square+\square+\square+\square+\square = 1+1+1+2+16$$
$$\square\times 5 = 21$$
$$\square = 4.2$$ ← 算術平均的值

幾何平均

以五個「□」相乘等於所有資料的乘積來計算□的值。此時，全部資料的乘積「32」開「5」次方根所求出的值便是幾何平均。

五個□的乘積　　五個資料的乘積

$$\square\times\square\times\square\times\square\times\square = 1\times1\times1\times2\times16$$
$$\square^5 = 32$$
$$\square^5 = 2^5$$
$$\square = 2$$ ← 幾何平均的值

幾何平均適用於求取平均增加率

在什麼狀況下，幾何平均會派上用場？來思考以下的例子吧。

〔各年度與前年度相比的銷售額增加率（%）：

2015 年 +21% → 2016 年 +69% → 2017 年〕

看到「增加」這個字眼直覺會想進行「加法」，但在此處算術平均是不正確的；若求取算術平均則為（21 + 69）÷2 = 45（%），這並不恰當。因為如下圖所示，增加率是「乘法」的計算。此處以幾何平均來思考才是適當的。

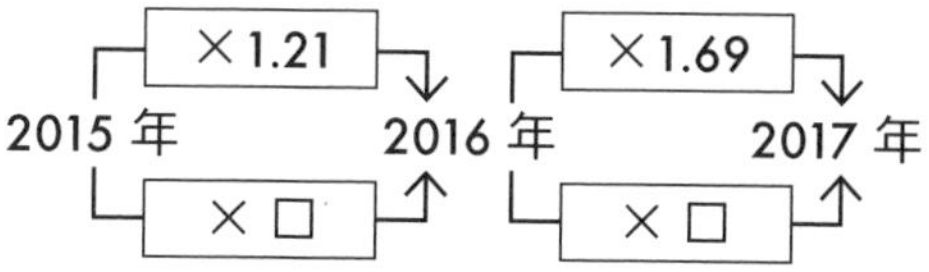

$$\square\times\square = 1.21\times1.69$$
$$\square = \sqrt{1.21\times1.69}$$
$$\square = 1.1\times1.3 = 1.43$$

換言之，**43%** 是這兩年銷售金額的平均增加率。

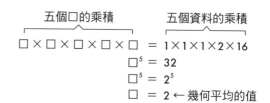

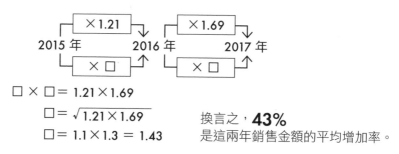

關鍵字

眾數

進一步理解「中心位置」、深入統計學
由「出現次數」求出「眾數」

健太，可以請你幫忙分析這個員工餐廳的銷售資料嗎？
啊，好的！
嗯，我看看……中位數是650日圓，平均值是780日圓……
喀噠喀噠
不過果然有人會花一千多日圓吃飯，也有人力行節約只花300日圓哪。咦？
資料中750日圓這個金額是最多的……
那個數值就是眾數喔。
之前也說過，所謂眾數，就是出現次數最多的數值，
平均值、中位數與眾數各有各的特徵，判讀資料的觀點也會有所不同，這次就讓我們來好好地說明眾數吧！
300
750
900
原來如此……「中心位置」也有各種不同的思考邏輯呢！
嗯嗯

何謂眾數（mode）？

以下這組資料，是某次小考（滿分10分）的十個分數。出現次數最多的分數是哪一個？

小考計分結果(分)									
2	3	3	4	4	5	7	7	7	8

分數	出現次數
2分	1次
3分	2次
4分	2次
5分	1次
7分	3次
8分	1次

7分出現3次，是最多的。「7」就是這組資料的眾數！
試著將上列資料整理成表格吧。不只將資料視為數字，透過表格或圖表，思考資料的特徵也是統計學的基本。

眾數是資料中「出現次數」最多的數值

在30頁的圖表中，「**眾數**」這個名詞也與平均值與中位數一起登場了。「眾」指的是「頻率（最高）」，代表「資料中出現次數最多的數值」。

就出現次數最多而言，可視為「整體資料中的主要數值」。換言之，做為「資料具代表性的『中心位置』」、「中心數值」，也可認為眾數是代表值之一。

眾數與中位數相同，具有即使資料群組中有「極端大的數值」，也不易受到影響的特徵。我們再次確認一下這三個代表值的特徵吧。

複習三個代表值

- **平均值**…將資料所有數值合計加總後，除以資料個數所得出的數值。容易受到資料中極端值的影響。
- **中位數**…將資料數值依大小排列時，居於數列中央的數值。不易受極端值影響。
- **眾數**…出現次數最多的數值。不易受極端值影響。

小筆記　「mode」這個英文單字也有「流行」的意思。流行時尚被稱為「mode」，也可以解釋為「出現次數最多的服裝」。

關鍵字

直方圖

整理資料以圖表呈現

從次數分配表與直方圖來思考眾數

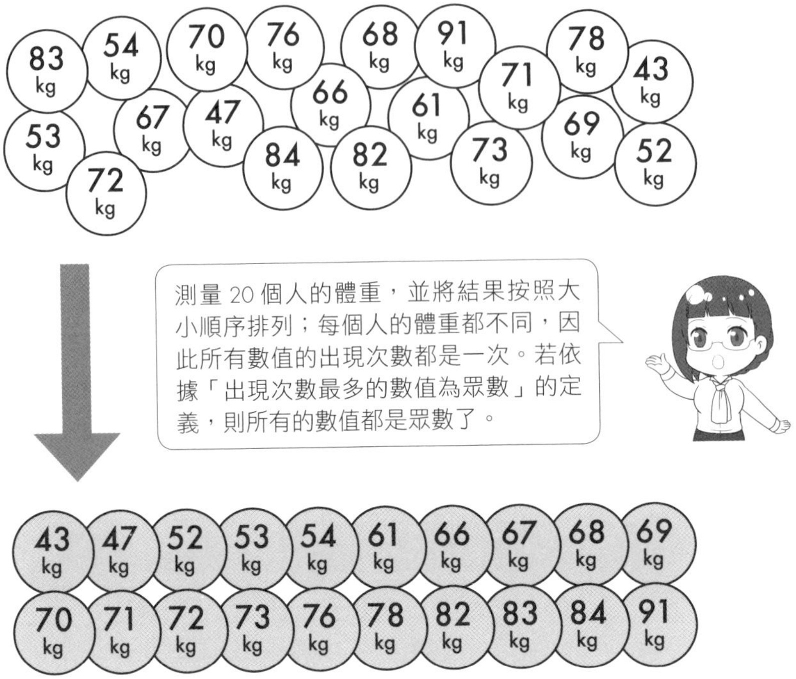
83 kg
54 kg
70 kg
76 kg
68 kg
91 kg
78 kg
43 kg
71 kg
66 kg
61 kg
67 kg
47 kg
53 kg
69 kg
52 kg
72 kg
84 kg
82 kg
73 kg
測量 20 個人的體重，並將結果按照大小順序排列；每個人的體重都不同，因此所有數值的出現次數都是一次。若依據「出現次數最多的數值為眾數」的定義，則所有的數值都是眾數了。
43 kg 47 kg 52 kg 53 kg 54 kg 61 kg 66 kg 67 kg 68 kg 69 kg
70 kg 71 kg 72 kg 73 kg 76 kg 78 kg 82 kg 83 kg 84 kg 91 kg

製作次數分配表求取眾數

資料數量少的狀況下，有可能每個數值的出現次數並不會有差異。此外，就像上列資料個數即便不算少，但若是如體重或身高等細密的數值，各數值的出現次數之間也不會產生太大差異。此時登場的就是「**次數分配表**」。次數分配表利用一定的間隔將資料分組，將在該組別範圍之內出現的資料個數以數值表示。此種「間隔」稱為「**組別**」、在組別中的資料個數稱為「**次數**」。此外，每個組別的中央值稱為「**組中點**」，將資料的數值以「組別」、「組中點」與「次數」整理出來的結果就是次數分配表。次數分配表中的「次數高」可以解讀為「出現次數多」，「次數最高的組別的組中點」即可視為眾數。

製作次數分配表求取眾數

①以一定的組距整理資料

試著將資料的數值以一定的間隔進行分組，整理各組的出現次數。此處我們將體重以「每 10 公斤」為一組加以區分。「●以上未滿○」所分隔出來的「**組別**」，其間隔則稱為「**組距**」。各組資料的個數（此處為人數的值）則是「**次數**」。

40 公斤組→ 40 公斤以上未滿 50 公斤 → 43、47 → 2 人
50 公斤組→ 50 公斤以上未滿 60 公斤 → 52、53、54 → 3 人
60 公斤組→ 60 公斤以上未滿 70 公斤 → 61、66、67、68、69 → 5 人
70 公斤組→ 70 公斤以上未滿 80 公斤 → 70、71、72、73、76、78 → 6 人
80 公斤組→ 80 公斤以上未滿 90 公斤 → 82、83、84 → 3 人
90 公斤組→ 90 公斤以上未滿 100 公斤→ 91 → 1 人

②求取組中點

各組數值的上下限，「●以上未滿○」的「●」與「○」的平均值即為組中點。
「40 公斤以上未滿 50 公斤」這一組的組中點計算方式如下。

（40 ＋ 50）÷2 ＝ 45

③製作次數分配表

組別(公斤) 以上～未滿	組中點 （公斤）	次數
40～50	45	2
50～60	55	3
60～70	65	5
70～80	75	**6**
80～90	85	3
90～100	95	1

雖然我們希望組距是一定數值，但是因應資料的性質，也有中途改變組距的狀況。問卷調查的資料便屬此類，例如「儲蓄金額問卷」的組距，可能有從 0 至 1000 萬日圓為止以「每 100 萬日圓」為組距，1000 萬日圓以上則以「每 200 萬日圓」為組距的情形。

次數最高的組別「70 公斤以上未滿 80 公斤」的組中點「75」，就是這組資料的眾數！由此**我們可以知道眾數的求取方式有兩種**喔！ ①出現次數最多的數值　②擁有最多次數組別的組中點

小筆記　例如在體重 59.1 公斤與 59.2 公斤之間，還存在著「59.12 公斤」、「59.13 公斤」與「59.17 公斤」等無數的數值。此種區間內可以任意取值的數值稱為「連續變數」（參見 95 頁專欄）。

依據次數分配表繪製直方圖

次數分配表

組別（公斤）以上～未滿	組中點（公斤）	次數
40～50	45	2
50～60	55	3
60～70	65	5
70～80	75	6
80～90	85	3
90～100	95	1

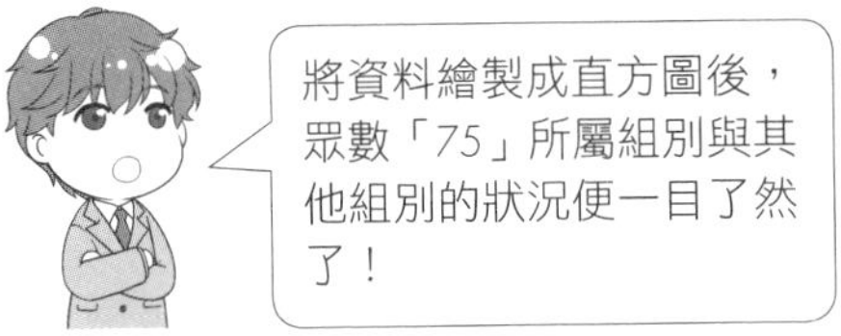
將資料繪製成直方圖後，眾數「75」所屬組別與其他組別的狀況便一目了然了！

直方圖

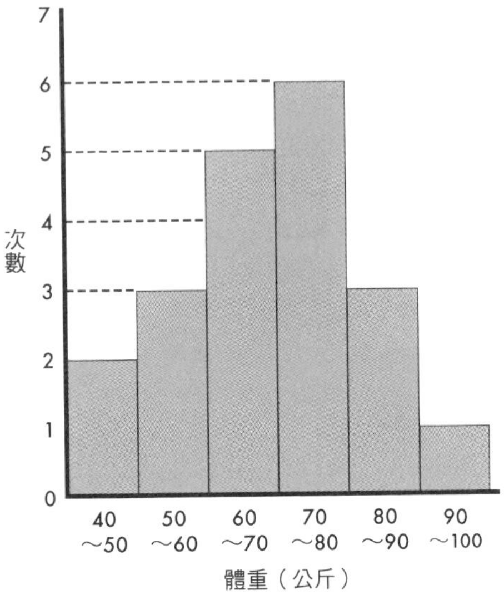
7
6
5
4
3
2
1
0
次數
40～50
50～60
60～70
70～80
80～90
90～100
體重（公斤）

讓資料特徵一目了然的直方圖

將次數分配表以圖表呈現的稱為「**直方圖**（柱狀圖）」。大家所熟悉的「棒狀圖」，指的是棒形的圖表，直方圖雖然也是其中一種，但它具備獨有的特徵。參考上方的直方圖，來看看此種圖表的特徵吧（詳細請參照90頁）。

在直方圖中，縱軸為次數，橫軸為組別。換言之，是呈現每個組別中有幾個資料出現的圖表。此外，「40公斤以上未滿50公斤的組別」與「「50公斤以上未滿60公斤的組別」，在「50」之處，兩組的圖柱緊貼在一起這點也是其特徵。

而且，相對於次數的合計數（資料個數），各組的次數以比例（%）呈現的數值為「**相對次數**」，依此資訊製成的表格稱為「**相對次數分配表**」，將此相對次數呈現於縱軸的則為「**相對次數直方圖**」。次頁我們將討論必要數值的計算方式及其特徵。

小筆記 「直方圖」的英文histogram的語源來自於希臘文「將所有事物加以直立」的「histos」與有「描繪、紀錄」之意的「gramma」的組合。

製作相對次數直方圖

某個組別的相對次數

$$= \frac{\text{某個組別的次數}}{\text{全部次數的合計數}}$$

「相對次數」屬於中學數學的教學範圍。是表示「某個組別的次數占整體次數的多少百分比（%）」的數值。計算方法如左。

組別「40～50」的次數為「2」。由於次數的合計數為所有測量體重的人數「20」……因此換言之該組的相對次數為10%。

組別「40～50」的相對次數

$$= \frac{2}{20} = 0.1$$

算出所有組別的相對次數，試著製作加上這個項目的「相對次數分配表」，以及按照這個表格所繪製的「相對次數直方圖」吧！

相對次數分配表

組別（公斤）以上～未滿	組中點（公斤）	次數	相對次數（%）
40～50	45	2	10
50～60	55	3	15
60～70	65	5	25
70～80	75	6	30
80～90	85	3	15
90～100	95	1	5
合計		20	100

相對次數直方圖

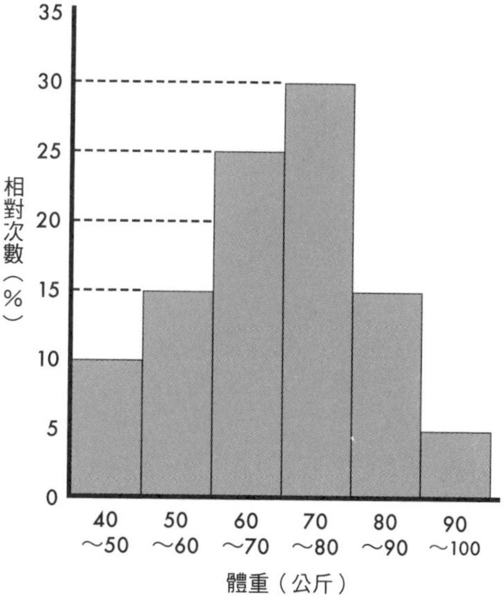

只是縱軸的座標軸刻度變更為「%」，直方圖的圖形沒有任何變化耶！

小筆記　「組別」也稱為「class」。此外，直方圖的縱軸上表示「次數」有時會簡寫成「f」，這是次數的英文「frequency」的第一個字母。

若改變組距直方圖會產生變化

如前頁我們所學到的，直方圖與相對次數直方圖的圖形相同。那麼，我們來看看若是**改變組距，直方圖會如何**吧！

組距 10 公斤的直方圖

次數分配表

組別（公斤） 以上～未滿	組中點 （公斤）	次數
40 ～ 50	45	2
50 ～ 60	55	3
60 ～ 70	65	5
70 ～ 80	75	6
80 ～ 90	85	3
90 ～ 100	95	1

直方圖

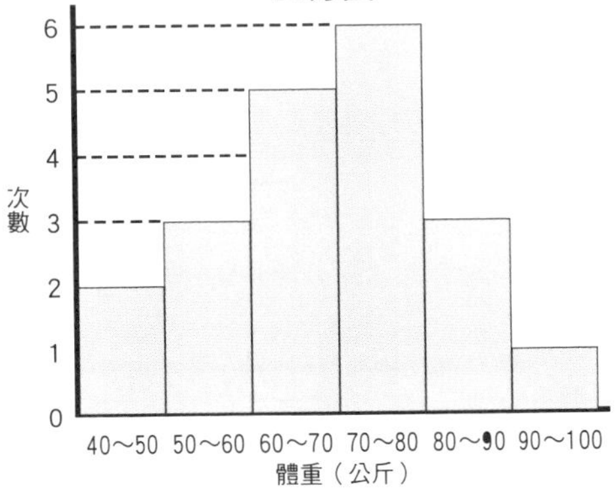

若將組距改為 5 公斤……

次數分配表

組別（公斤） 以上～未滿	組中點 （公斤）	次數
40 ～ 45	42.5	1
45 ～ 50	47.5	1
50 ～ 55	52.5	3
55 ～ 60	57.5	0
60 ～ 65	62.5	1
65 ～ 70	**67.5**	**4**
70 ～ 75	**72.5**	**4**
75 ～ 80	77.5	2
80 ～ 85	82.5	3
85 ～ 90	87.5	0
90 ～ 95	92.5	1
95 ～ 100	97.5	0

直方圖

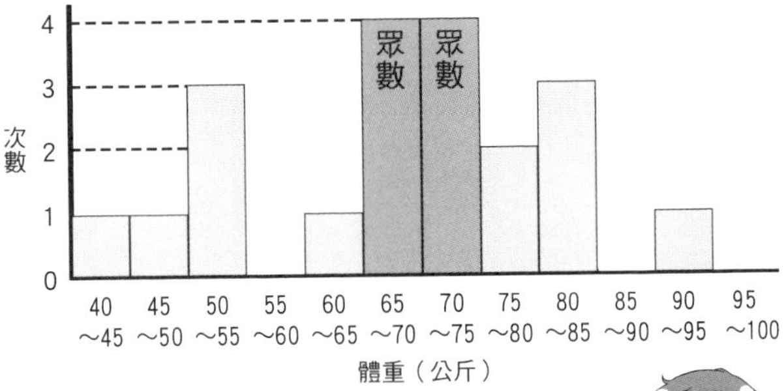

出現了兩個含有眾數的組別！

如同在全部數值皆相異的資料群組中，所有的數值都是眾數一樣；若將組距縮小，有可能會出現數個含有眾數的組別。選擇適當的組距也是很重要的。

■決定適當組數的基準「史特吉斯公式」

組距該如何決定才好呢？

分組的「數量」定下來的話，「組距」自然也就決定了吧。
接下來將介紹關於決定組數的基準「史特吉斯公式」。

何謂史特吉斯公式（Sturges' rule）？

這是在製作次數分配表與直方圖時判斷適當「組數」的「基準」公式。在決定組數時，請參考以下的相對關係。

資料個數	次數分配表或直方圖適當的組數標準
$2^1 = 2$	2
$2^2 = 4$	3
$2^3 = 8$	4
$2^4 = 16$	5
$2^5 = 32$	6
2^n	n+1

體重資料有 20 個，因此大概是在這個區間。

○資料整體個數為「2 的 n 次方」時，組數為「n+1」。
○這並非「絕對如此」，而是憑目前為止的統計學經驗得出「大概是這樣吧」的經驗法則。
○提出者史特吉斯將人們的主觀想法納入考量，做為判斷基準而提出的公式被稱為「史特吉斯公式」。

統計學的分析，是以各式各樣的數值進行過無數反覆檢驗的。適當的組距也是依據這樣的分析經驗所得來，試著以這個公式為基準吧！

因為體重的資料有 20 個，分組的組數應該是在 5 ～ 6 個之間吧。以 10 公斤做為組距會分出 6 組，因此可以說是很恰當的。

什麼是「離散程度」

學力測驗結果以「指標」進行比較

今天是午餐會議
與和美小姐開會中
咦？這不是健太哥嗎？
里美！好巧啊。
您好！
你好！
里美
健太的表妹
高中生
怎麼了？一副有心事的樣子。
唉…
那個，之前學校的考試成績出來了……

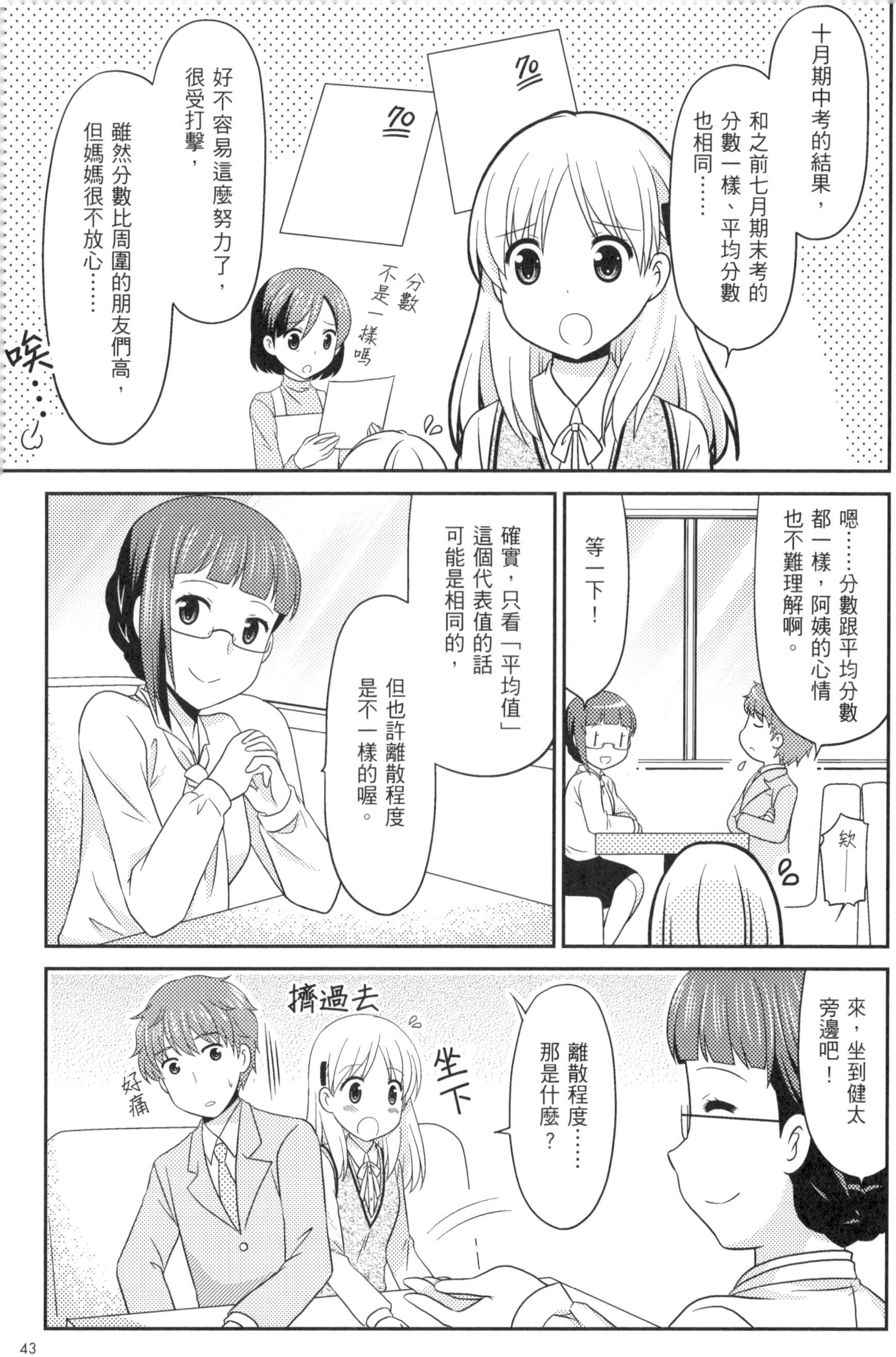

十月期中考的結果，
和之前七月期末考的分數一樣、平均分數也相同……
70
70
分數不是一樣嗎
好不容易這麼努力了，很受打擊，
雖然分數比周圍的朋友們高，但媽媽很不放心……
唉……
嗯……分數跟平均分數都一樣，阿姨的心情也不難理解啊。
等一下！
欸
確實，只看「平均值」這個代表值的話可能是相同的，
但也許離散程度是不一樣的喔。
來，坐到健太旁邊吧！
離散程度……那是什麼？
擠過去
坐下
好痛

我們先來釐清一下情況，這次的考試與上次的考試，里美得到了相同的分數，
而班上的平均成績這一次也與上次一樣。
不過對里美來說，這次的考試分數比周圍朋友都來得高，也很認真念書了，希望媽媽可以肯定你的努力，對嗎？
嗯嗯！
〈十月的期中考〉
這一次的考試，大家都得到較接近平均分數的成績。
平均50分
密集
離散程度小
〈七月的期末考〉
相對於此，上次的考試則有很多人得到了離平均分數較遠的成績。
滿分！
平均50分
分散
分散
不及格…
離散程度大
我們可以說這次與上次考試的離散程度不同。在統計學上，
標準差
「標準差」這個指標，經常在比較離散程度時使用到喔。

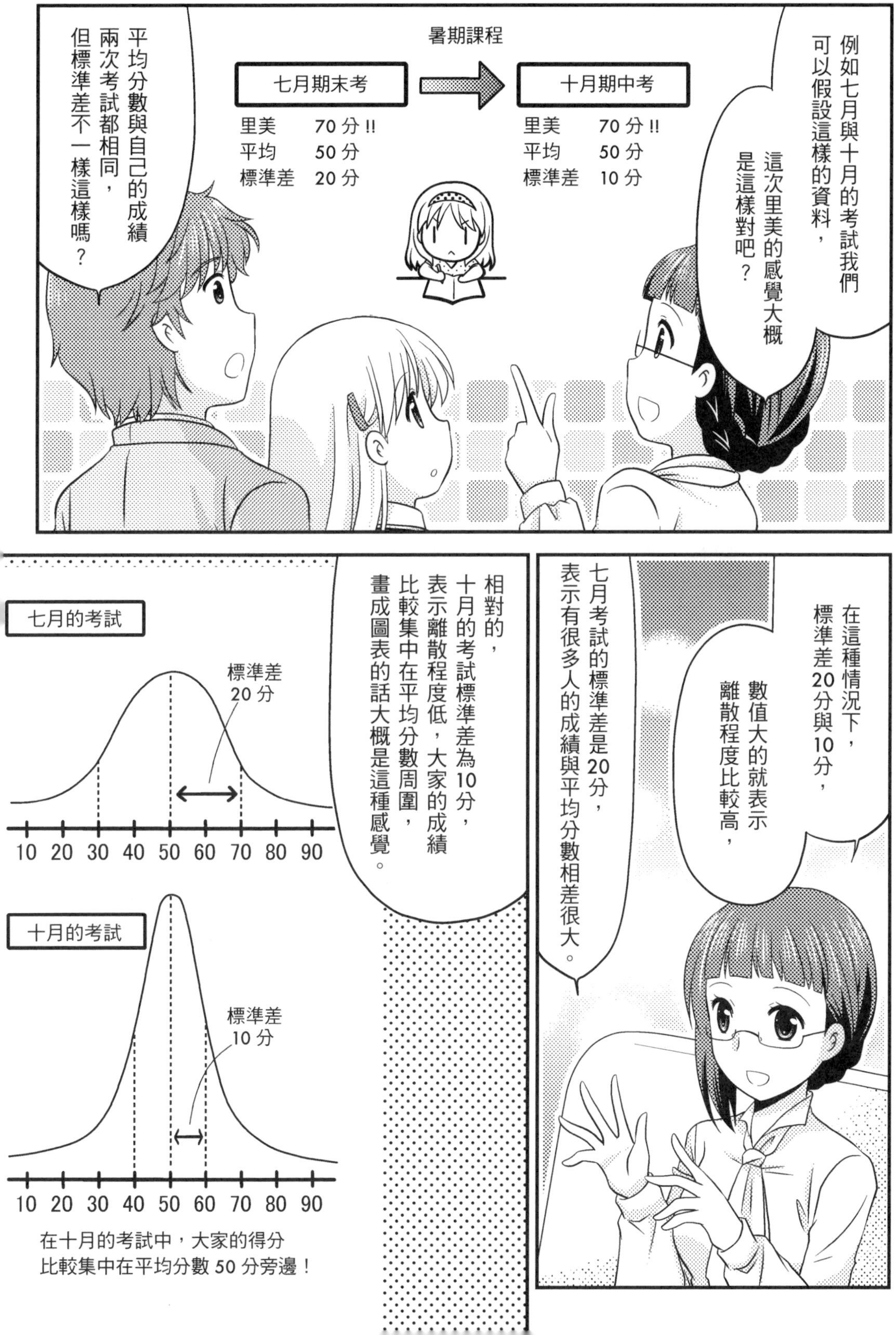
例如七月與十月的考試我們可以假設這樣的資料，
這次里美的感覺大概是這樣對吧？
暑期課程
七月期末考
里美 70分!!
平均 50分
標準差 20分
十月期中考
里美 70分!!
平均 50分
標準差 10分
平均分數與自己的成績兩次考試都相同，但標準差不一樣這樣嗎？
在這種情況下，標準差20分與10分，
數值大的就表示離散程度比較高，
七月考試的標準差是20分，表示有很多人的成績與平均分數相差很大。
相對的，十月的考試標準差為10分，表示離散程度低，大家的成績比較集中在平均分數周圍，畫成圖表的話大概是這種感覺。
七月的考試
標準差 20分
10 20 30 40 50 60 70 80 90
十月的考試
標準差 10分
10 20 30 40 50 60 70 80 90
在十月的考試中，大家的得分比較集中在平均分數50分旁邊！

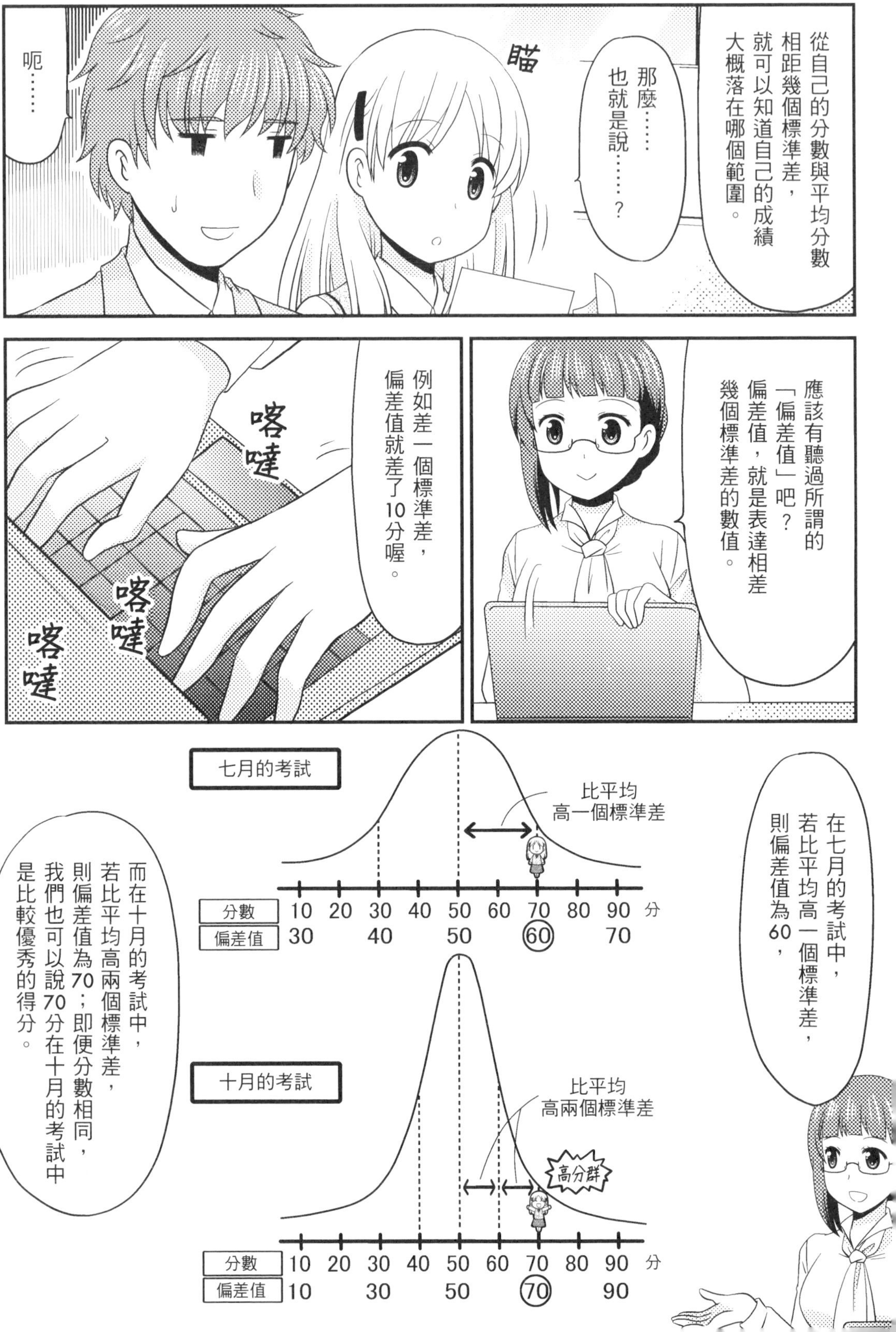
從自己的分數與平均分數相距幾個標準差，就可以知道自己的成績大概落在哪個範圍。
瞄
那麼……也就是說……？
呃……
應該有聽過所謂的「偏差值」吧？偏差值，就是表達相差幾個標準差的數值。
例如差一個標準差，偏差值就差了10分喔。
喀噠
喀噠
喀噠
在七月的考試中，若比平均高一個標準差，則偏差值為60，
而在十月的考試中，若比平均高兩個標準差，則偏差值為70；即便分數相同，我們也可以說70分在十月的考試中是比較優秀的得分。
七月的考試
比平均高一個標準差
分數 10 20 30 40 50 60 70 80 90 分
偏差值 30 40 50 60 70
十月的考試
比平均高兩個標準差
高分群
分數 10 20 30 40 50 60 70 80 90 分
偏差值 10 30 50 70 90

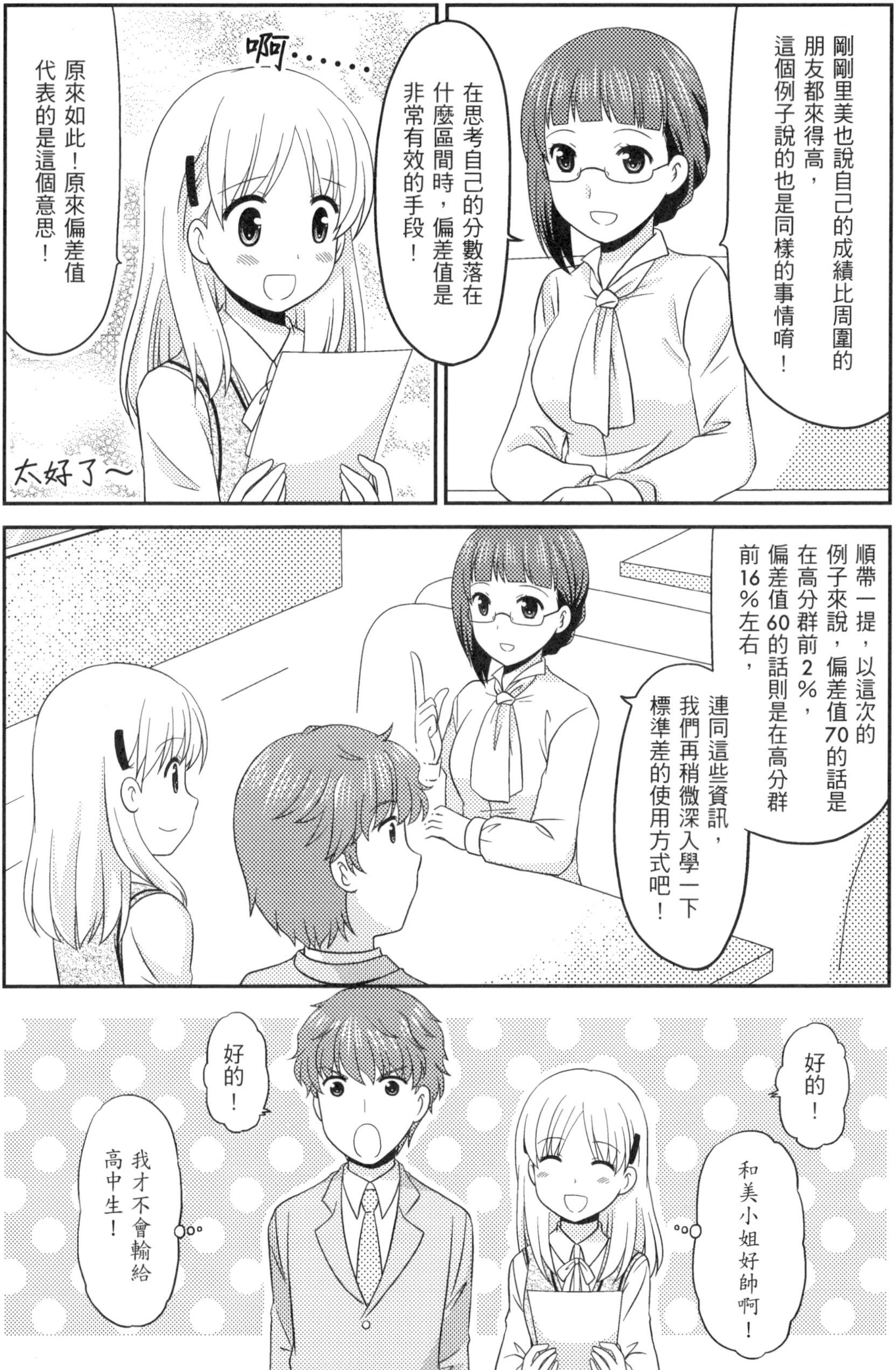
剛剛里美也說自己的成績比周圍的朋友都來得高，這個例子說的也是同樣的事情唷！
在思考自己的分數落在什麼區間時，偏差值是非常有效的手段！
啊……
原來如此！原來偏差值代表的是這個意思！
太好了～
順帶一提，以這次的例子來說，偏差值70的話是在高分群前2％，偏差值60的話則是在高分群前16％左右，
連同這些資訊，我們再稍微深入學一下標準差的使用方式吧！
好的！
好的！
和美小姐好帥啊！
我才不會輸給高中生！

關鍵字

什麼是「離散程度」

表示資料數值「離散程度」高低的指標之一

「標準差」的「使用方法」

「中心位置」的指標為「代表值」「離散程度」的指標為「分散程度」

中心位置的指標（代表值）
表示數據「正中央」位於何處的指標
- ☑平均值
- ☑中位數
- ☑眾數
- （其他尚有幾何平均等）

離散程度的指標（分散程度）
表示數據「離散程度」的指標
- ☐平均絕對離差
- ☐變異數
- ☑標準差
- ☐全距
- ☐四分位距

首先，讓我們來學習標準差代表性的「使用方法」。「何謂標準差」、「該如何算出標準差」等會在之後的內容中說明。

統計學也關注資料數值的「離散程度」

至今為止的章節，我們關注的是數值資料的「中心位置」（即集中程度）。不過不僅是「集中程度」，統計學也關注資料的「離散程度」。這聽起來也許有點曖昧不明，但這是表達「在集合中的各資料數值，是以何種方式分布在平均值的周圍，意即分散程度如何」之意，是非常重要的詞語。

「中心位置」的指標稱為「代表值」，「離散程度」的指標則稱為「**分散程度**」。

如同代表值有著各式各樣表達「中心位置」的方式一般，分散程度也有上列各種不同的表示方式。在我們一一分別深入介紹這些指標之前，先讓各位實際體驗一下當我們理解了什麼是「離散程度」之後，可以達成什麼目標。首先我們要學習的是「**標準差**」。

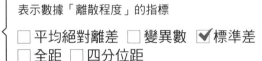

比較兩組「離散程度」相異的資料

左邊的資料乍見之下，A組與B組的平均值都是「5」。但是，A組有著相對於平均值的高分與低分；另一方面，B組則是有較多得分落在平均值附近。因此我們可以說，A組與B組的「離散程度」不同。

此處要關注的是做為「離散程度」指標之一的「標準差」。在詳細說明之前，我們先來學習「標準差的使用方式」吧！

小考（滿分 10 分）的成績結果

A 組（10 人）的成績

2、3、3、4、4、5、7、7、7、8

平均值＝ 50÷10 ＝ 5（分）

B 組（10 人）的成績

3、4、4、5、5、5、6、6、6、6

平均值＝ 50÷10 ＝ 5（分）

接下來讓我們熟悉一下統計的符號！請記住平均值的「μ」與另外一個記號。

表示「平均值」的符號為 μ（mu）

平均值的英文為「mean」。而對應其第一個字母「m」的希臘字母為「μ」。A 組、B 組的平均值表示方式如下。

A 組的平均值 $\mu_A = 5$，B 組的平均值 $\mu_B = 5$

表示「標準差」的符號為 σ（sigma）

標準差的英文為「standard deviation」。而對應其第一個字母「s」的希臘字母為「σ」。

標準差是以呈現資料「離散程度」的符號「σ」來表示。平均值符號「μ」與標準差符號「σ」都是在右下角添加組別文字，就能夠表達不同資料集合的平均值與標準差。

■利用平均值「μ」與標準差「σ」來表現 A 組的資料

A組的平均值 μ_A＝5（分）
A組的標準差 σ_A＝2（分）

標準差所表示的是相對於平均值的「離散程度」。

標準差的使用方式① 表示與平均值「相隔多遠」

A 組的資料，可以利用平均值「μ ＝ 5（分）」與標準差「σ ＝ 2（分）」呈現如下。

〔A組〕 2、3、3、4、4、5、7、7、7、8

（3、3 的位置：$\mu_A - \sigma_A$；5 的位置：μ_A；7、7、7 的位置：$\mu_A + \sigma_A$）

「離散程度」是藉由「相對於平均值相差幾個標準差」的方式來呈現。例如，可以認為「7 分」是比平均值（μ_A ＝ 5 分）「高出一個標準差（σ_A ＝ 2 分）」，以「$\mu_A + \sigma_A$」的方式來表現。同樣地，「3 分」也可視為「比平均分數低一個標準差」，等於「$\mu_A - \sigma_A$」。

標準差的使用方式② 計算標準分數

那麼「8 分」相對於平均值，又相差幾個標準差呢？這可以用先將得分減去平均分數（兩者相差幾分），再除以標準差（幾個）的方式來計算。

$$(\text{資料} - \mu_A) \div \sigma_A = (8-5) \div 2 = 1.5$$

我們可以得知「8 分比平均成績高 1.5 個標準差」。我們將「資料數值減去平均分數、除以標準差」所得出的數值，稱為「**標準分數（z 分數）**」。

$$\text{標準分數（z 分數）} = \frac{\text{資料數值} - \text{平均分數}}{\text{標準差}}$$

標準差的使用方式③ 計算偏差值

偏差值是將「50」當做平均值，比較某個數值較平均值高或低的指標。利用標準分數帶入以下公式來計算。

$$\text{偏差值} = 50 + \text{標準分數} \times 10$$

A 組的 8 分的標準分數為 1.5
偏差值為 50 ＋ 1.5×10 ＝ 65
B 組也以同樣的方式求出各值後，整理為如下頁表格。

A組　$\mu_A=5$、$\sigma_A=2$										
分數	2	3	3	4	4	5	7	7	7	8
以符號表示	$\mu_A-1.5\sigma_A$	$\mu_A-\sigma_A$		$\mu_A-0.5\sigma_A$		μ_A	$\mu_A+\sigma_A$			$\mu_A+1.5\sigma_A$
標準分數	-1.5	-1		-0.5		0	1			1.5
偏差值	35	40		45		50	60			65

B組　$\mu_B=5$、$\sigma_B=1$										
分數	3	4	4	5	5	5	6	6	6	6
以符號表示	$\mu_B-2\sigma_B$	$\mu_B-\sigma_B$		μ_B			$\mu_B+\sigma_B$			
標準分數	-2	-1		0			1			
偏差值	30	40		50			60			

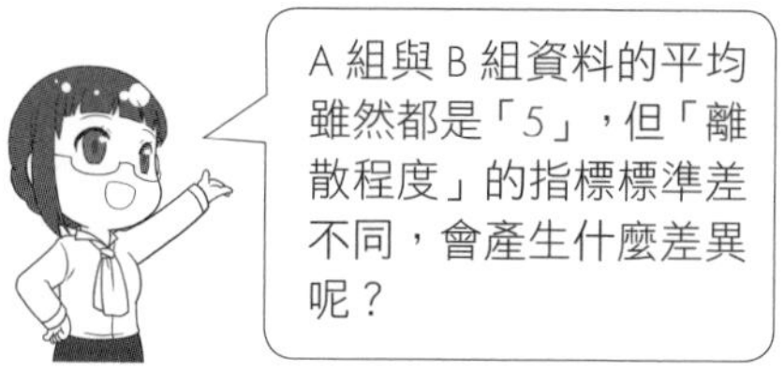
A 組與 B 組資料的平均雖然都是「5」，但「離散程度」的指標標準差不同，會產生什麼差異呢？

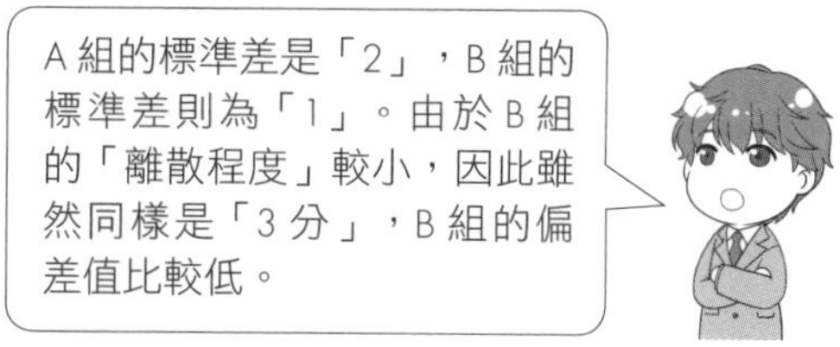
A 組的標準差是「2」，B 組的標準差則為「1」。由於 B 組的「離散程度」較小，因此雖然同樣是「3 分」，B 組的偏差值比較低。

標準差是表現「資料數值與平均值相差多遠」的指標，在比較兩組平均值相同的資料時，可以派上用場。用在 42 ～ 47 頁漫畫中所出現的考試分數例子思考看看吧。

七月期末考	十月期中考
平均成績：50分	平均成績：50分
標準差：20分	標準差：10分
里美的分數：70分	里美的分數：70分

●七月期末考里美的標準分數與偏差值為

$$\text{標準分數} = \frac{\text{資料數值} - \text{平均值}}{\text{標準差}} = \frac{70-50}{20} = 1$$

$$\text{偏差值} = 50+\text{標準分數}\times 10 = 50+1\times 10 = 60$$

●十月期中考，以同樣的方式計算里美的標準分數與偏差值後，得出
標準分數＝ 2，偏差值＝ 70
因此我們可以説里美的成績 10 月比較「優秀」。

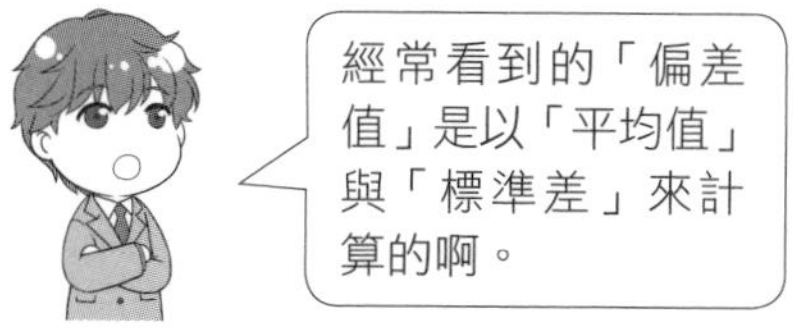
經常看到的「偏差值」是以「平均值」與「標準差」來計算的啊。

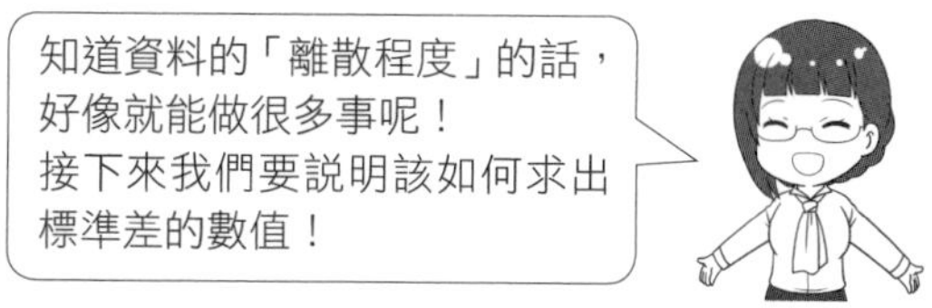
知道資料的「離散程度」的話，好像就能做很多事呢！
接下來我們要説明該如何求出標準差的數值！

關鍵字

何謂偏差

一步一步學習並理解「標準差」

透過「偏差」來思考「離散程度」的指標

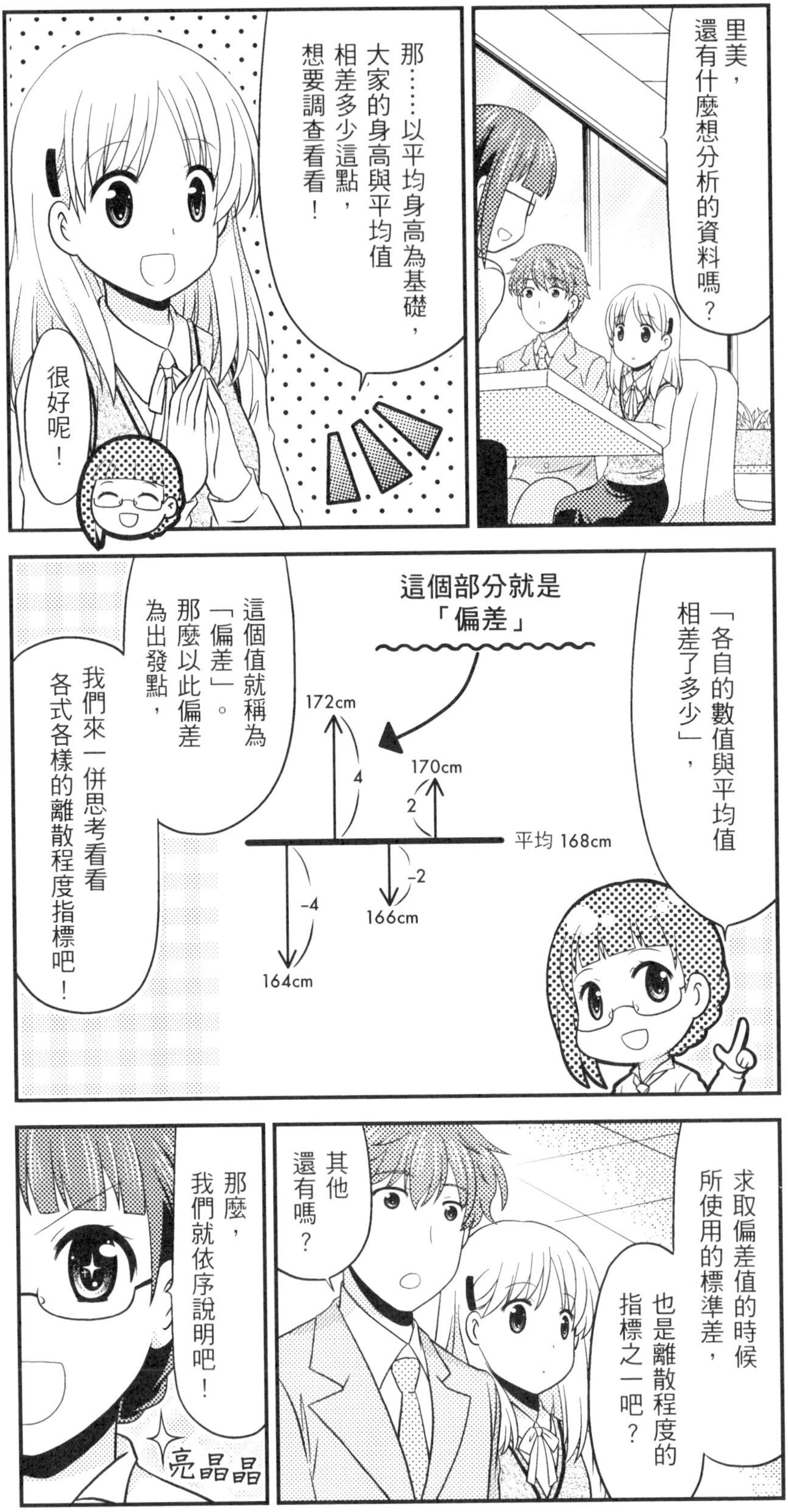

里美，還有什麼想分析的資料嗎？
那……以平均身高為基礎，大家的身高與平均值相差多少這點，想要調查看看！
很好呢！
「各自的數值與平均值相差了多少」，
這個部分就是「偏差」
172cm
4
170cm
2
平均 168cm
−2
166cm
−4
164cm
這個值就稱為「偏差」。那麼以此偏差為出發點，
我們來一併思考看看各式各樣的離散程度指標吧！
求取偏差值的時候所使用的標準差，
也是離散程度的指標之一吧？
其他還有嗎？
那麼，我們就依序說明吧！
亮晶晶

「偏差」是理解「離散程度」指標的出發點

實際使用過後，我想各位就能夠確切感受到標準差（σ）代表資料「離散程度」的意義。那麼，標準差是如何計算出來的呢？從理解其概念的出發點「**偏差**」開始說明。

所謂的偏差，指的是「資料的數值與平均值的差」。換言之，是表示資料群組內每一個數值「與平均值相差多少」的數值。

下方的表格，列出了A組與B組各十個人的小考分數與偏差。並且以箭頭的方向與長度，將偏差的值視覺化。這兩組資料的平均值都是「5（分）」，但比較其偏差（＝與平均值相差多少）經視覺化的結果，可以讀出A組資料「分散不集中」。

「離散程度」指標有各式各樣的形式。首先，確實理解偏差的概念，再進一步學習「離散程度」的指標吧。

A組　A組的平均值：$\mu_A=5$										
分數	2	3	3	4	4	5	7	7	7	8
偏差	-3	-2	-2	-1	-1	0	2	2	2	3

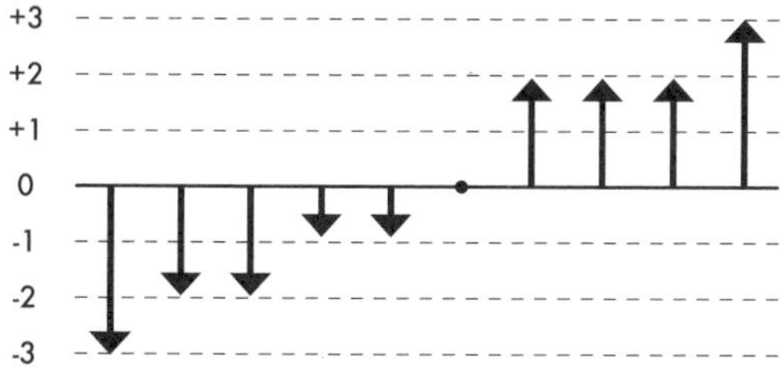
+3
+2
+1
0
-1
-2
-3

偏差的合計為（－3）＋（－2）＋（－2）＋（－1）＋（－1）＋0＋2＋2＋2＋3＝0

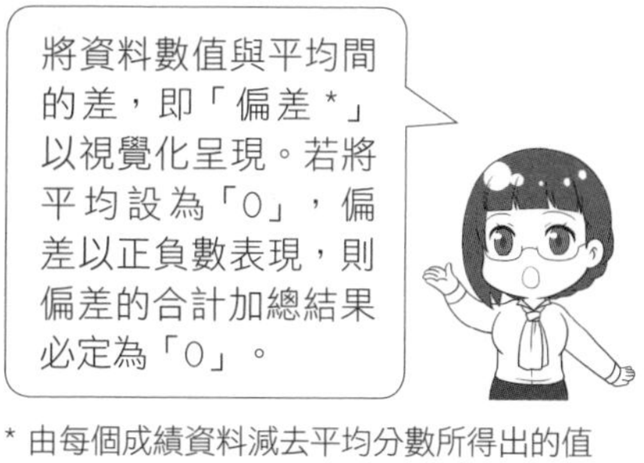
將資料數值與平均間的差，即「偏差＊」以視覺化呈現。若將平均設為「0」，偏差以正負數表現，則偏差的合計加總結果必定為「0」。

＊由每個成績資料減去平均分數所得出的值

B組　B組的平均值：$\mu_B=5$										
分數	3	4	4	5	5	5	6	6	6	6
偏差	-2	-1	-1	0	0	0	1	1	1	1

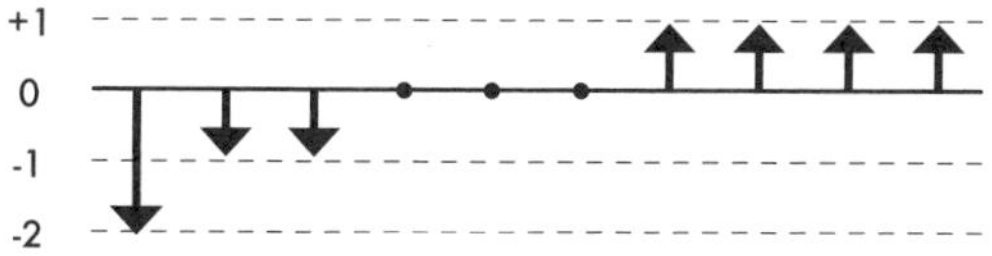
+1
0
-1
-2

偏差的合計為（－2）＋（－1）＋（－1）＋0＋0＋0＋1＋1＋1＋1＝0

雖然看的出A組的離散程度較高，不過要如何說明離散程度呢？

⬅ 如何說明「A組的資料比較分散不集中」？

合計結果為「0」的偏差要如何處理？

A組　μ_A＝5										
分數	2	3	3	4	4	5	7	7	7	8
偏差	-3	-2	-2	-1	-1	0	2	2	2	3

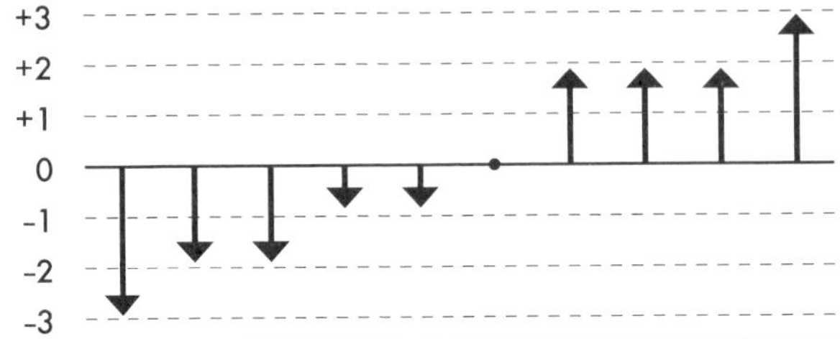
+3
+2
+1
0
-1
-2
-3

B組　μ_B＝5										
分數	3	4	4	5	5	5	6	6	6	6
偏差	-2	-1	-1	0	0	0	1	1	1	1

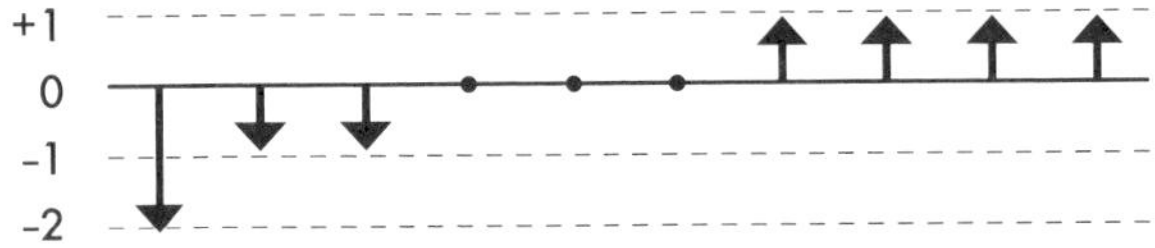
+1
0
-1
-2

偏差的合計為「0」，這是因為偏差有「＋」和「－」的緣故。為了表示A組資料的「離散程度」較大而將「箭頭長度」全部加總起來是很自然的想法。換言之，將偏差的值全都視為正值「＋」來思考。

平均偏差與變異數

使用偏差來比較「離散程度」的兩種構想

將偏差以箭頭來表現加以視覺化，只要把箭頭連接在一起將長度加總起來，就能夠知道資料整體的「離散程度」了吧？這雖然是很自然的想法，但實際上資料的偏差除了正向的箭頭外，也包含了負值。此處我們將介紹處理偏差的兩個構想。

●構想① 將偏差轉為正值「＋」加以合計

第一個構想，是將正值與負值的偏差，全都視為正值「＋」來思考（這稱為「**絕對值**」，將會在56頁學到）、再將合計數除以資料個數，所得出的數值稱為「**平均偏差**」。

●構想② 將偏差平方之後加以合計

另外一個想法，則是利用負值「－」經過平方之後會轉為正值「＋」的特性。所有的偏差經平方之後合計（稱為「**偏差平方和**」），再將其合計數除以資料個數，所得出的數值稱為「**變異數**」。

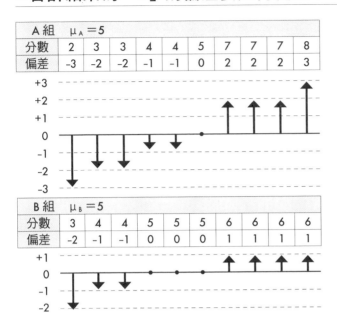

構想①「平均偏差」的計算方式
將偏差全數轉為正值「＋」加以合計、除以資料個數

求取A組的平均偏差

偏差	-3	-2	-2	-1	-1	0	2	2	2	3

●全數偏差轉為正值後合計　→ 3＋2＋2＋1＋1＋0＋2＋2＋2＋3
●合計數除以資料個數　＝18
18÷10＝**1.8**　**← A 組的平均偏差**

求取B組的平均偏差

偏差	-2	-1	-1	0	0	0	1	1	1	1

●全數偏差轉為正值後合計　→ 2＋1＋1＋0＋0＋0＋1＋1＋1＋1
●合計數除以資料個數　＝8
8÷10＝**0.8**　**← B 組的平均偏差**

比較兩者的平均偏差，就可得出 A 組的「離散程度」較大。

構想②「變異數」的計算方式
將偏差平方後再合計、除以資料個數

求取A組的變異數

偏差	-3	-2	-2	-1	-1	0	2	2	2	3

●將全部的偏差平方後合計（偏差平方和）　→ $(-3)^2+(-2)^2+(-2)^2+(-1)^2+(-1)^2+0^2+2^2+2^2+2^2+3^2$
●合計數除以資料個數　＝40
40÷10＝**4**　**← A 組的變異數**

求取B組的變異數

偏差	-2	-1	-1	0	0	0	1	1	1	1

●將全部的偏差平方後合計（偏差平方和）　→ $(-2)^2+(-1)^2+(-1)^2+0^2+0^2+0^2+1^2+1^2+1^2+1^2=10$
●合計數除以資料個數
10÷10＝**1**　**← B 組的變異數**

比較兩者的變異數，就可得出 A 組的「離散程度」較大。

不論是平均偏差還是變異數，都是 A 組的數值比較大。換言之，平均偏差和分散都可視為是「離散程度」的指標「分散度」。但是，平均偏差很少使用，其理由在下一頁進行說明。

■平均偏差所使用的「絕對值」的數學表示方式

兩個都是分散度的話，那只需要「加總、除以個數」的平均偏差感覺比較容易使用耶。

確實如此。
但是，平均偏差所使用的絕對值概念，是希望能盡量避免運用的。

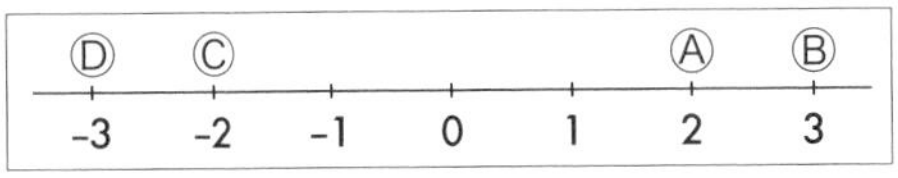

相對於平均值「0」，來思考「2」Ⓐ、「3」Ⓑ、「-2」Ⓒ與「-3」Ⓓ各點的偏差。

絕對值是表示數線上各點到原點（0）之間距離的值。這是重點喔！我們從這裡開始解説！

在求取絕對值時，會將原本的數值「●」寫為｜●｜，在兩個縱線中寫入數值來表示。「2 的絕對值」以數學方式表達則為「｜2｜」。因此，各別數字可以表示如下。

Ⓐ $|2| = 2$　　Ⓑ $|3| = 3$

若將此以公式表示，以「X」代表數值，則可寫成：

$$|X| = X$$

Ⓒ與Ⓓ的負值也可以同樣方式表達。

Ⓒ $|-2| = 2$　　Ⓓ $|-3| = 3$

但若是寫成上述公式 $|X| = X$，那麼「｜｜」絕對值符號內的值必須要等於等號右邊的值。因此我們如下思考。

$$|-2| = 2 \rightarrow |-2| = -(-2)$$

改以公式表達，以「X」代替數值，則可寫成：

$$|X| = -(X) = -X \rightarrow |X| = -X$$

換句話説……

$$|X| = \begin{cases} X & (X \geqq 0) \\ -X & (X \leqq 0) \end{cases}$$

將以上這些説明內容以「文字」表達，則會是「X 的絕對值，當 X 大於等於零時等於 X，當 X 小於等於零時等於負 X」。用數學符號表達則如左。

乍看好像很簡單，但是使用絕對值在數學上是一件複雜的事呢。

另一方面，變異數在數學上的處理雖然相對簡單，但也有必須注意的地方。

變異數經過平方，需要注意其「單位」的改變

我們再度用「A組的資料求取變異數的過程」，來注意一下單位的變化。

A組資料　2、3、3、4、4、5、7、7、7、8　←單位為「分」

↓　求取偏差值（減去平均值 μ ＝5 分）

A組的偏差　-3、-2、-2、-1、-1、0、2、2、2、3　←單位為「分」

↓　平方之後加總合計求取偏差平方和

$$(-3)^2+(-2)^2+(-2)^2+(-1)^2+(-1)^2+0^2+2^2+2^2+2^2+3^2=40$$

↓　求取變異數（偏差平方和除以資料個數）

A組的變異數　40÷10＝4

此時單位由「分」轉變為「分^2」。若是為「cm」等長度單位，將會轉變為面積單位「cm^2」。由於單位相異，將無法與原始資料進行比較這一點需要多加留意。

數學或統計學是文字化的學問

「明明是本統計學的書，比起公式、文字的說明還更多啊……」各位讀者差不多也是時候會這麼想了吧？數學是一門將思考方式與手段一般化，使其能夠與任何人分享的學問，因此很重視「文字化」這件事。統計學也是一樣的。

帶著負數符號但「拿掉就好」的絕對值，乍見看似便利；但是，就數學上而言，由於每一個數值必須要判斷「因為某某理由所以保持為正數」、「因為某某理由所以要由負轉正」，反而是一種使用起來比較麻煩的手法。另一方面，**變異數的「平方」，則不論數值是正數或負數，經過平方都會變成正數，以數學來說是易於使用的手法。**

在判斷資料的「離散程度」上，變異數是非常易於使用的手法。但是，經過平方之後數值全部轉為正數，單位也會隨之改變這一點也需要多加留意。

標準差與標準分數

將資料的「離散程度」視為「與平均值相差幾個標準差」的標準分數

變異數是「偏差經平方之後加總，除以資料個數所得到的數值」。換言之，也可說是「偏差經平方之後（偏差平方）的平均值」。但是，變異數連單位都被平方這點是個問題。

而解決這個問題，同時表示每個數值「相較於平均值的分散程度」的指標，便是我們在48～51頁所學到的「標準差（σ）」。

其實，透過計算變異數的「√（平方根）」，還原被平方的單位，就能夠求出標準差的數值。

此外，我們學到「幾個σ」的個數便是「**標準分數（z分數）**」。將「1σ」視為「標準分數1」，若將「平均值視為偏差值50」，則比平均值高「標準分數1」的值為「偏差值60」，低「標準分數1」的值為「偏差值40」。

複習標準差的使用方法

再次使用標準差（σ），來試著比較這兩組資料吧。

A組　$\mu_A=5$、$\sigma_A=2$										
分數	2	3	3	4	4	5	7	7	7	8
以符號表示	$\mu_A-1.5\sigma_A$	$\mu_A-\sigma_A$		$\mu_A-0.5\sigma_A$		μ_A	$\mu_A+\sigma_A$			$\mu_A+1.5\sigma_A$
標準分數	-1.5	-1		-0.5		0	1			1.5
偏差值	35	40		45		50	60			65

B組　$\mu_B=5$、$\sigma_B=1$										
分數	3	4	4	5	5	5	6	6	6	6
以符號表示	$\mu_B-2\sigma_B$	$\mu_B-\sigma_B$		μ_B			$\mu_B+\sigma_B$			
標準分數	-2	-1		0			1			
偏差值	30	40		50			60			

以 σ 的個數即標準分數為指標，求出偏差值後，確認資料中的每一個數值，相較平均值的相對位置是否都可以進行比較吧！

標準差與平均值是可以相加減的。換言之，即標準差的單位與原始資料是相同的。因為標準差是變異數開平方根「√」後算出來的數值，所以計算變異數時被平方的單位又還原了。

標準差的計算方法

終於要來計算標準差囉！

A組資料　2、3、3、4、4、5、7、7、7、8（分）

↓

A組平均值　$\mu_A=5$（分）

↓

A組的偏差　-3、-2、-2、-1、-1、0、2、2、2、3（分）

↓

A組的偏差平方和

$(-3)^2+(-2)^2+(-2)^2+(-1)^2+(-1)^2+0^2+2^2+2^2+2^2+3^2=40$（分^2）

↓

A組變異數

$40\div 10=4$（分^2）

因為偏差的值經過平方，所以變異數的單位也成了「分^2」。為了要與原始資料的單位相同，變異數的平方根得出的就是標準差。

↓

A組的標準差　$\sigma_A=\sqrt{4}=2$　此時，單位也回復為「分」。

利用 $\sigma_A=2$ 來計算標準分數與偏差值

標準分數的計算公式

$$\text{標準分數}=\frac{\text{資料數值}-\text{平均值}}{\text{標準差}}$$

$$\text{標準分數}=\frac{\text{偏差}}{\text{標準差}}$$

請記住標準分數等於「偏差」除以「標準差」。

偏差值的計算公式

$$50+\text{標準分數}\times 10=50+\frac{\text{資料數值}-\text{平均值}}{\text{標準差}}\times 10$$

那麼，來算算看A組中「8分」的標準分數與偏差值吧。

標準分數　$(8-5)\div 2=$ **1.5**

偏差值　$50+1.5\times 10=$ **65**

標準分數是表示與平均值相差幾個標準差的數值，也可以說是表達偏差為標準差幾倍的數值。換言之，也可說標準差是「偏差的基準值」。

關鍵字

常態分配

利用標準差來思考整體資料的相對比例 常態分配與標準常態分配表

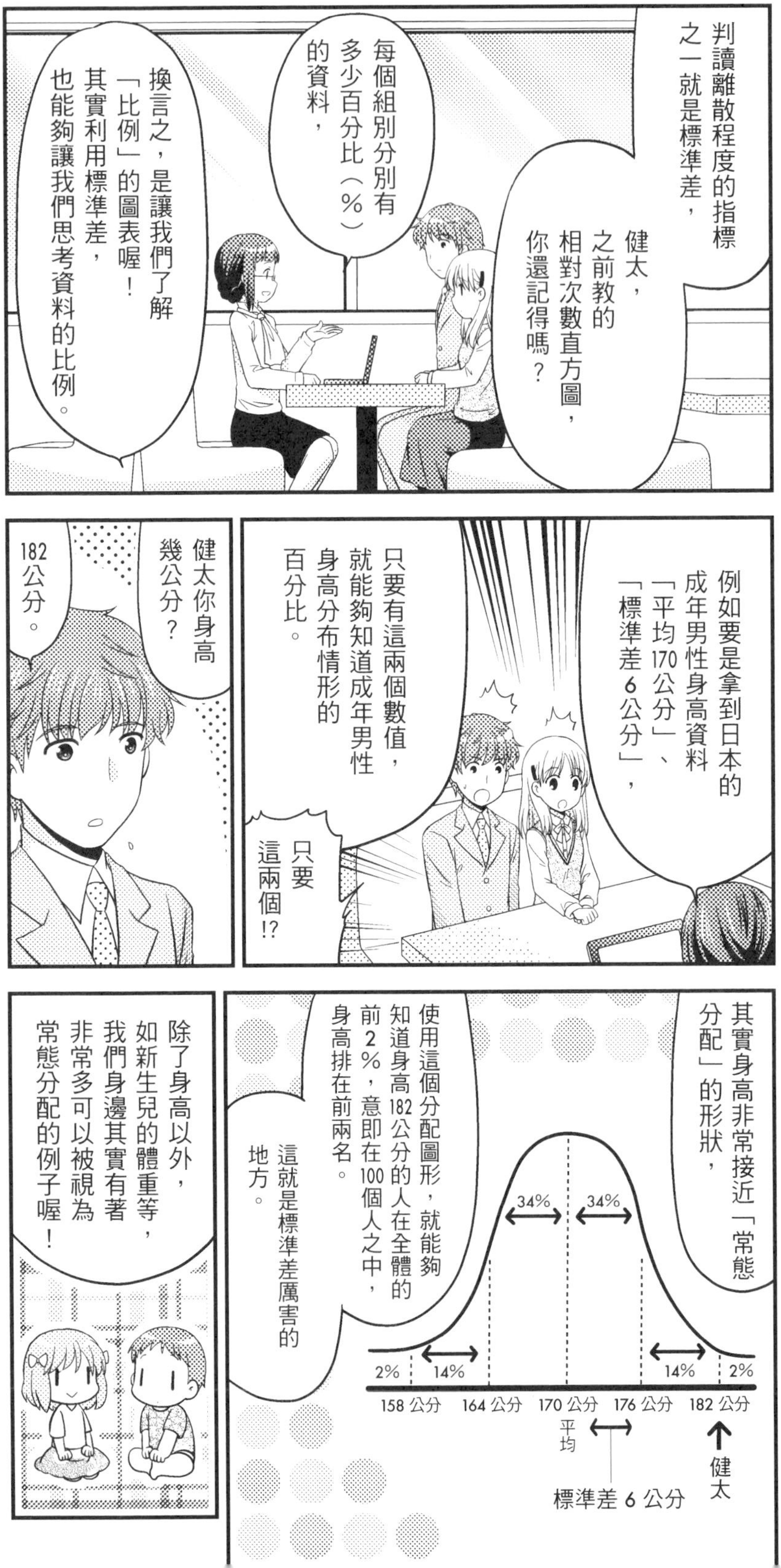

判讀離散程度的指標之一就是標準差，
健太，之前教的相對次數直方圖，你還記得嗎？
每個組別分別有多少百分比（%）的資料，
換言之，是讓我們了解「比例」的圖表喔！
其實利用標準差，也能夠讓我們思考資料的比例。
例如要是拿到日本的成年男性身高資料「平均170公分」、「標準差6公分」，
只要有這兩個數值，就能夠知道成年男性身高分布情形的百分比。
只要這兩個!?
健太你身高幾公分？
182公分。
其實身高非常接近「常態分配」的形狀，
使用這個分配圖形，就能夠知道身高182公分的人在全體的前2％，意即在100個人之中，身高排在前兩名。
這就是標準差厲害的地方。
34%
34%
2%
14%
14%
2%
158 公分
164 公分
170 公分
176 公分
182 公分
平均
標準差 6 公分
健太
除了身高以外，如新生兒的體重等，我們身邊其實有著非常多可以被視為常態分配的例子喔！

學習統計學，不能不理解常態分配

新名詞「**常態分配**」出現了。常態分配非常的重要，可說是「沒有常態分配就無法討論統計學」般的重要存在。在學習統計學的過程中，不能不懂何謂常態分配。

在本書所學習的統計學基礎當然也是如此，統計學上有許多手法，是以此常態分配為前提假設的。此外，在計量預測世間事物現象時，經常發現其結果遵循（或近似）常態分配也是理由之一。

受到生活習慣或個人意志力影響的成人體重不在此列，但在母親腹中時間相同的新生兒體重、或是受到遺傳影響較大的身高等資料，通常遵循著常態分配。不僅是自然現象，工廠製品的長度、重量的「離散程度」也近似於常態分配，因此也被運用於品質管理上。

理解何謂常態分配，並將其視為實務上可運用的統計學手法好好學習吧！

常態分配是左右對稱的「吊鐘」形圖表

小預習

利用常態分配來判讀資料時，不可以沒有「**標準常態分配表**」！本書最後的 216 頁附有此表，學習過程中也請多加活用喔！

也可以運用我們已經學過的統計學名詞來「描述」常態分配。圖表呈左右對稱的「吊鐘」形狀。遵循常態分配的資料特徵，可以知道與平均值相差幾個標準差（及標準分數）的資料的整體占比。

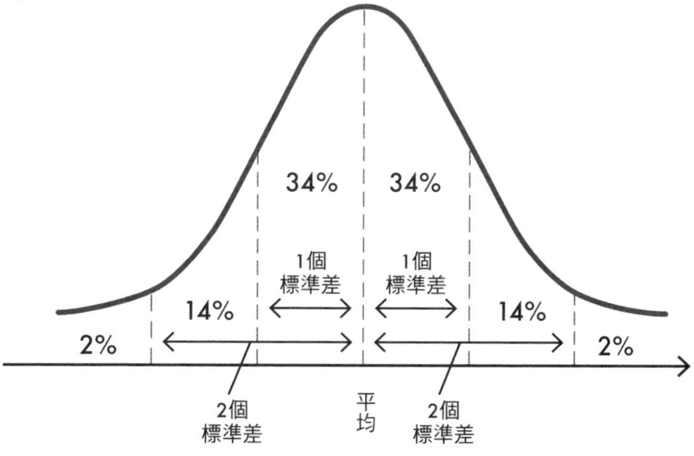

若將相對次數直方圖的組距縮小會如何呢？

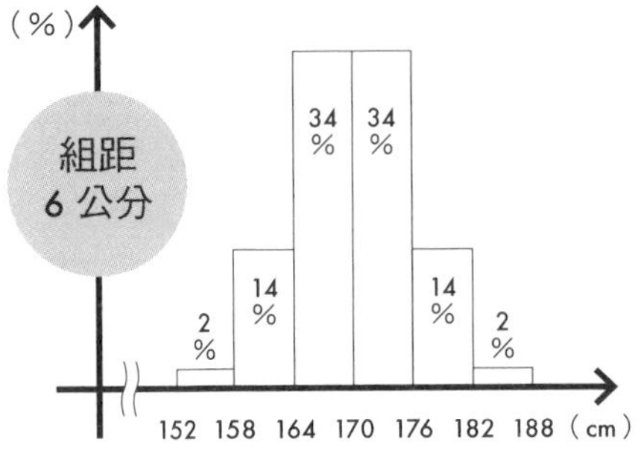

在此處請回想起先前提過的相對次數直方圖！將日本成年男性的身高資料，以 6 公分為組距繪製成直方圖。

咦！？變得和常態分配的圖表一樣，左右對稱了！

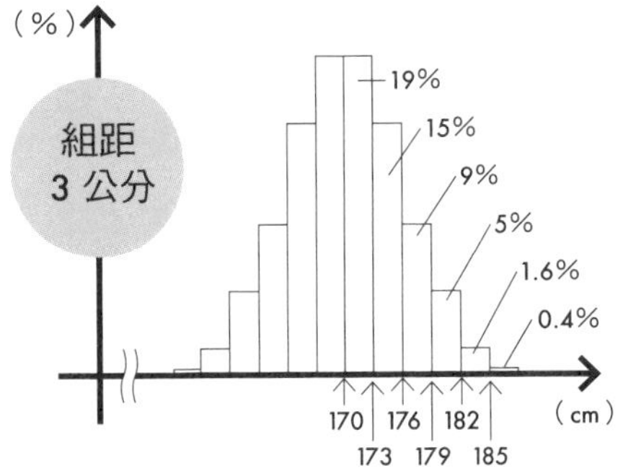

這次我們將上面的直方圖組距調整為 3 公分，會有什麼變化呢？

相對於每一個組距，資料的個數減少了，圖形整體變的像平緩的山形。

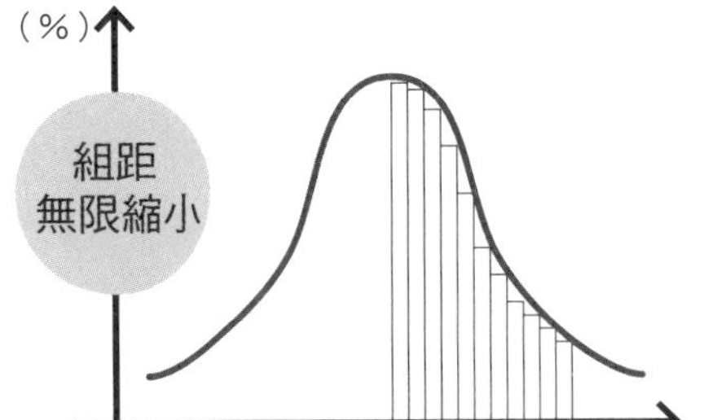

再將直方圖的組距無限縮小的話，就會變成這個圖形。

變成和常態分配一模一樣的「吊鐘」狀了！

若**將常態分配視為將相對次數直方圖無限縮小組距，而形成的曲線平滑圖形**，該圖表所代表的意義就很好理解了吧！接下來就讓我們更詳細地學習常態分配！

看標準常態分配表，就能知道數值占整體的百分比是多少（%）

平均身高（平均值：μ）＝170cm、標準差（σ）＝6cm 的常態分配

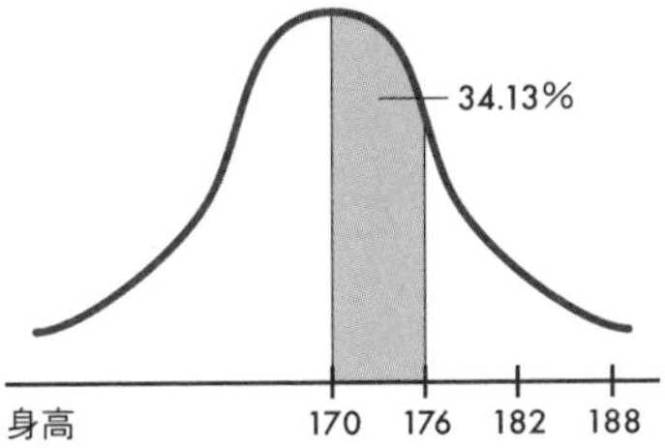

平均身高 170 公分到 176 公分男性人數，占整體的 34.13%。

因為身高資料近似於常態分配，如同右側圖表所示，馬上就可以知道「身高在由平均值至該數值為止區間內的人數占整體的百分比是多少」！

咦？ 34.13% 這個數字是從哪裡跑出來的？

此處登場的，就是在運用常態分配表時十分方便的「標準常態分配表」。左上的「z」，可視為是「標準分數（z 分數）」。

z	0.00	0.01	0.02	0.0
0.0	.0000	.0040	.0080	.01
0.1	.0398	.0438	.0478	.05
0.2	.0793	.0832	.0871	.09
0.3	.1179	.1217	.1255	.12
0.4	.1554	.1591	.1628	.16
0.5	.1915	.1950	.1985	.20
0.6	.2257	.2291	.2324	.23
0.7	.2580	.2611	.2642	.26
0.8	.2881	.2910	[illegible]	.29
0.9	.3159	.3186	.3212	.32
1.0	.3413	.3438	.3461	.34
1.1	.3643	.3665	.3686	.37
1.2	.3849	.3869	.3888	.39

標準常態分配表（參見 216 頁）

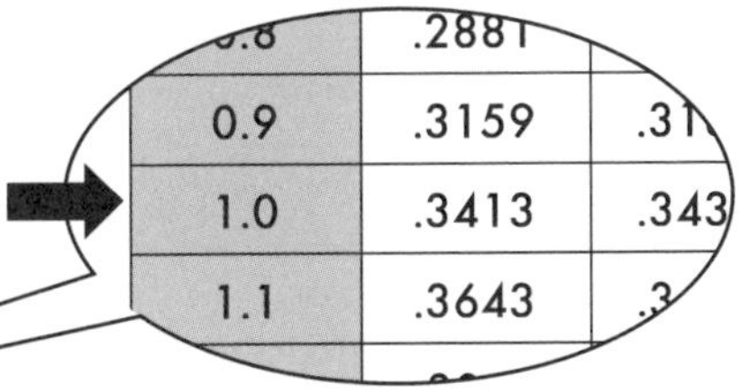

標準常態分配表的使用方式

標準常態分配表的縱軸為標準分數的小數點第一位數字，橫軸則為標準分數的小數點第二位數字。在求取身高 170～176 公分的人數在全體比例為何時，首先從「μ ＝ 170 公分、σ ＝ 6 公分」來求取 176 公分的標準分數。標準分數的計算為**「偏差除以標準差」**。

標準分數為（176 － 170）÷6 ＝ 1

身高與標準分數的對應圖表則如左圖。

在標準常態分配表上尋找標準得點 1（1.00）的對應值時，縱向「1.0」、橫向「0.00」所對應出來的值為「0.3413」。換言之，能得出「標準分數 0～1」即「身高 170～176 公分」的占比為「0.3413（34.13%）」。

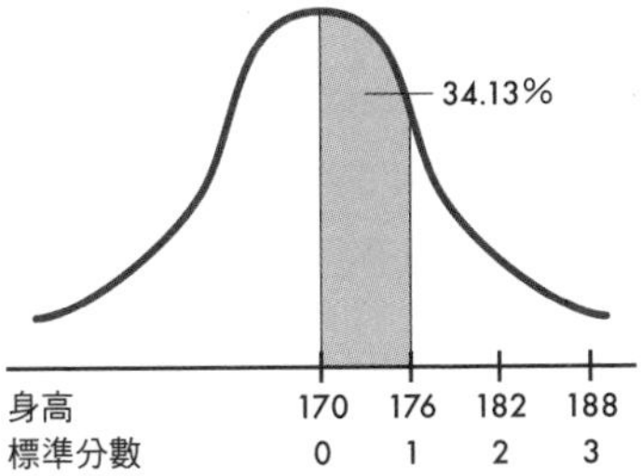

試著練習利用標準常態分配表來求取比例吧

練習題

日本成年男性的身高資料
平均值（μ）＝170 公分
標準差（σ）＝6 公分
在此組資料中，身高 180～185 公分者占整體的比例為多少百分比？

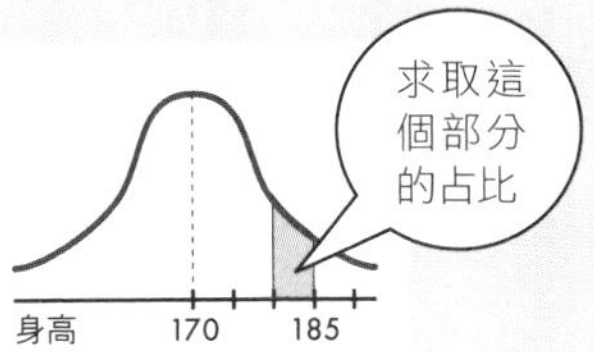
求取這個部分的占比
身高
170
185

實際使用標準常態分配表，試著算出資料中特定數值的占比吧。以下是未與平均值直接相鄰之數值範圍的計算。

●思考方式

① 計算 185 公分的標準分數
② 計算 180 公分的標準分數
③ 由①與②得出「170～185 公分」以及「170～180 公分」的占比，將前者減去後者即得出答案。

① 計算 185 公分的標準分數

計算身高185公分的標準分數

$$\text{標準分數}=\frac{\text{資料數值}-\text{平均值}}{\text{標準差}}=\frac{185-170}{6}=15\div6=2.50$$

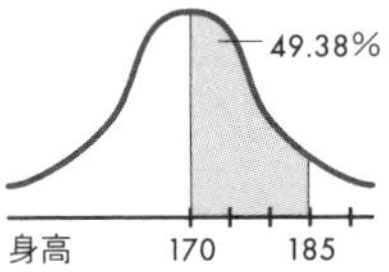
49.38%
身高
170
185

② 計算 180 公分的標準分數

計算身高180公分的標準分數

$$\text{標準分數}=\frac{180-170}{6}=10\div6=1.67$$

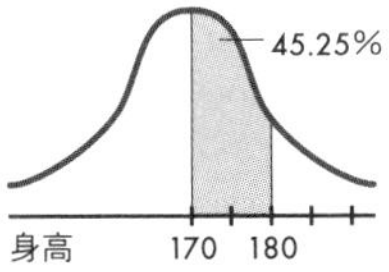
45.25%
身高
170
180

③ 利用標準常態分配表，求出自平均值至①與②的身高人數分別的占比為何

Z	0.00	0.01	0.02	0.03	0.04	0.05	0.06	0.07
0.0	.0000	.0040	.0080	.0120	.0160	.0199	.0239	.0279
0.1	.0398	.0438	.0478	.0517	.0557	.0596	.0636	.0675
0.2	.0793	.0832	.0871	.0910	.0948	.0987	.1026	.1064
0.3	.1179	.1217	.1255	.1293	.1331	.1368	.1406	.1443
[illegible]	[illegible]	[illegible]	[illegible]	[illegible]	1700	.1736	.1772	.1808
1.3	.4032	.4049	.4066	.4082	[illegible]	[illegible]	[illegible]	.4147
1.4	.4192	.4207	.4222	.4236	.4251	.4265	.4279	.4292
1.5	.4332	.4345	.4357	.4370	.4382	.4394	.4406	.4418
1.6	.4452	.4463	.4474	.4484	.4495	.4505	.4515	.4525
1.7	.4554	.4564	.4573	.4582	.4591	.4599	.4608	.4616
1.8	.4641	.4649	.4656	.4664	.4671	[illegible]	[illegible]	.4693
1.9	.4713	.4719	.4726	.4732	.4738	[illegible]	[illegible]	.4756
2.0	.4772	.4778	.4783	.4788	.4793	[illegible]	[illegible]	.4808
2.1	.4821	[illegible]	[illegible]	.4834	.4838	.4842	.4846	.4850
2.2	.4861	[illegible]	[illegible]	.4871	.4875	.4878	.4881	.4884
2.3	.4893	[illegible]	[illegible]	.4901	.4904	.4906	.4909	.4911
2.4	.4918	.4920	.4922	.4925	.4927	.4929	.4931	.4932
2.5	.4938	.4940	.4941	.4943	.4945	.4946	.4948	.4949
2.6	.4953	.4955	.4956	.4957	.4959	.4960	.4961	.4962
2.7	.4965	.4966	.4967	.4968	.4969	.4970	.4971	.4972

標準常態分配表（參見 216 頁）

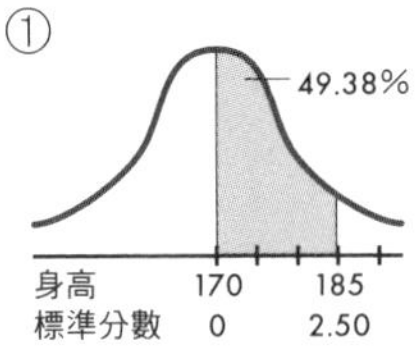
①
49.38%
身高
170
185
標準分數
0
2.50

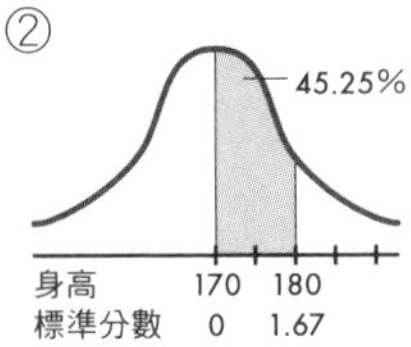
②
45.25%
身高
170
180
標準分數
0
1.67

①的占比－②的占比＝

49.38 － 45.25 ＝ 4.13（％）

在此組資料中，身高 180～185 公分者在全體比例約為 4%

■求取「某數值以上」在整體資料的「占比」

練習題

日本成年男性的身高資料
平均值（μ）＝ 170 公分
標準差（σ）＝ 6 公分
在此組資料中，身高 190 公分以上者占整體的比例為多少百分比？

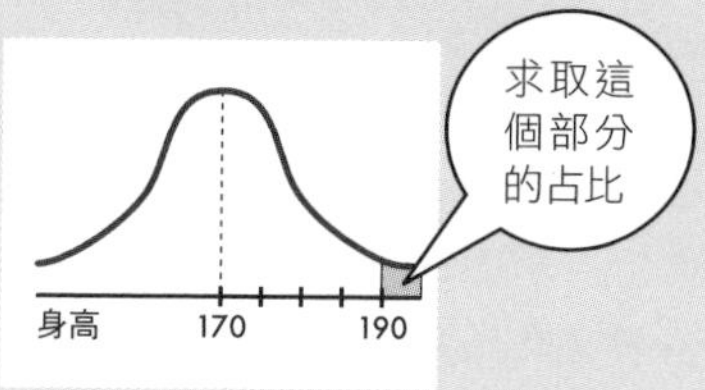

這次我們要計算的是「在某數值以上的資料所占整體比例」。請注意，高於平均值的資料占整體比例為 50%。

●思考方式

① 計算 190 公分的標準分數
（190 － 170）÷6 ＝ 20÷6 ＝ 3.33

② 求取自平均值（170 公分）至 190 公分區間之占比，在標準常態分配表上找出標準分數「3.33」的對應值。
標準常態分配表的值→ 0.4996
占全體比例→ 49.96%

③ 因為「高於平均值的資料占整體比例為 50%」，以「50 －②的數值」求取「身高 190 公分以上者」的占比。
50 － 49.96 ＝ 0.04（%）
答：身高 190 公分以上者占整體比例為 0.04%。

在實際使用統計時，常常會像這樣求取「在某數值以上的占比為何」。屆時就算不像本次將占比相減，也能藉由「標準常態分配表（上尾機率）」（參見 217 頁）計算出「在某數值以上的占比為何」。

資料「某數值上尾機率」利用「標準常態分配表（上尾機率）」也可得知！

上面的練習問題所得出的「標準分數 3.33」在「標準常態分配表（上尾機率）」的對應值為「0.0004」，可以「一舉」得出答案。因全體為「1」，因此「0.0004」即等於「0.04%」。
例如想要知道「占整體資料前 1% 者是身高多少以上的人」時，在上尾機率的表中找接近「0.01」的數值所得到的標準分數為「2.33」。
此時對應回來的身高為
170 ＋ 2.33×6 ＝ 183.98（公分）
如此，我們能夠計算出身高約 184 公分以上的人，占資料整體的前 1%。

u	0.00	0.01	0.02	0.03	0.04
0.0	.5000	.4960	.4920	.4880	.4840
0.1	.4602	.4562	.4522	.4483	.4443
0.2	.4207	.4168	.4129	.4090	.4052
[illegible]	[illegible]	[illegible]	.3745	.3707	.3669
2.6	.0047	.0045	.0044	[illegible]	[illegible]
2.7	.0035	.0034	.0033	.0032	.0031
2.8	.0026	.0025	.0024	.0023	.0023
2.9	.0019	.0018	.0018	.0017	.0016
3.0	.0013	.0013	.0013	.0012	.0012
3.1	.0010	.0009	.0009	.0009	.0008
3.2	.0007	.0007	.0006	.0006	.0006
3.3	.0005	.0005	.0005	.0004	.0004
3.4	.0003	.0003	.0003	.0003	.0003
3.5	.0002	.0002	.0002	.0002	.0002
3.6	.0002	.0002	.0002	.0001	.0001

標準常態分配表（上尾機率）
（參見 217 頁）

什麼是標準化？

因為是表示常態分配下標準分數與占比的表，所以稱為標準常態分配表，對吧？

要這麼想也無妨，但正確來說是「將常態分配表加以標準化，即為標準常態分配表」。

嗯……「標準化」是什麼？

「標準化」指的是，在先前標準分數的計算過程中也出現過好幾次的「將資料數值減去平均值，再除以標準差」這個步驟。其實不只是遵循常態分配的資料，不論是具有何種特性的資料，經「減去平均值後除以標準差（＝標準化）」的步驟後，結果都是平均為「0」，標準差為「1」。

常態分配的標準化

不只是將標準常態分配視為可活用的手法，再進一步學習「標準化」

「標準常態分配表」這個統計學工具在使用上的便利性，相信各位讀者應該都實際體會到了吧？此外，與相對次數分配表相同，透過「常態分配」讓資料群組視覺化，使數值落點與「離散程度」範圍都能以畫面呈現，將過去藉由統計「辦到」、「知道」的事情，利用這種方式具體轉為「可被傳達」的事情。

　就本書的目的「理解統計學的基礎」而言，關於常態分配，到前一頁結束就可說得上是完成任務了。但是，學問會讓人愈學愈想再進一步了解。應該有人會想「嗯？標準？所以到底什麼是標準？」吧？讓我們再深入一點，學習什麼是「**標準化**」吧！

■何謂「常態分配」的「標準化」？

資料具有各式各樣的特徵。但若為可視做常態分配的資料，利用「標準常態分配表」，便能輕易地進行資料的分析與活用。此外，不論是何種資料，經**「標準化（減去平均值後除以標準差）」**的步驟後，平均值皆會轉為「0」，標準差則為「1」。讓我們透過平均與標準差皆相異、遵循常態分配的兩組資料「資料 x」和「資料 y」，來思考這個過程吧！

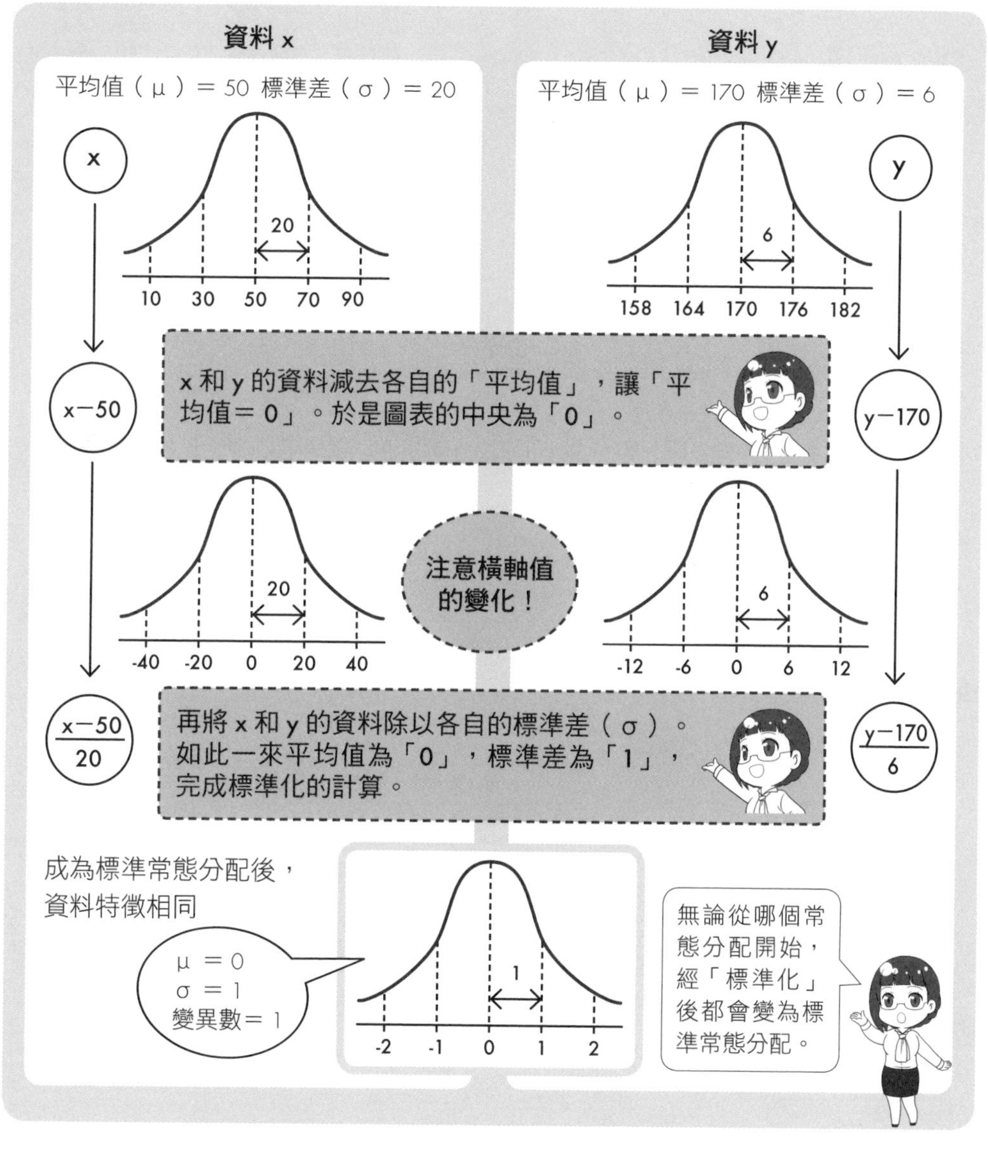

專欄

非常態分配的資料也能以比例標準來理解「柴比雪夫不等式」

求取非常態分配資料相對於全體的「占比」

即便是資料型態與常態分配不相近者，透過標準差或標準分數來判斷其「離散程度」也是很重要的。

論其原因，雖然無法像常態分配一樣，清楚定義資料的占比為多少「%」；但卻有可以計算出「至少不低於多少百分比」的統計學手法。這個方法稱為**「柴比雪夫不等式」**。

以下圖表所呈現的是「與平均值（μ）相距標準分數兩個σ者視為合乎品質規格，以外的產品則希望加以排除。整體有多少百分比是合格的？」時的比例。

在常態分配的狀況下，能夠計算出標準差「2～-2」區間內資料占整體比例為95．44%；而資料型態無法歸類為常態分配者，也能夠透過柴比雪夫不等式，求出在標準差「2～-2」之間的資料占比至少為75%。

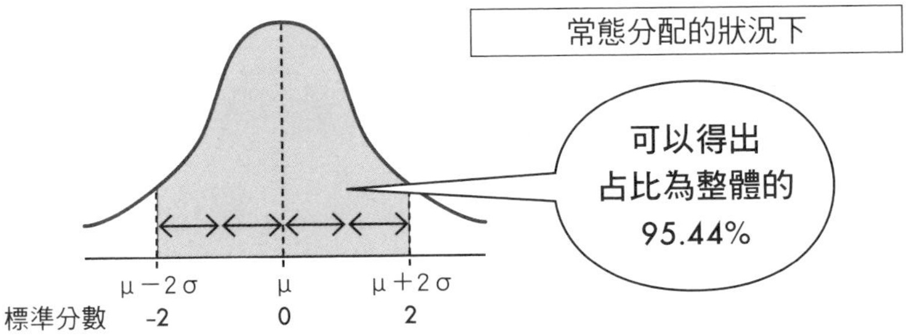
常態分配的狀況下
可以得出
占比為整體的
95.44%
μ－2σ
μ
μ＋2σ
標準分數
-2
0
2

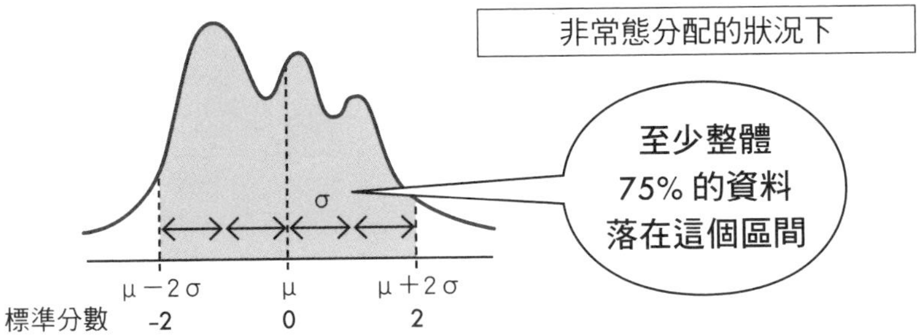
非常態分配的狀況下
至少整體
75% 的資料
落在這個區間
σ
μ－2σ
μ
μ＋2σ
標準分數
-2
0
2

柴比雪夫不等式的表現方式

不論資料的分布型態為何，
「自 $\mu - k\sigma$ 至 $\mu + k\sigma$ 的區間中，至少（以比例計）包含了 $1 - \frac{1}{k^2}$ 的資料」

只是要讓大家將數值帶入算式符號中，實際體驗看看而已，先試試吧！

好像很難耶！

μ ＝平均值
σ ＝標準差
k ＝想要計算的資料範圍等於幾個 σ

當 k ＝ 2 時

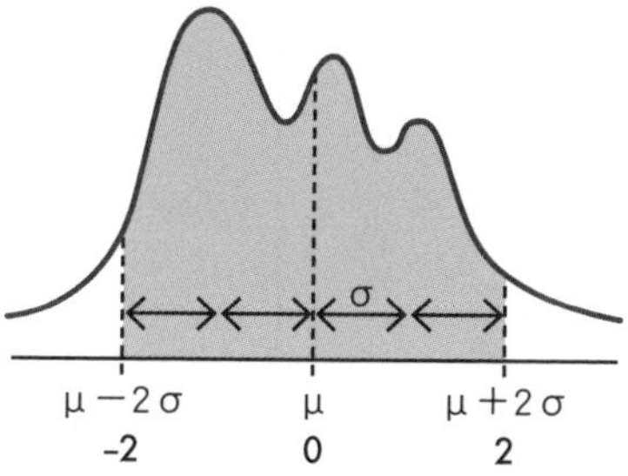
σ
μ－2σ
-2
μ
0
μ＋2σ
2

這是為了要計算與平均值（μ）相差「2σ」區間的資料占比，將上列公式以「k ＝ 2」進行計算。

$$1 - \frac{1}{k^2} = 1 - \frac{1}{2^2}$$
$$= 1 - 0.25 = 0.75 = 75\%$$

能夠這樣敘述

「與平均值相差正負 2 個 σ 的區間內，**至少**含有 75% 的資料」

當 k ＝ 3 時

$$1 - \frac{1}{k^2} = 1 - \frac{1}{3^2} = \frac{8}{9}$$
$$\fallingdotseq 0.89 = 89\%$$

距離平均值正負 3 個 σ 的區間至少含有 89% 的資料。

可以這樣想

「即便將與平均值相差正負 3 個 σ 以外的產品，當成非規格品加以淘汰，其比例最多也不會超過整體製品的一成」

實際上，「**以與平均值相差 ±3σ 為品管基準**」是工廠等生產現場經常使用的規則。運用統計學手法的話，無論是何種資料都可以利用標準差來判讀與思考其性質。

關鍵字

變異係數

相對於平均值，標準差的占比
藉由「變異係數」來比較平均值互異的資料

公出歸來途中……
啊，〇〇百貨公司，
這麼說起來……
〇〇デパート
數天前
這是我們客戶〇〇百貨公司的營業額資料喔。
平均購買金額 食品為3,000日圓 服飾為8,000日圓
標準差部分食品為900日圓，服飾則為4,800日圓……
服飾的標準差比較大……
換言之，購買金額的離散程度也是服飾比較大對吧！
等等，健太。只比較標準差的話不太好喔。
本來食品與服飾的平均購買金額差異就蠻大的吧？
在思考離散程度的時候，將平均購買金額納入考量也是必要的喔。
一次買8,000日圓的食材什麼的，不會有這種事吧……
是……
唉 偶爾也想享受美食奢侈一下啊…
啊！
也…也就是說，要比較離散程度的時候，會使用稱為「變異係數」的另一個指標！
咦？怎麼了
和美小姐也會有那種表情啊……。

難以用標準差比較「離散程度」的資料

某百貨公司的食品與服飾的銷售資料

	食品（日圓）	服飾（日圓）
平均購買金額	3,000	8,000
標準差	900	4,800

食品與服飾的商品特性不同，平均購買金額也相差很大耶。那麼，光靠這些資料我們能夠知道什麼呢？

標準差也是「服飾」的金額比較大，光看這些數字，會覺得「服飾」的「離散程度」比較大吧！但真的是如此嗎？我們來試著算算看變異係數吧！

判讀平均值相異資料的「離散程度」

先前我們說明了做為表示資料「離散程度」的指標之一，經常使用的標準差。但是，平均值相異的資料群組，只靠標準差進行比較是很困難的。論其原因，平均值較大的資料，可能會影響其標準差也隨之較大。

如同上面所示的銷售資料，在食品與含有許多名牌精品等高價商品的服飾之中，服飾的標準差較大。但是，如果據此認定「服飾比起食品，銷售資料的『離散程度』較大」可就操之過急了。

在比較平均值相異資料的「離散程度」時所使用的指標，是「**變異係數**」。變異係數為標準差除以平均值，因此，這個指標也可說是相對於平均值，標準差所占的比例。

標準差有「單位」。但是變異係數是以「比例」表示，是沒有單位的數值，因此在比較單位不同的資料群組時也能夠使用。

變異係數的計算方式

某百貨公司的食品與服飾的銷售資料

	食品（日圓）	服飾（日圓）
平均購買金額	3,000	8,000
標準差	900	4,800

注意標準差是有單位（元）的。

變異係數是以「標準差 ÷ 平均值」得出。也可以認為是相對於平均值，表示標準差所占比例的數字。所求出來的變異係數的值越大，可以判斷「離散程度就越大」。

$$變異係數（CV）= \frac{標準差（\sigma）}{平均值（\mu）}$$

變異係數的符號（CV）是「coefficient（係數）of variation（變化）」的英文字母縮寫。

食品的變異係數

900 ÷ 3000 = **0.30**
（30%）

服飾的變異係數

4800 ÷ 8000 = **0.60**
（60%）

以標準差除以平均值所得出的變異係數，並不像標準差一樣有單位。但是，因為可以認為是「相對平均值，標準差所占比例」，有時也會以「%」來呈現其計算結果。

服飾的變異係數較大，即「離散程度」較大

將此處所算出的「30%」，代換成平常購物時經常看到的「**打七折**」看看吧！雖然食品「打七折」很少見，卻比較常看到服飾「打七折」。若以標準差來思考，**食品的「打七折」，折扣金額是 1 個標準差；而服飾的「打七折」，其折扣金額是 0.5 個標準差**。換言之，食品的「打七折」對店家來說等於是「大放送」，但服飾的「打七折」**以標準差而言，折扣金額只有食品類商品的一半**，可以說「傷害」沒有那麼大。

小筆記 在計算變異數所使用的偏差平方和也被稱為「變異」。但變異係數的「變異」與前者不同，所代表的意義是「變化」程度。在接下來的學習過程中，可別把兩者搞混囉。

整理一下「離散程度」的重點吧

表示「離散程度」指標的出發點是「偏差」！

「平均偏差」、「變異數」與「標準差」，雖然會呈現出各式各樣的分散程度，但其出發點都是「偏差」哦！

再確認一次「變異數」與「標準差」的計算方式！

「偏差平方」，也就是將偏差平方之後的數值，其平均值為「變異數」。為了與原始資料的單位一致，算出「變異數」的平方根（$\sqrt{\ }$）即得出「標準差」。

確實理解「標準分數」所代表的意義！

「標準分數」呈現與平均值相差幾個標準差。由資料數值減去平均值後，除以標準差即可得出標準分數。

標準常態分配指的是將常態分配加以標準化！

無論起點為何種常態分配的資料，將數值減去平均值後除以標準差，即成為標準常態分配。因此，透過標準常態分配表，可以得知特定數值區間內資料之占比。

平均值相異之資料群組的離散程度，利用「變異係數」加以比較！

變異係數的計算方式為「標準差 ÷ 平均值」。換言之，即為相對於平均值，標準差所占的比例。

利用「離群值」與「盒鬚圖」來分析資料

注意「遠方」的數值！

各位！
明年開始本公司的葡萄酒品牌要在全國各地成立推廣唷！
一周後我會再詢問大家的意見！調查就麻煩囉！
掰～
嗟嗟嗟
呆愣…
老是這麼臨時哪……
是要我們預先思考新品牌的銷售策略吧……
新創葡萄酒品牌……
嗯……
哼哼哼，

我先去客戶那繞繞，調查第一線的需求吧！
馬上行動！
我先去跑業務囉！
文典還真是幹勁十足啊……
現在的我能做的，就是活用從和美小姐身上學到的知識了。
試著把各種資料都分析看看吧！
不能輸！
首先是全國葡萄酒消費量的調查與分析。
喀噠 喀噠
——好了！
咚——咚

和美小姐，完成了！
這是以都府道縣別的人均葡萄酒消費量為基礎所思考出來的銷售策略。
也用了標準差！
請您過目！
咚
哇，動作好快啊！
啪啦
嗯……
怎…怎麼樣呢？
很可惜，這個分析方式不對喔。
咦!?

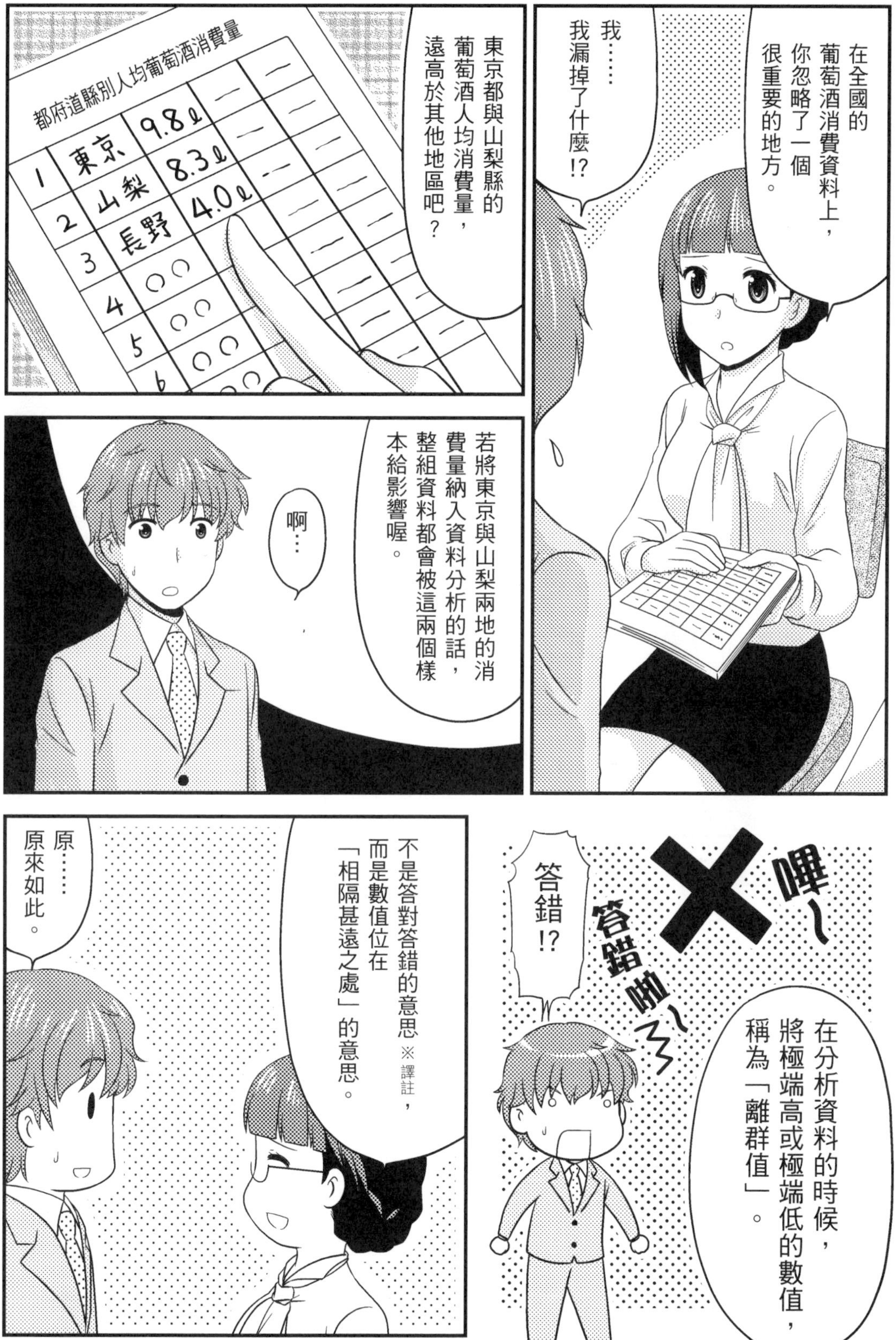
在全國的葡萄酒消費資料上，你忽略了一個很重要的地方。
我……我漏掉了什麼!?
東京都與山梨縣的葡萄酒人均消費量，遠高於其他地區吧？
都府道縣別人均葡萄酒消費量
1 東京 9.8ℓ
2 山梨 8.3ℓ
3 長野 4.0ℓ
4 ○○
5 ○○
6 ○○
若將東京與山梨兩地的消費量納入資料分析的話，整組資料都會被這兩個樣本給影響喔。
啊……
嗶~
答錯啦~
答錯!?
在分析資料的時候，將極端高或極端低的數值，稱為「離群值」。
不是答對答錯的意思※譯註，而是數值位在「相隔甚遠之處」的意思。
原……原來如此。

※譯註：日文中離群與答錯為同一字「はずれ」

啊……那麼之前您教過的所得或零用錢平均的例子，也有要檢討其是否有離群值的必要呢。
4万
2万
3万
7万
沒錯。
在分析資料時，將離群值納入考量是非常重要的唷！
考量離群值與否，從資料中所判讀出來的趨勢會有很大的不同，
以這次的分析來說，東京與山梨兩地的消費量就是離群值。
筆記筆記
振筆振筆……
有一種表現手法稱為「盒鬚圖」，利用這種圖表，便能簡單地以視覺方式來掌握離散值喔！
……嗯
如名所示，是由盒子與鬍鬚所構成的圖形，看看這個圖，
喵～
鬍鬚
盒子
帶我回家
想像
●一般的盒鬚圖
鬍鬚
盒子
鬍鬚
最小值
中央值
最大值
●有離群值的盒鬚圖
東京
山梨
人均葡萄酒消費量（L）
與一般的盒鬚圖相比，包含離群值的盒鬚圖的鬍鬚會變得很長很長。
想像
……？

盒鬚圖會用到的「四分位數」之後也會教你喔！
要靈活運用統計學還太早嗎……雖然本來很有自信，不過還是差得遠啊……
不行不行怎麼能這樣就喪氣，這可是給文典好看的機會！
唔
我知道了！那我再找找看有沒有其他離群值，把資料再做一次！
轉頭
就是這個氣勢！資料做好後跟我說，我再教你盒鬚圖的畫法吧！
唔喔喔喔喔喔喔
健太真是個努力的人啊！
派來這麼有教育價值的人才，真是感謝社長！
呵呵呵
感覺到視線…

關鍵字

盒鬚圖

直方圖與「盒鬚圖」

考量會影響資料的「離群值」

二〇一五年成人人均酒類銷售（消費）數量表（都府道縣別）「葡萄酒」消費量

改為依消費量降冪排列 ← 原始資料

序位	都府道縣	人均消費量（單位：L）	都府道縣	人均消費量（單位：L）
1	東京	9.8	北海道	3.5
2	山梨	8.3	青森	2.5
3	長野	4.0	岩手	2.6
4	京都	3.8	宮城	3.2
5	大阪	3.8	秋田	2.2
6	神奈川	3.6	山形	2.8
7	北海道	3.5	福島	2.3
8	宮城	3.2	茨城	2.1
9	千葉	3.1	栃木	2.4
10	埼玉	3.0	群馬	2.3
11	和歌山	3.0	埼玉	3.0
12	福岡	3.0	新潟	2.5
13	山形	2.8	長野	4.0
14	兵庫	2.7	千葉	3.1
15	岩手	2.6	東京	9.8
16	青森	2.5	神奈川	3.6
17	新潟	2.5	山梨	8.3
18	石川	2.5	富山	2.1
19	[illegible]	[illegible]	[illegible]	[illegible]
20	[illegible]	[illegible]	[illegible]	[illegible]
21	[illegible]	[illegible]	岐阜	1.9
45	佐賀	1.6	[illegible]	[illegible]
46	山口	1.5	鹿兒島	1.7

注意會影響平均值的數值

之前在學習平均值時也有提到，若資料中含有極端值（極端大的值、極端小的值，兩者皆屬極端值），會對平均值的計算結果產生影響。就像在資料「離散程度」的指標中也可看出的，平均值可說是統計上的基本數值。原始資料中是否隱含著特別突出的數值，在統計上是需要多加注意的重點。

上表為都府道縣（譯註：行政區域）別的人均年度葡萄酒消費量。右側為國稅廳所公布的、按照都府道縣序排列的資料，而將其依照消費量多寡遞減、重新整理之後，就成為左邊的表格。可以看出東京都與山梨縣兩地的消費量遠高於其他都府道縣。但是，我們應該以什麼標準認定資料值是否「突出」呢？

資料出處：日本國稅廳課稅部酒稅課<酒稅徵收概況>（二〇一七年三月）

註：原資料的分類為「果實酒」，在日本酒稅法的分類上除了使用葡萄為原料的葡萄酒外，尚包括其他水果酒與蘋果酒。但一般皆將該資料當成「葡萄酒」的消費量來使用。

將資料整理成次數分配表來製作直方圖

次數分配表		
組別（L） 以上～未滿	組中點（L）	次數
1～2	1.5	17
2～3	2.5	17
3～4	3.5	9
4～5	4.5	1
5～6	5.5	0
6～7	6.5	0
7～8	7.5	0
8～9	8.5	1
9～10	9.5	1

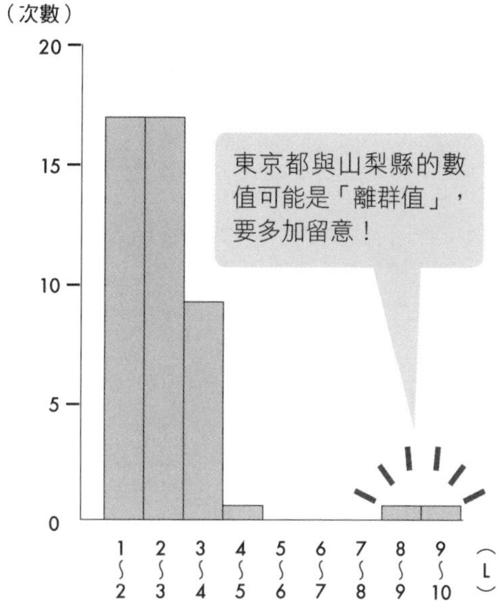

判斷資料值是否為「離群值」

資料中極端大的值，稱之為「**離群值**」。所謂「離群值」，不是要將其從資料中「剔除」，而是必須要思考該值為什麼會出現。從「葡萄酒的人均消費量（80頁）」資料感覺到東京或山梨兩地的消費量好像是「離群值」，但應該如何思考才正確呢？

為了要彙整判斷出數值的特徵，先試著製作之前學過的直方圖吧！消費量以1L為組距將四十六個都府道縣（原始資料不包含沖繩縣）的數值整理而成的，就是以上的次數分配表與直方圖。

從直方圖也可看出，認定東京都與山梨縣的消費量是「離群值」沒有問題。但是，為了讓資料分析的結果能夠共享，針對「離群值」還是希望有數字上的基礎。那以什麼為根據來認定「離群值」呢？藉由接下來要學習的「**盒鬚圖**」來理解這一點吧。

盒鬚圖所代表的意義是？

盒鬚圖最大的特徵在於，兩端的鬍鬚以及左右兩個盒狀圖形，分別代表「25%」的資料。

四個「25%」，合計起來即為「100%」。原來如此，盒鬚圖是將整體分成四等分的圖表啊。

盒鬚圖的結構代表什麼意義呢？我們理解概念後，來學習圖表的實際編製方法吧！以下我們以已經用過好幾次的「A 組小考成績」為例，整理出盒鬚圖的相關名詞。

A 組小考成績	2、3、3、4、4、5、7、7、7、8

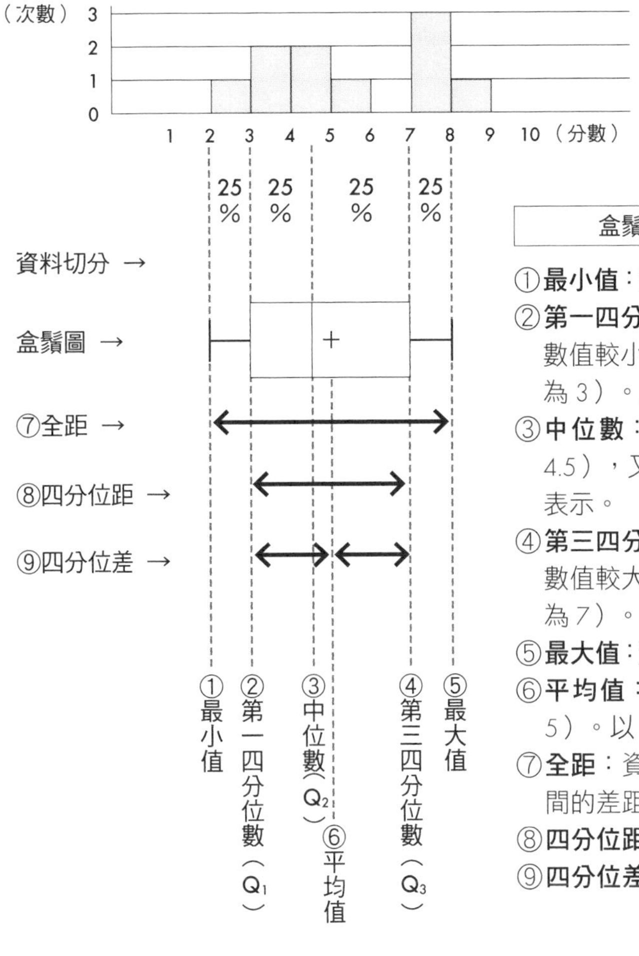

盒鬚圖的名稱與所代表的數值

①**最小值**：資料中最小的數值（此處為 2）

②**第一四分位數**：資料數值由小排到大，數值較小的「前半部」的中位數（此處為 3）。以「Q_1」表示。

③**中位數**：資料整體的中位數（此處為 4.5），又稱為第二四分位數。以「Q_2」表示。

④**第三四分位數**：資料數值由小排到大，數值較大的「後半部」的中位數（此處為 7）。

⑤**最大值**：資料中最大的數值（此處為 8）。

⑥**平均值**：資料整體的平均值（此處為 5）。以「＋」表示。

⑦**全距**：資料「最小值」至「最大值」之間的差距。

⑧**四分位距**：「盒子」的長度。

⑨**四分位差**：四分位距除以一半的長度。

盒鬚圖將資料個數分成四等分來呈現其分布狀況

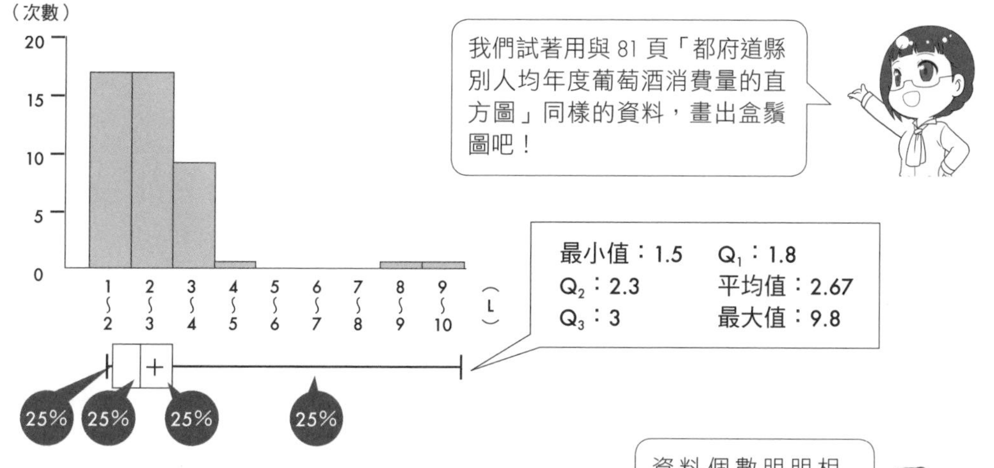
（次數）
20
15
10
5
0
1～2
2～3
3～4
4～5
5～6
6～7
7～8
8～9
9～10
（L）
我們試著用與 81 頁「都府道縣別人均年度葡萄酒消費量的直方圖」同樣的資料，畫出盒鬚圖吧！
最小值：1.5
Q1：1.8
Q2：2.3
平均值：2.67
Q3：3
最大值：9.8
25%
25%
25%
25%

資料個數明明相同，但右邊的鬍鬚好長啊。

盒鬚圖是以鬍鬚與盒子來代表整體資料的四個等分，各自代表占 25% 資料個數的分布狀況。

盒鬚圖將「資料分布狀況」視覺化

盒鬚圖相關的各名稱中，最能夠表現盒鬚圖特性的是最小值、第一四分位數、中位數、第三四分位數與最大值這五個，又稱為「**五數概括法**」。

由這五個數值所劃分出的四個區域中，分布的資料各自占整體資料個數的25％，利用盒子與鬍鬚來表達上述這件事，便是盒鬚圖的功能。

此外，即便資料樣本中包含著、很有可能是離群值的極端大值，資料的中位數位於何處也能夠一目了然。在比較平均值與中位數（28～29頁）時我們學過，中位數是「即便群組中含有極端大的資料值，也不易受其影響的數值」。「極端大的資料值」，很有可能便是此處所謂的離群值。Q_2是資料整體的中位數。Q_1是比Q_2數值小的前50％資料的中位數，Q_3則是比Q_2數值大的後50％資料的中位數。換言之，我們可以說盒子的部分，分布著不易受離群值影響的、居於整體25％～75％的資料樣本。

小筆記　「Q」是四分位數英文「quartile」的第一個字母。「quarter：四分之一」或「quartet：四重奏」等，與「4」這個數字相關的很多單字，其第一個字母都是「Q」。

如何求出四分位距

四分位距＝盒鬚圖中的盒子，由三個中位數決定

現在各位讀者已經知道，盒鬚圖是將資料分布加以視覺化的手法，接下來將針對各個相關名稱進行詳細說明。

「四分位數」如同其名，是「區隔四等分的節點位置」。分割成四等分的三個節點，第一個數值是第一四分位數（Q_1）。第二個數值則是第二四分位數（中位數、Q_2）。而第三個數值是第三四分位數（Q_3）。

「全距」則是大數值與小數值之間的差異，即所分析的資料群組中最大值與最小值的差距幅度。而「四分位距」是Q_3與Q_1的差距幅度，「四分位差」則是四分位距的二分之一。

在繪製盒鬚圖時，需要求出以上這些數值。最小值、最大值就是資料的原始數值，而中位數的計算方式，已經在29頁學過。那麼，現在讓我們來計算決定四分位距的Q_3與Q_1吧！

計算整體資料的中位數

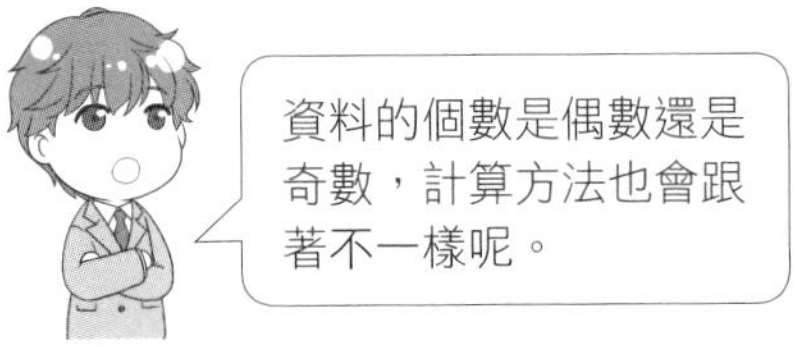
資料的個數是偶數還是奇數，計算方法也會跟著不一樣呢。

中位數（median）的計算方法，讓我們再複習一次吧！

①求取資料整體的中位數（Q_2）。
②以 Q_2 為界，可以區分為整體資料中數值較小的「前半部」與數值較大的「後半部」。
③再分別求出這兩個半部的中位數。「前半部」資料的中位數為 Q_1，「後半部」資料的中位數則為 Q_3。

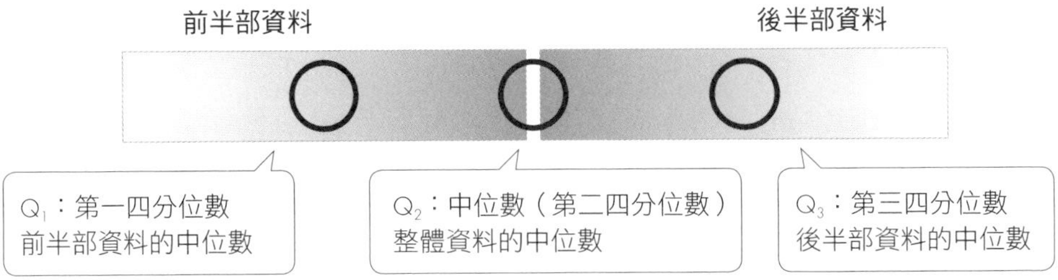
前半部資料
後半部資料
Q1：第一四分位數
前半部資料的中位數
Q2：中位數（第二四分位數）
整體資料的中位數
Q3：第三四分位數
後半部資料的中位數

※四分位數的計算方式有非常多種，本書是以日本高中的「數學Ⅰ」中所介紹的計算方式來進行說明。

計算偶數個資料的中位數

資料個數＝ 8 個　　3、4、4、5、6、6、7、9

資料個數為偶數者，中位數會落在兩個資料樣本之間，以此區分資料的前半與後半。中位數的計算等於求取正中間兩個數值的平均值。

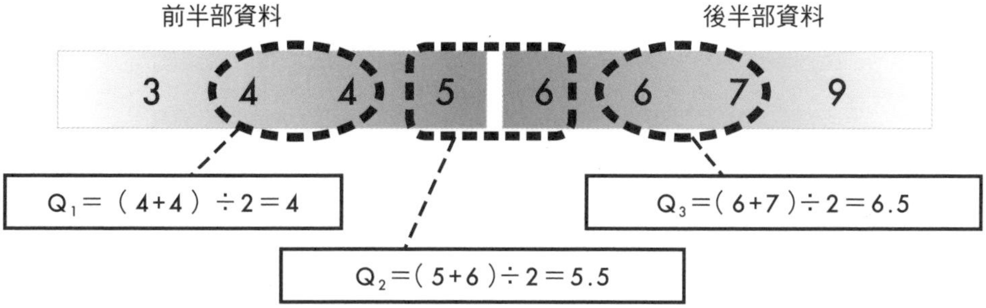
前半部資料
後半部資料
3　4　4　5　6　6　7　9
Q_1＝（4+4）÷2＝4
Q_3＝(6+7)÷2＝6.5
Q_2＝(5+6)÷2＝5.5

計算奇數個資料的中位數

資料個數＝ 11 個　　1、2、2、3、4、4、5、7、8、9、10

資料個數為奇數者，排在個數正中間的數值為中位數。除去此數，分為資料的前半與後半。

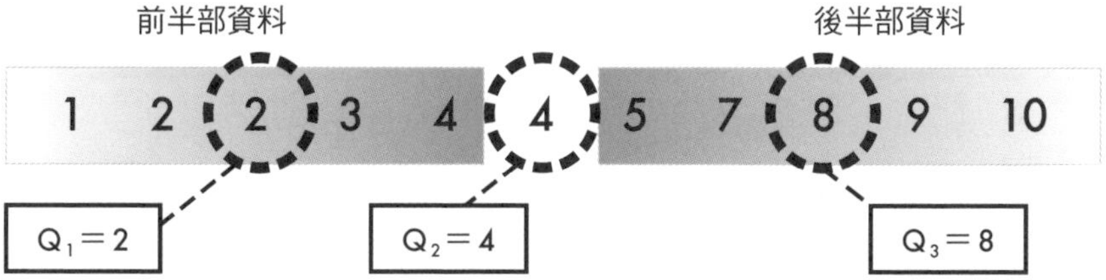
前半部資料
後半部資料
1　2　2　3　4　4　5　7　8　9　10
Q_1＝2
Q_2＝4
Q_3＝8

四分位距有時也以其英文「interquartile range」的縮寫「IQR」來表示，請記下來！

$$四分位距＝IQR＝Q_3－Q_1$$

實際上統計分析資料因為個數眾多，通常多利用 Excel 等軟體來計算四分位距。此外，此處所學的例子因為資料個數少，將資料分割成四等分可能也沒有太大意義。但是，學會理解統計學的思考方式是很關鍵的。尤其是盒鬚圖，能夠自己畫得出來這件事非常重要。

小筆記　與盒鬚圖一起登場的「全距」、「四分位距」與「四分位差」，也是「離散程度」的指標；換言之，也可將其視為「分散程度」的代表。

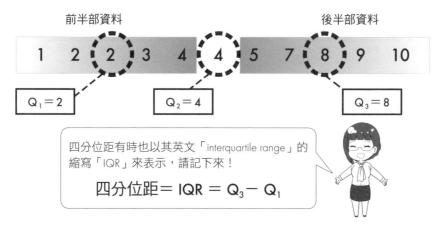

檢驗離群值

利用盒鬚圖來判斷資料數值是否為離群值

一邊整理目前學到的內容，一邊利用左邊的十五個數值，試著實際畫出盒鬚圖吧！光看數字這樣排列，很難看出資料群組具有什麼樣的特徵吧？但是，求出Q_1、Q_2、Q_3，畫出盒鬚圖，就能夠解讀資料。

十五個人的考試成績

包含十五個樣本的資料群組				
9	20	21	22	27
29	30	36	38	42
43	48	65	88	97

只看數字很難掌握資料的樣貌吧？在資料的共享上，將數值視覺化是非常重要的事喔！

五數概括（最小值、Q_1、Q_2、Q_3、最大值）的計算方式

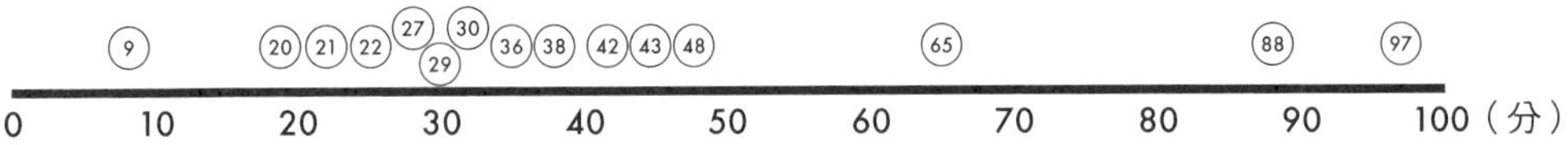
9
20 21 22 27 29 30 36 38 42 43 48
65
88
97
0 10 20 30 40 50 60 70 80 90 100（分）

實際上是否如此，畫出盒鬚圖來檢驗看看吧！
高分的 88 和 97 看起來像是離群值耶。

①求取 Q_2（中位數、第二四分位數）
因為資料個數 15 個是奇數，中位數為「36」

② 求取 Q_1（第一四分位數）
→前半部資料…9、20、21、22、27、29、30 為奇數個（7 個）資料
中位數「22」

③求取 Q_3（第三四分位數）
→後半部資料…38、42、43、48、65、88、97 為奇數個（7 個）資料
中位數「48」

④求取平均值 →數值合計 615÷15 ＝ 41 得出結果為「41」

⑤最小值為「**9**」、最大值為「**97**」

繪製十五個資料的盒鬚圖

①畫出數線，標出刻度、寫上單位。
②在數線上方描繪盒鬚圖。利用五數概括（最小值、1、2、3、最大值）的數值繪製盒鬚圖。以「＋」標示平均值。

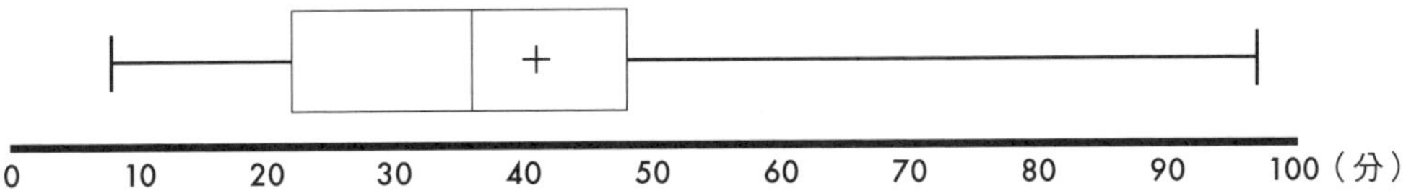
+
0
10
20
30
40
50
60
70
80
90
100（分）

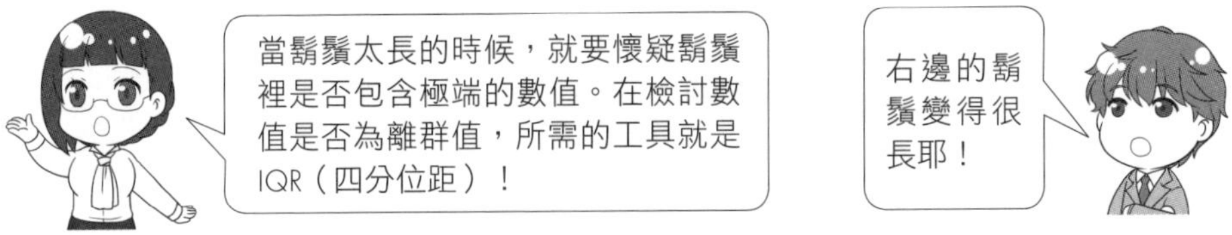
當鬍鬚太長的時候，就要懷疑鬍鬚裡是否包含極端的數值。在檢討數值是否為離群值，所需的工具就是IQR（四分位距）！
右邊的鬍鬚變得很長耶！

求取盒鬚圖適當的鬍鬚長度

遇到盒鬚圖的鬍鬚很長的狀況，可以認為其中「存在著太小的最小值」或「存在著太大的最大值」。負責統計分析者的工作，便是找出可視為離群值的數值，並與他人共享自己的發現。

鬍鬚長度的標準，是以 IQR（四分位距）的 1.5 倍為上限。計算方式如下。

$$\mathrm{IQR}\times 1.5=(Q_3-Q_1)\times 1.5$$

這是活用 IQR **不易受極端大值所影響特性的運用方式**。此處的「1.5」是一般的標準。必要的時候，也會以「2」或「2.5」來計算。

③求取鬍鬚長度的上限。

$\mathrm{IQR}\times 1.5=(Q_3-Q_1)\times 1.5=(48-22)\times 1.5=39$

在 Q_3 加上以上的數值，以求出鬍鬚右端的值。

$48+39=87$　資料群組中落在此上限「87」內的最大值為「65」，以「65」為鬍鬚右端，重新繪製盒鬚圖。

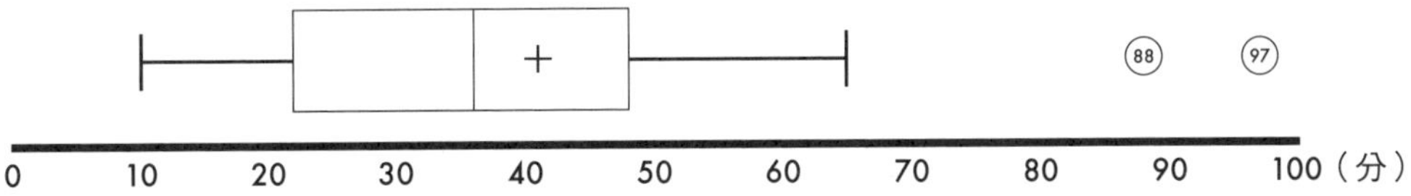
+
88
97
0
10
20
30
40
50
60
70
80
90
100（分）

而在鬍鬚右側上限「87」之外，還有原始資料中的「88」與「97」。這兩個數值落在鬍鬚之外，除了表示「可以說特別優秀」，也需要就其數值加以檢討。盒鬚圖的好處在於，能夠「不遺漏」地提出資料，在會議等場合進行討論。

關鍵字

資料視覺化
共享何種資料？以何種方式分析？又得出了何種結論？

圖表的閱讀方式與活用心得

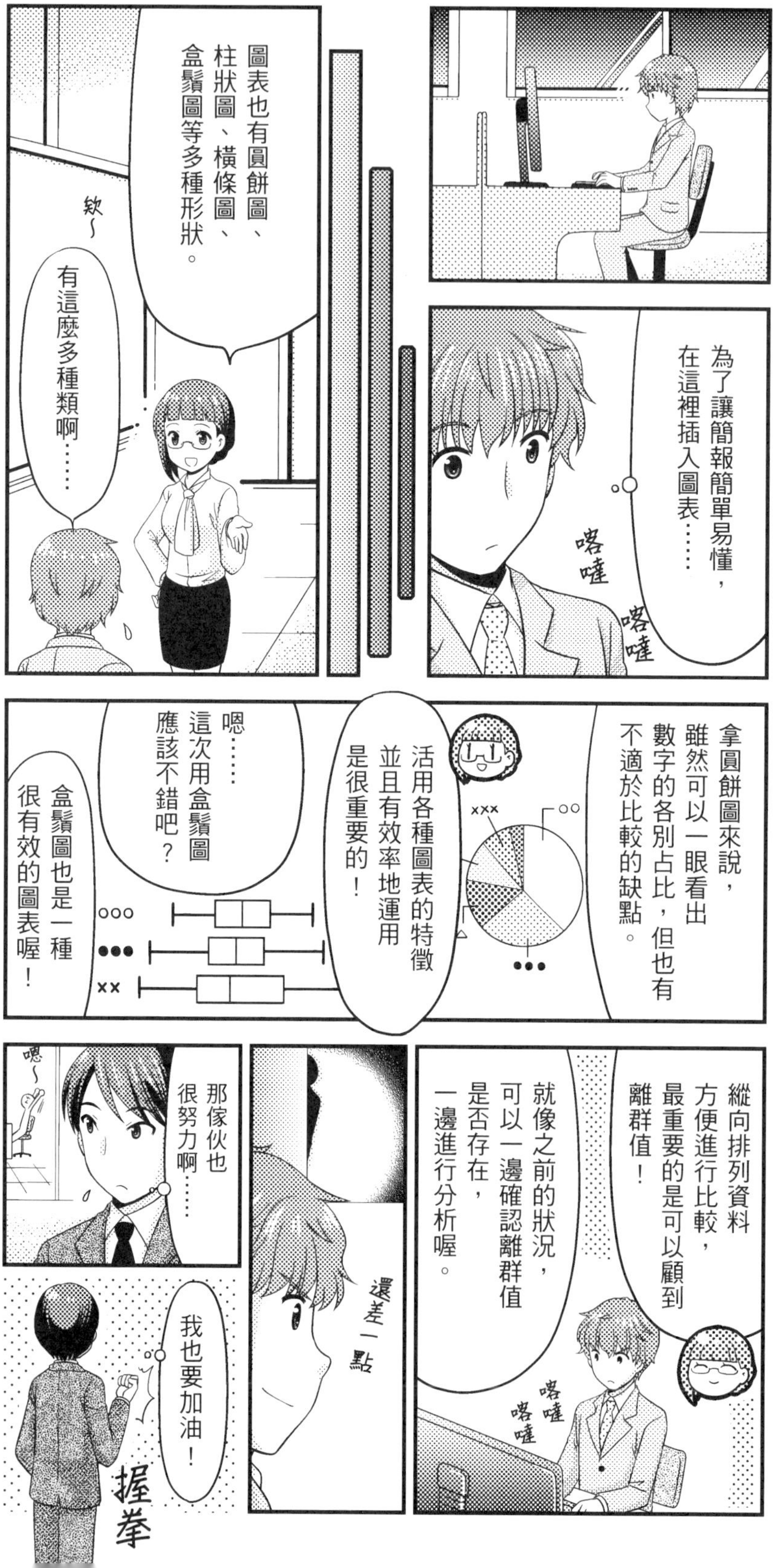

為了讓簡報簡單易懂，在這裡插入圖表……
喀噠
喀噠
圖表也有圓餅圖、柱狀圖、橫條圖、盒鬚圖等多種形狀。
欸～
有這麼多種類啊……
拿圓餅圖來說，雖然可以一眼看出數字的各別占比，但也有不適於比較的缺點。
○○
×××
△
●●●
活用各種圖表的特徵並且有效率地運用是很重要的！
嗯……這次用盒鬚圖應該不錯吧？
盒鬚圖也是一種很有效的圖表喔！
○○○
●●●
××
縱向排列資料方便進行比較，最重要的是可以顧到離群值！
就像之前的狀況，可以一邊確認離群值是否存在，一邊進行分析喔。
喀噠
喀噠
還差一點
嗯～
那傢伙也很努力啊……
我也要加油！
握拳

了解圖表的「優點」並加以活用

第一章所學雖然只是統計學的基礎，但已經學到標準差，也能夠自己繪製盒鬚圖了。統計學做為一門學問雖然艱澀難解，但做為方法、工具，只要掌握基礎，就能夠很快上手，各位讀者應該已經實際體會到這一點了。從第二章開始，將要更進一步學習資料解析的手法；不過現階段各位讀者所學，已經可以在簡報或是資料製作上充分發揮功能，請務必要反覆練習實作。

此時成為我們強力隊友的就是圖表。在第一章中，我們也看到了直方圖與盒鬚圖。彙整數值、以統計學的方式進行資料整理；不只如此，透過加上適合資料屬性的圖表，能夠與更多人共享資料的性質或趨勢傾向，以及是以何種觀點來進行資料整理與分析。圖表有各式各樣，了解各種圖表的「優點」並加以活用吧！

熟悉的圖表也有各自的「優點」

「呈現比例」、「與其他的資料進行比較」等，思考想要透過資料傳達什麼樣的資訊，留心選擇最適合的圖表吧！

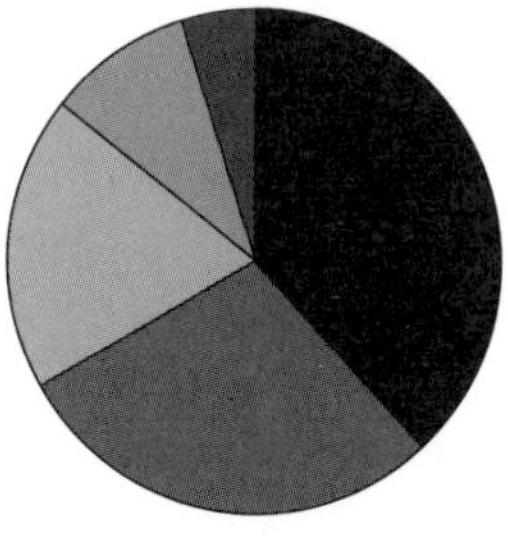

圓餅圖的特徵

透過扇形的角度與面積，能夠以視覺印象來掌握構成比（比例）。

適合呈現特定資料的圖表，有哪些呢？

圓餅圖很常見。在問卷調查結果等，讓構成比例能一目了然。

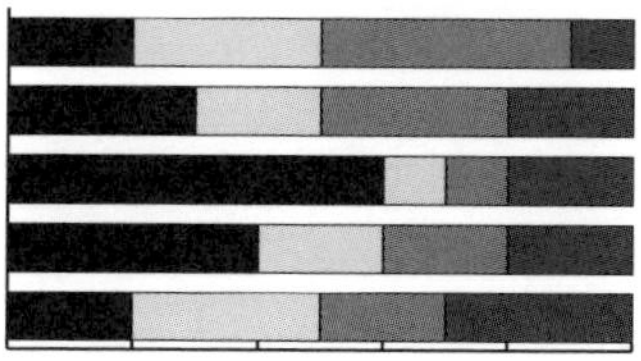

百分比堆疊橫條圖的特徵

與其他資料並列，能夠進行構成比的比較。

因為常見，所以很容易理解吧。但是若要與其他資料進行比較，橫條圖更加方便。

■表示比例的圖表

圓餅圖、直方圖與盒鬚圖，雖然形狀完全不同，但在呈現資料比例這一點上，內容卻是相近的。該使用哪一種圖表，請考慮是要傳達資料的何種特質、統計分析的何種結果，再進行選擇。

圓餅圖

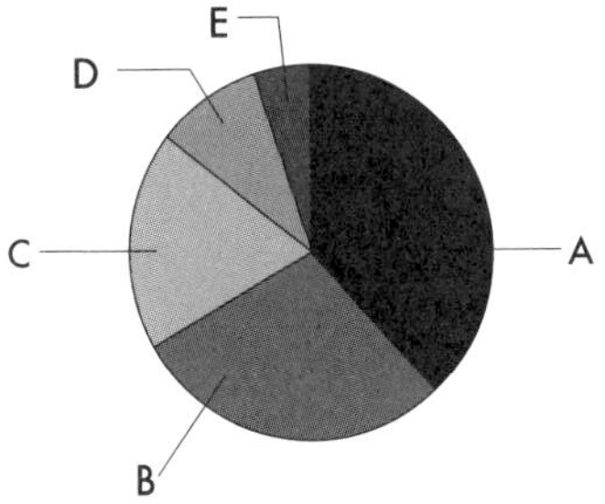

在圓形圖形的內部，以扇形來表達資料的明細。相較於橫條圖等圖形，雖然不適於進行資料比較，但也有在圓餅圖內再組合一個半徑較小的同心圓，來比較不同資料的「甜甜圈圖表」。

直方圖

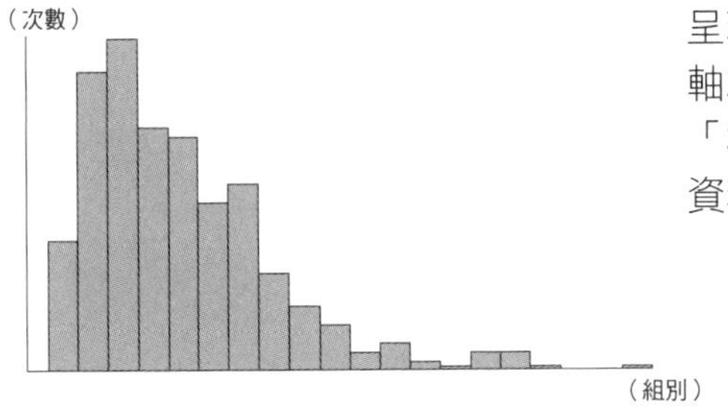

呈現次數分配表內容的圖表，橫軸為組別、縱軸為次數。若將縱軸改為「相對次數」，則為「相對次數直方圖」，可以得知各組別占整體資料的比例。

盒鬚圖

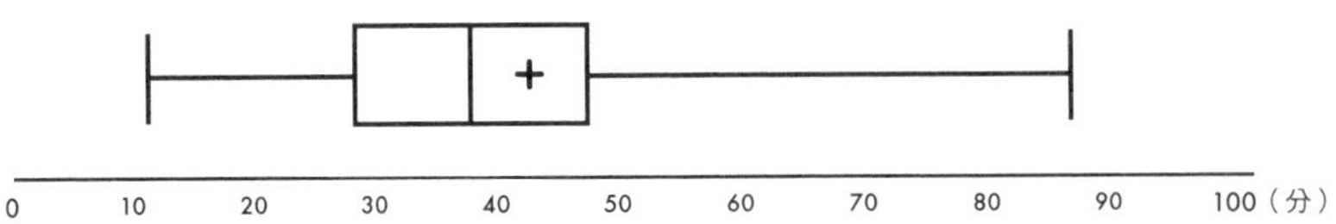

與直方圖同樣呈現出資料的比例，不過盒鬚圖是**將資料的比例以「四等分」來表現**，比起直方圖更適合進行比例資料的比較（參見次頁）。代表四分位距的箱子距離愈短，資料愈集中在 25%～ 75%這個區間，這點用看的就能一目了然。

擅長比較不同群組資料的圖表

統計分析透過資料比較，可以提供線索、觀點、選項等各式各樣的討論重點。「擅於」比較資料的圖表如下。

盒鬚圖

盒鬚圖讓使用者能夠對「離散程度」進行視覺上的判斷，也**可用於比較複數的資料群組**。不過因為盒鬚圖是若不了解「判讀方式」便會難以理解的圖表，做為資料之一使用時，需要因應資料使用者的理解程度加以說明。亦可縱向繪製使用。

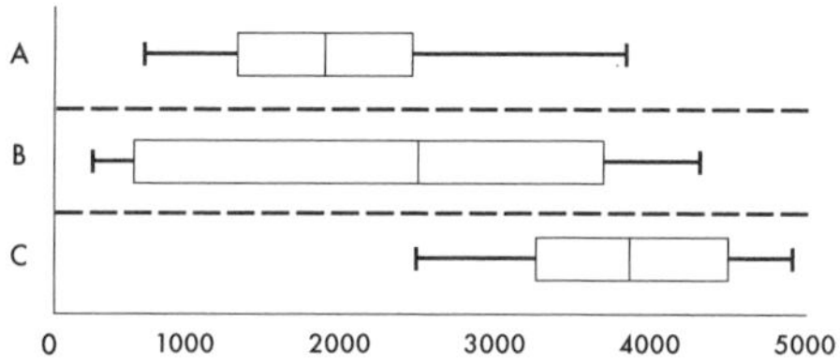

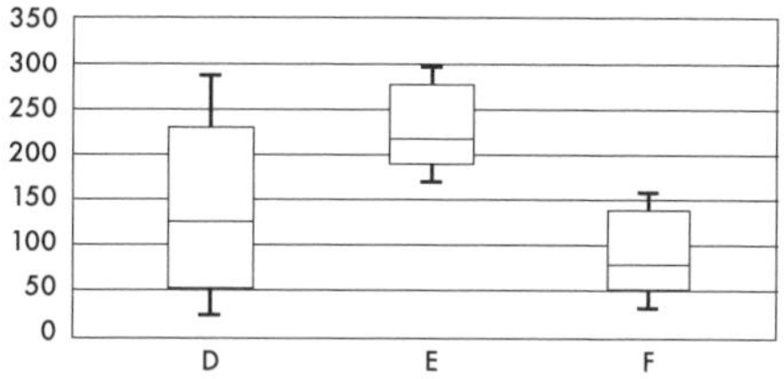

折線圖

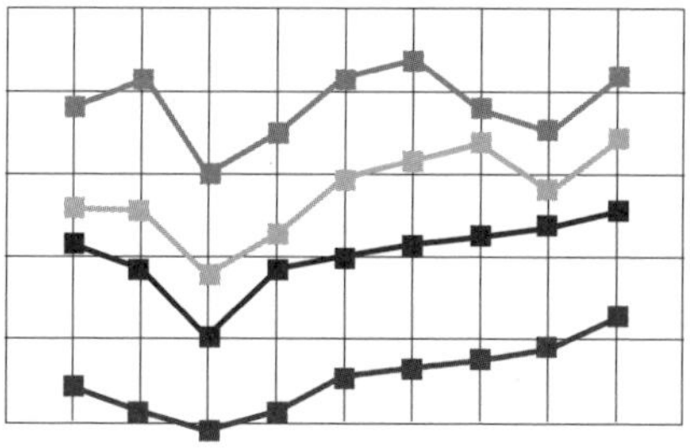

橫軸是年、月等時間，縱軸則是資料量；**呈現隨著時間推移資料的增減變化**。將複數的資料放在同一圖表上，易於比較資料的增減變化。將線條重疊在同一圖表的狀況下，需要注意顏色區分，或是實線、虛線的區別。

橫條圖

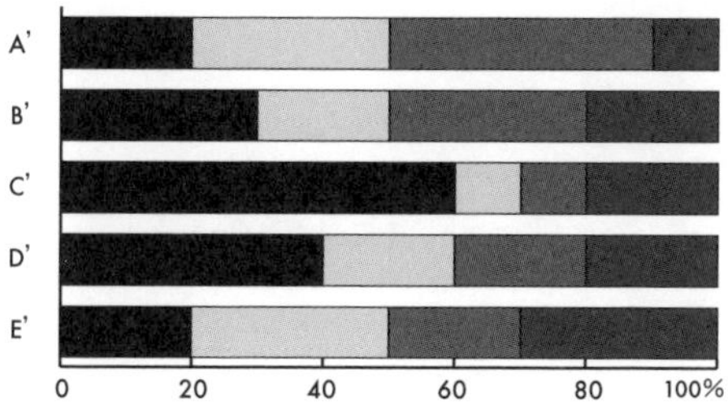

可以將不同資料群組的資料放在同一橫條內**比較其構成比例**。其他圖表有時會以「資料多寡為順序」來排列，但橫條圖的項目順序若是改變便無法進行比較，所有的資料都必須依照順序排列彙整。

■統計學使用的其他圖表

雷達圖

五個科目的成績

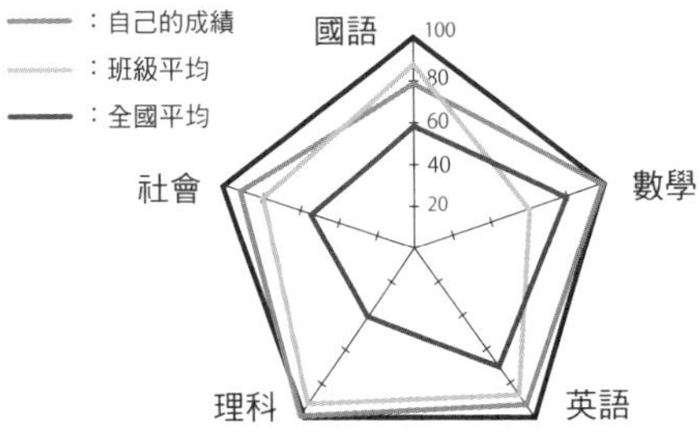

：自己的成績
：班級平均
：全國平均
國語
100
80
60
40
20
數學
英語
理科
社會

將複數項目的數值彙整在一個圖表上，便能夠掌握整體的趨勢。保留原始資料的資訊，又能夠以圖表加以呈現，視覺上亦易於理解是其特徵。

莖葉圖

二十個人的數學考試成績

49	54	58	64	65	66	68	69	71	73
74	75	78	79	80	80	85	86	86	93

莖（十位數）	葉（個位數）
4	9
5	4 8
6	4 5 6 8 9
7	1 3 4 5 8 9
8	0 0 5 6 6
9	3

如同文字所示，是將資料的數值以「莖」與「葉」來表示的圖表。可以了解每一個數值，呈現方式與直方圖相近。

左邊的例子以十位數的數字為「莖」、個位數的數字為「葉」來整理資料。在以10為組距的直方圖中無法得知原始資料的數值，但**莖葉圖的特徵即為可以知道原始資料為何**這一點。

目的地	OOOO	
時間	平日	假日
6	48	48
7	15 27 45 52	15 27 45 52
8	15 18 32 45 47	15 18 32 45 47
9	07 15 27 45 53	07 15 27 45 53
10	12 15 31 45 51	12 15 31 45 51
11	12 15 28 45 52	12 15 28 45 52
12	15 17 42 45	15 17 42 45
13	03 15 27 45 52	03 15 20 45
14	15 17 38 45	15 17 38 45
15	01 15 26 45	01 15 26 45 52

舉日常生活中的例子來說，日本的捷運、公車時刻表也是利用莖葉圖來表現的圖表。圖表內容中「莖是整點」、「葉是分鐘」。

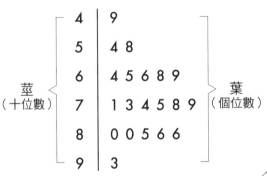

不同圖表的組合

A縣的氣溫與雨量

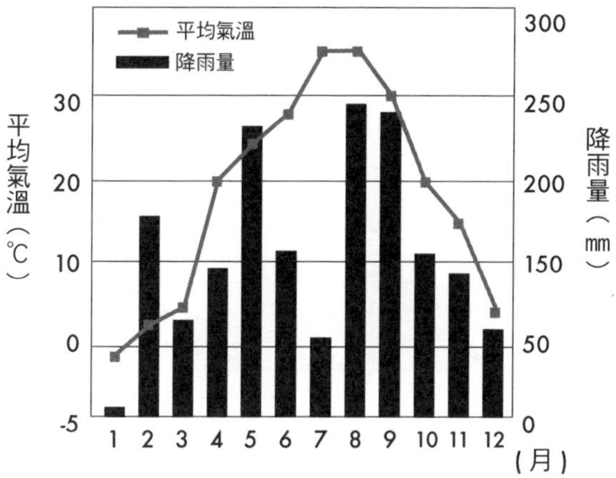
平均氣溫
降雨量
平均氣溫（℃）
降雨量（㎜）
30
20
10
0
-5
300
250
200
150
50
0
1 2 3 4 5 6 7 8 9 10 11 12
（月）

要在圖表上比較不同資料時，有可能縱軸的單位會不一致。以左圖的「氣溫」與「降雨量」為例，降雨量的變化是以0以上的柱狀圖來呈現其變化，但氣溫時有低於攝氏零度的狀況。因此分別設置降雨量與氣溫兩個不同的縱軸。不僅可以表現出氣溫低於零度的狀況，利用折線圖還能呈現出每月的溫度變化。

「呈現」圖表時的注意點

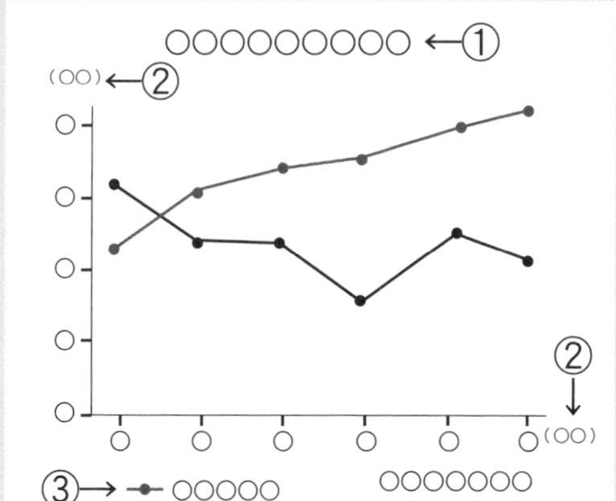
○○○○○○○○○○ ←①
（○○）←②
②
↓
（○○）
③→ ○○○○○
○○○○
○○○○○○○
↑④

並非使用很多圖表就一定是「好資料」。留心為什麼必要、得出了什麼結論，明確地傳達自己的意圖來進行適當的資料整理。
以下將介紹應該確認的重點。

① **加上標題**：如果一開始不知道是什麼樣本的圖表，無法成為有效的資料。即便是在特定專案中所呈現的資料也不要省略，每個圖表都要加上清楚的標題。
② **標記單位**：不要認為增減或大小看圖表就知道，一定要標記資料的單位。
③ **圖例**：若是混合了數個元素的圖表，要針對內容加以說明。
④ **出處**：比較對象等的資料出處、引用來源一定要註明清楚。

專欄

得到的資料以何種基準分類——統計學的「尺度」

所謂「資料」，簡單來說就是眾多以文字或數值等呈現的材料。由此所產出有意義的或能派上用場的訊息，稱為「資訊」。做為統計學分析對象的資料，可以分為「數值」與「非數值」兩種，並可再進一步以四種「尺度」加以分類。

「資料」可用兩個種類與四個性質加以分類

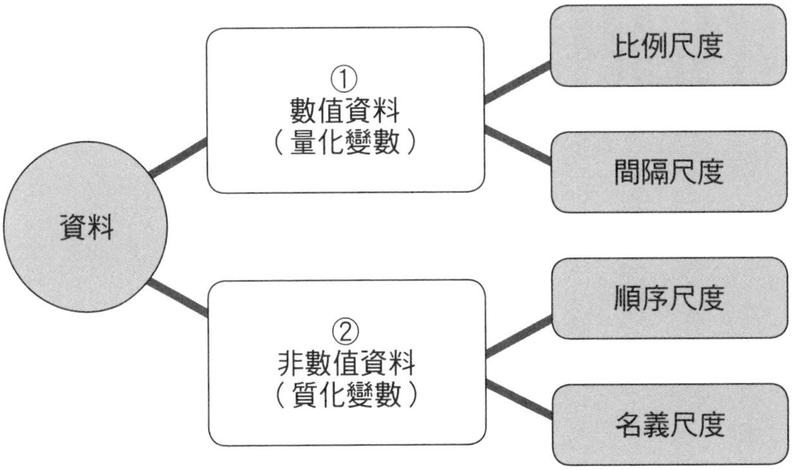

數值資料（量化變數・量化資料）

比例尺度　也稱為「比率尺度」或「比例資料」。原則上數值資料多屬於比例基準。所代表的意義是除了加減法以外，經乘除所得出的「比例」。

間隔尺度　雖然可以表達加減法的結果，但無法呈現經乘法或除法後「幾倍」結果的資料。氣溫就是代表性的間隔尺度，我們不會說「氣溫 20 度是 10 度的兩倍」。

在數值資料中，以比例（乘法或除法）表達結果若無意義，便歸類於間隔尺度。

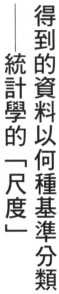

②非數值資料（質化變數・質化資料・分類資料）

順序尺度　雖然並非數值，但順序有其意義的資料。
問卷問題「1：喜歡／2：相對喜歡／3：不喜歡也不討厭／4：相對討厭／5：討厭」的答案、或是「地震的震度」等。

名義尺度　「順序」沒有意義。只能以分類來彙整的資料。例如考試的合不合格等，區分成非0即1兩個種類的資料。「都府道縣等行政區域別」或「職業別」等。

判斷屬於順序尺度或名義尺度的標準是曖昧不明的。會受到接收資料人的主觀判斷所左右。「東南西北」對某個人來說可能是名義尺度，但對另一個人而言，若認為方向是有「順序」的，也可說是順序尺度。

另一個資料性質的分類方法——連續變數與離散變數

體重除了「59公斤」與「60公斤」以外，兩者之間還存在著「59.2公斤」等連續的數值。另一方面，閱讀書籍的「本數」資料是「1本」、「2本」等，其間並沒有相連續的資料，而可視為「非連續」的分散資料。

此種不一樣的分類方式即為「連續變數」與「離散變數」。

連續變數　例：身高或體重等，原本即有小數點以下的連續值存在的資料。

離散變數　例：一個月所閱讀書籍的本數，「1本」、「2本」、「3本」……。

**例如將「滿分100分考試的成績」用合乎以上分類的方式加以整理。
以1分為單位：視為「連續變數」，可由次數分配表看出眾數。
以10分為單位：視為「離散變數」，以（數值的）出現次數來思考眾數。**

進入第二章前的第一章總整理

讓統計學「詞彙」變成自己的語彙！

在第二章，我們將關注複數的資料群組，學習針對「關係性」的統計學分析手法。突然給人有點難的印象，但第一章所學的「平均值」、「偏差」、「變異數」與「標準差」都會再度登場。至今已經說過好幾次了，統計學之所以讓人感到困難，其中的一個原因便是不熟悉統計學所使用的詞彙。一邊回顧第一章所學習的內容，再複習一下統計學名詞的基礎吧。

●三個「m」的「中心位置」們

要注意統計學有各式各樣的「中心位置」，要確實理解平均值、中位數與眾數的特徵喔！

大家的英文字母第一個字都是「m」耶。而且「平均值」是用「μ（mu）」來表示。

●注意資料的「離散程度」

第一章最讓人感到隔閡的字眼，應該就是「離散程度」了吧？

我最初對這個名詞的印象是「含糊而分散」。漸漸地，知道它是將與平均相距的距離、哪裡比較多等以比例來表現後，基本上違和感都消失了。

●不斷複習偏差、偏差平方和、變異數與標準差！

名詞的障礙，在這層意義上來說「偏差」與「標準差」的差別、變異數等詞彙，應該還不是很熟悉吧？

多虧有好好學習常態分配，對於這些詞彙已經有了大致的印象。

偏差與變異數在第二章以後的章節也是非常重要的名詞。再複習一次吧。

偏差 ＝ 資料數值－平均值

偏差平方和 ＝ 偏差經平方後的合計數

變異數 ＝ 偏差平方和 ÷ 資料個數

標準差 $= \sqrt{\text{變異數}}$ （變異數是標準差的平方值）

標準分數 $= \dfrac{\text{偏差}}{\text{標準差}}$

第2章

多變量分析入口

請試著這樣想：

統計學，是為了解決社會問題而被想出的手法。

而為了分析，需要借用數學的力量。

數值不過是判斷基準之一。

以經驗與直覺為基礎下判斷是很重要的。

找出兩組資料之間的關係

透過散布圖與相關來分析兩組資料吧

健太利用目前和美所教他的東西，
順利地完成了簡報發表。
健太，簡報的風評很好喔！我教的東西你都牢牢記住了呢！
謝謝您！都是托和美小姐的福！
要道謝還太早了。業務部的文典跑客戶跑出來的調查報告，
也頗受好評呢。
哼哼
喘喘
不愧是文典……不是只會出一張嘴的人……

如果是現在的健太，應該可以教你更實務性的資料處理方法，
也就是針對「相關」的分析了吧！
麻煩您了！我不想輸給文典……咦？「相關」是什麼……？
至今為止我們所討論的是「考試成績」的
中心位置
國語
75
數學
以及離散程度，對吧？
相對於此，這次我們要學的是針對兩組資料的關聯性，
拿考試成績來說，例如「讀書時間與考試成績的關係」等，
讀書 40 個小時之後
成績提升了 20 分！
95
這種感覺？
統計學將此種複數資料之間的關聯性稱為「相關」。

那麼，健太你現在住的地方的房租，
你認為是以什麼條件決定的？
嗯，我想想。屋齡、內裝、衛浴設備，
還有就是周邊有無便利商店等地理條件等，這些都會刊載在租屋資訊上呢……
……
OO站 徒步 12分鐘
Loft風、收納
整體衛浴
距便利商店 2分鐘
沒錯，正是將「複數」因素納入考量後，才能定出租金金額的。
屋齡
地理位置
設備
房間數
Etc
50,000
120,000
160,000
70,000
最重要的是「地理位置」！有沒有便利商店也是這個條件的一部分……
車站到住家的距離你不覺得也很重要嗎？
對了，到車站要幾分鐘……很重要耶！
到車站 徒步3分
家離車站近的話，就可以多睡一點了……

到車站所需時間（徒步）與租金

所需時間（分）	3	5	6	7	7	8	10	12	15	17
租金（萬日圓）	12.2	11.3	11.5	9.8	10.4	9.5	8.8	8.7	8.2	7.6

※ 面積等其他條件皆相同
那麼，看看這張表，
這是彙整徒步到車站所需時間與租金資料的表格。
這張表你怎麼想？
嗯……
距離車站愈遠租金愈便宜，所以……
愈近愈貴

所要時間（分）	3	5	6	7	7	8	10	12	15	17
租金（萬日圓）	12.2	11.3	11.5	9.8	10.4	9.5	8.8	8.7	8.2	7.6

愈遠愈便宜
「所需時間」與「租金」兩者之間應該有某種關係吧。
著眼點不錯喔！
所需時間（徒步）
（關聯性）
租金
為了將關聯性視覺化，讓人易於理解，可以使用「散布圖」，
散布圖
喀噠喀噠……
喀噠喀噠……
把所需時間放在x軸（分）、租金放在y軸（萬日圓）來畫散布圖……

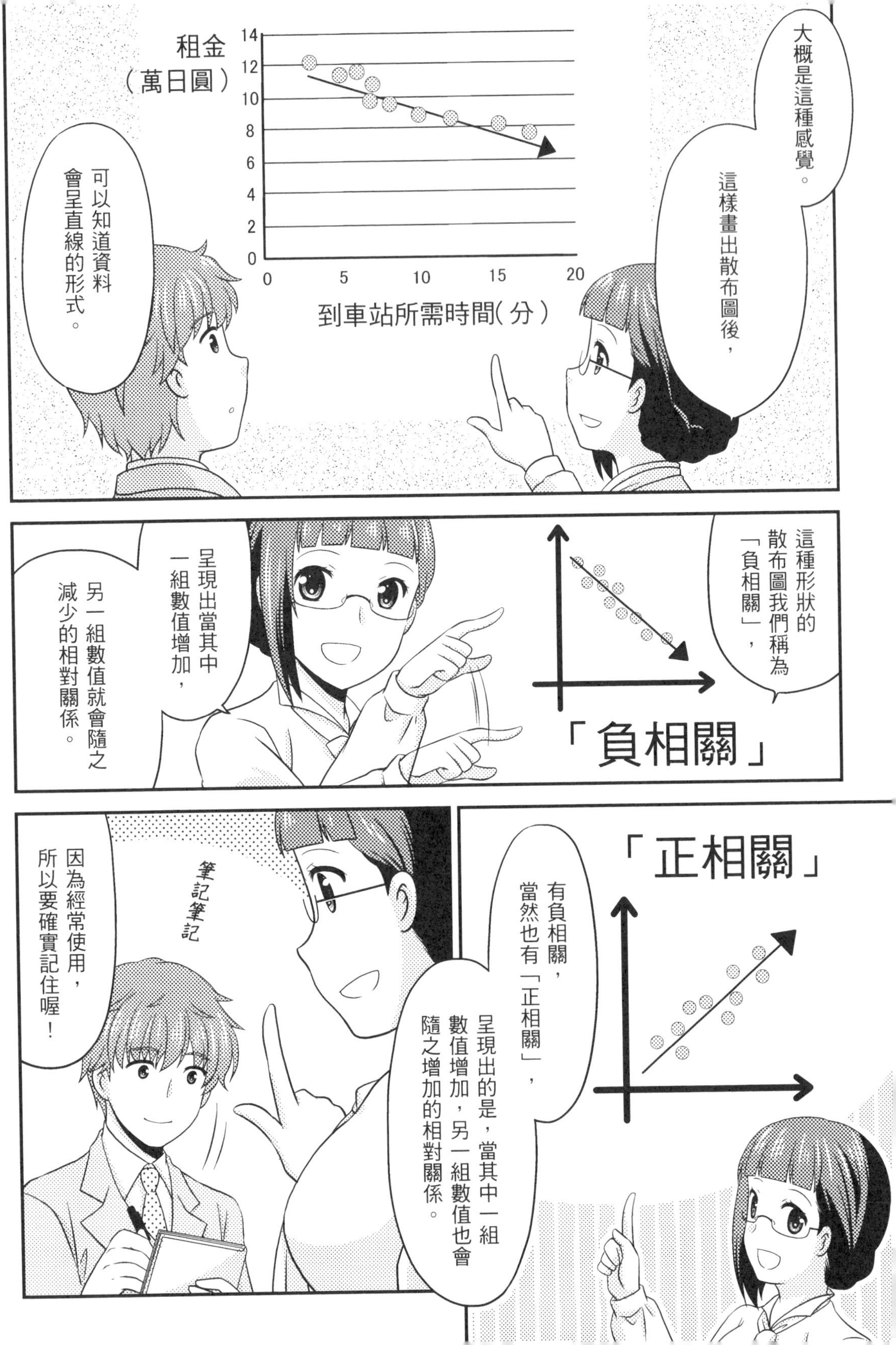
大概是這種感覺。
這樣畫出散布圖後，
租金（萬日圓）
14 12 10 8 6 4 2 0
0 5 10 15 20
到車站所需時間（分）
可以知道資料會呈直線的形式。
這種形狀的散布圖我們稱為「負相關」，
「負相關」
呈現出當其中一組數值增加，另一組數值就會隨之減少的相對關係。
「正相關」
有負相關，當然也有「正相關」，
呈現出的是，當其中一組數值增加，另一組數值也會隨之增加的相對關係。
筆記筆記
因為經常使用，所以要確實記住喔！

從這裡開始是重點！表示呈現線性關係程度高低的指標之一，就是「相關係數r」。
r=0.9
高度正相關
r=-0.9
高度負相關
r=0.1
呈現高度的線性關係！
幾乎沒有線性關係
相關係數的數值範圍一定為
1≦r≦1
相關係數數值愈接近±1，兩組資料間的線性關係就愈強。
要說相關的例子嘛，「氣溫與冰淇淋銷售額之間的關係」、「年齡與記憶力的關係」等等都是。
夏天就是
要吃冰啊～
當其中一組數值改變，另一組數值也會隨之變化的狀況，其實在我們日常生活中有很多喔！
這種「相關」的分析，
讓我們一起來看看吧！
好的！

關鍵字

多變量分析

邁向多變量分析的第一步

判斷兩種以上的資料之間的關聯性

第一章所學

一組資料的判讀方式

在第一章中，「身高」的資料分布情況如何等等，我們學到了關於單一群組資料的「中心位置（平均值等的代表值）」、「離散程度（標準差等的分散程度）」所代表的意義，與「標準常態分配表」的利用方式，以及「直方圖」與「盒鬚圖」等圖表的特徵與運用方法。

身高
僅關注「身高」
一組資料
進行分析

由第二章開始學習

兩組資料的關聯性

在第二章中，如「身高」與「體重」、「身高」與「年齡」或「身高」與「性別」等，我們要學習的是確認兩組資料之間是否存在著關聯性，以及其指標與計算方法。

國籍
體重
性別
年齡
身高
分析「身高」
與「另一組資料」
的關係

在第一章所學到的「標準差」將再次登場。我們會一邊複習一邊進行說明，請大家在回顧前面內容的同時繼續往下看吧！

資料中包含各式各樣的資訊

	姓名	性別	年齡（歲）	身高（公分）	體重（公斤）	血型	出生地
1	A	男	40	170	70	B	千葉縣
2	B	男	69	160	48	A	東京都
3	C	女	80	154	42	A	石川縣
4	D	男	29	172	67	O	北海道
5	E	女	36	165	65	A B	神奈川縣
6	F	女	33	158	51	A	沖繩縣
7	G	女	54	160	55	O	新潟縣
8	H	男	72	165	52	A	東京都
9	I	女	39	162	47	B	東京都
10	J	男	44	177	83	A	神奈川縣

在第一章時，只關注了資料中的一種資訊而已。

關注複數資料（多變量）時，便會出現各式各樣的疑問。身高與年齡之間的關係是？性別或出生地的影響？血型是否會影響到身高？為了理解多變量關係，本章中我們將學習多變量關係的基礎知識。

學習多變量分析的入口——「相關」

在第一章，主要關注單一種類的資料，思考其中心位置（代表值）與離散程度。但是，我們身邊的事物大多是具有複數的資料。

例如健康檢查的時候，不僅是身高，也會知道體重與血型等，而在個人履歷中，也會填寫出生地、性別或年齡等資料。針對這些資料進行調查，就能夠發現資料群組的傾向趨勢或關聯性。

做為分析對象的資料稱為「**變量**」。而如同「身高」與「體重」，分析對象為兩種類以上的相異資料的狀況，稱之為「**多變量**」。

分析兩種類以上資料之間關聯性的手法，在統計學上稱為「**多變量分析**」。從第二章開始，做為多變量分析的入口，我們將學習兩種資料之間的關聯性。

那麼，我們就來看看，先前在漫畫中登場的「到車站所需時間與租金的關係」的例子吧！

關鍵字

散布圖與相關

藉由散布圖將相關「視覺化」

「好像有什麼」的線索

■進行多變量分析，首先製作「散布圖」

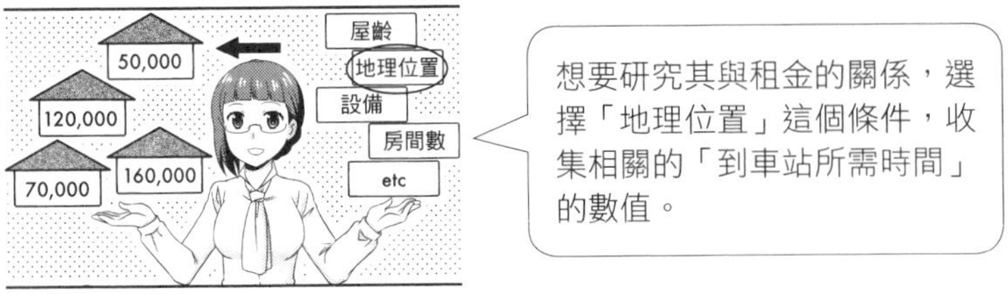

50,000
120,000
70,000
160,000
屋齡
地理位置
設備
房間數
etc
想要研究其與租金的關係，選擇「地理位置」這個條件，收集相關的「到車站所需時間」的數值。

到車站所需時間與租金

所需時間(分)	3	5	6	7	7	8	10	12	15	17
租金(萬日圓)	12.2	11.3	11.5	9.8	10.4	9.5	8.8	8.7	8.2	7.6

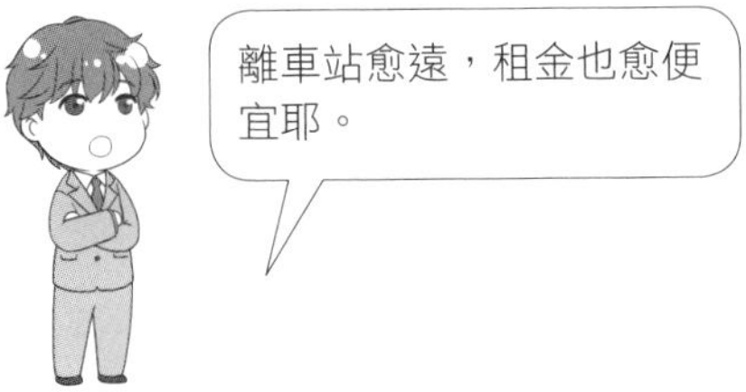

離車站愈遠，租金也愈便宜耶。

上表的散布圖

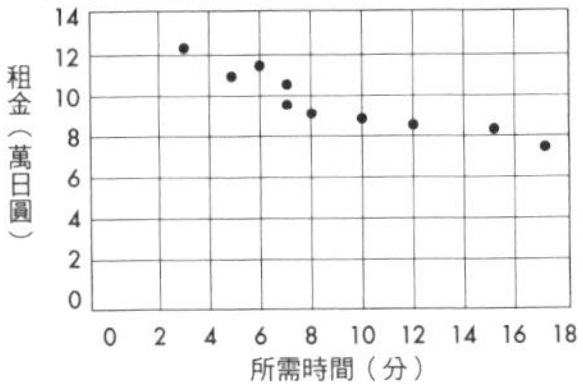

租金（萬日圓）
0
2
4
6
8
10
12
14
0 2 4 6 8 10 12 14 16 18
所需時間（分）

判讀兩種資料關聯性的散布圖

決定租賃房屋租金的重要條件之一，就是「到車站所需時間（從住家到車站徒步需要幾分鐘）」。實際收集了十筆資料，只比較數字的話，會有離車站愈近租金愈高的印象。

接下來我們將要分析這兩組資料之間實際上存在何種關係，此時有兩個新名詞登場，那就是「**相關**」與「**散布圖**」。

所謂相關，是指稱兩個種類的變量之間關係的詞彙。此外，所謂散布圖，是將兩個種類的變量以點（plot）繪製在橫軸與縱軸所呈現出來的圖表。

以這次的例子而言，透過散布圖可以確認兩組資料之間存在著「線性關係」。針對「相關」與「線性關係」讓我們再進一步詳細說明吧！

由散布圖看出「存在著相關（兩者具關聯性）」

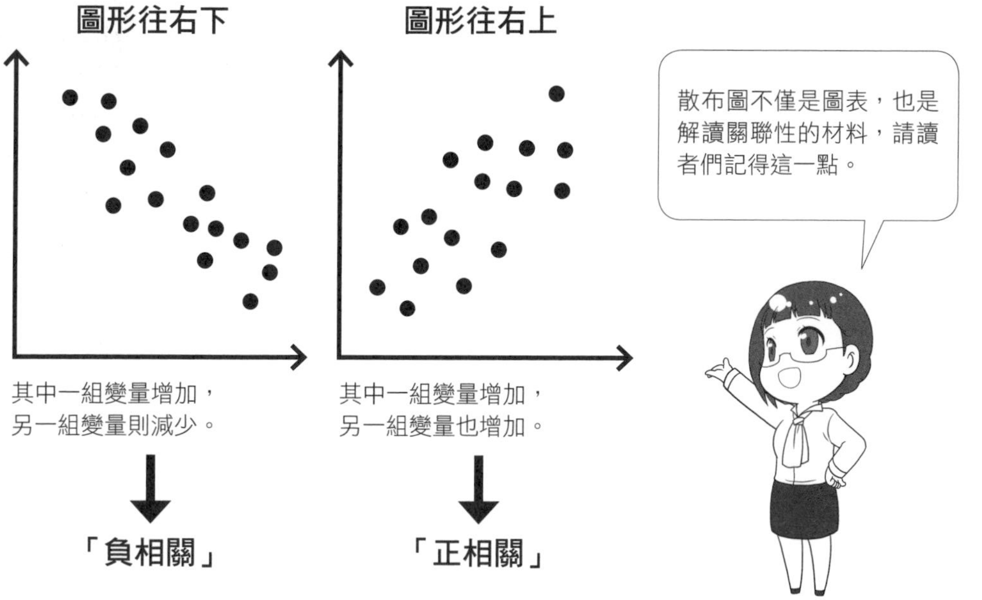
圖形往右下
圖形往右上
散布圖不僅是圖表，也是解讀關聯性的材料，請讀者們記得這一點。
其中一組變量增加，
另一組變量則減少。
其中一組變量增加，
另一組變量也增加。
「負相關」
「正相關」

由散布圖可看出兩組資料的「相關」

前頁的「到車站所需時間」與「租金」這兩種變量所點繪出來的散布圖，由點的位置可以得到「圖形往右下」的視覺印象。這表示「到車站的所需時間增加（即和車站的距離愈遠），租金愈低」。換言之，呈現出x軸的「所需時間」增加，y軸的「租金」減少的「相關」。由此散布圖，可以說這兩種變量之間存在著「**負相關**」。

反過來說，兩種變量同時增加的狀況，散布圖的圖形「往右上發展」，可以說兩者之間存在著「**正相關**」。

如上述，當可以看出兩種變量之間存在某種關聯性時，便可稱為「相關」。尤其是存在著「線性關係」時通常會認為有「相關」，愈「接近」「線性關係」，可以說其相關也「愈強」。

而判斷是否接近「線性關係」的指標之一，就是次頁要介紹的「**相關係數**」。

關鍵字

相關係數

何謂相關係數「r」

以數值表示「線性關係的強弱程度」

■相關係數的數值以「r」表示

r 為正值

圖形成右上線性關係→正相關

r 的值愈接近 1，則兩組變量愈接近線性關係，正相關程度愈強。

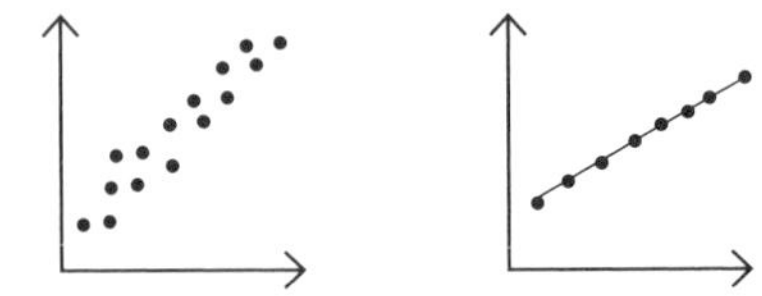

相關係數 r=0.7
相關係數 r=1

r 為負值

圖形成右下線性關係→負相關

r 的值愈接近－1，則兩組變量愈接近線性關係，負相關程度愈強。

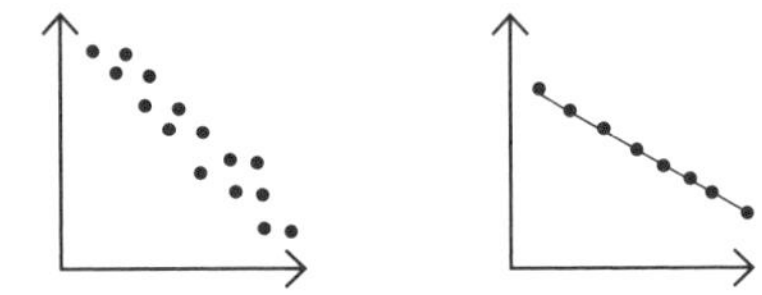

相關係數 r=-0.7
相關係數 r=-1

r 為接近 0 的值

不存在線性關係

r 愈接近 0，兩組變量之間愈不存在線性關係

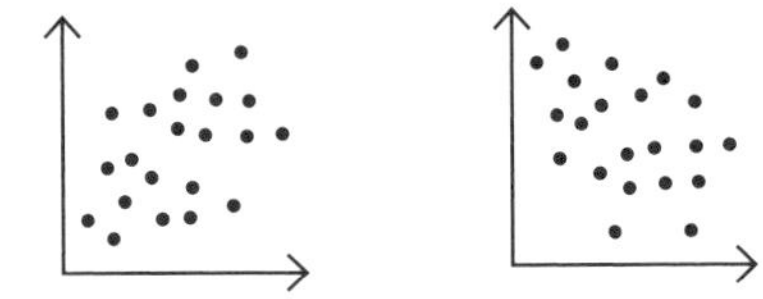

相關係數 r=0.3
相關係數 r=-0.3

呈現線性關係的指標──相關係數r

「**相關係數r**」此一指標被用於表現線性關係。「r」的值，呈現出相關關係的「正負」，以及是否接近「線性關係」。

「r」的值若為正表示「正相關」，為負則表示「負相關」。此外，「r」的值必定介於「-1」與「1」之間；若為正相關且「r」的值愈接近「1」、或為負相關且「r」的值愈接近「-1」，則可以說兩組變量之間的關係愈接近「線性關係」。

但是，相關係數「r」僅僅只是判斷是否存在「線性關係」的指標。如同次頁的例子，當「r」的值愈接近0，散布圖上的點就愈不存在線性關係，但這兩組變量之間仍然可能「存在著某種關聯性（相關）」。

小筆記 相關係數的英文為「correlation coefficient」。第一個字母雖然是「c」，但在數學上經常以「c」來表示「常數（constant）」，所以推測是以「關係」的英文「relation」的第一個字母「r」來表示相關係數。

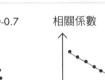

相關係數的關鍵要點

①相關係數是判斷是否接近「線性關係」的指標

左下表所呈現的是判斷相關係數 r 的值與相關之間關係「強弱」的基準。不過「0.0～±0.3」雖可說是「幾乎無相關」，但這指的是「線性關係」，並不是判斷「關聯性」的「有無」基準。舉例而言，右下的散布圖雖是相關係數趨近「0」的例子，但仍可看出「存在著某種關聯性（相關）」。換言之，可以說「存在著相關」。

相關係數「r」的數值與相關的「強弱」基準

r	基準
0.0～±0.3	幾乎無關係
±0.3 ～ ±0.7	弱相關
±0.7 ～ ±1	強相關

r 為接近 0 的值時的散布圖範例

②散布圖上圖形的斜率大小不影響相關係數

以下兩個散布圖是以同樣一組「身高與體重」的資料為基礎。縱軸的體重單位由「公斤 kg」改為「公克 g」，在判讀「線性關係」時，斜率的大小雖然不同，但「相關係數 r」的數值是相同的。

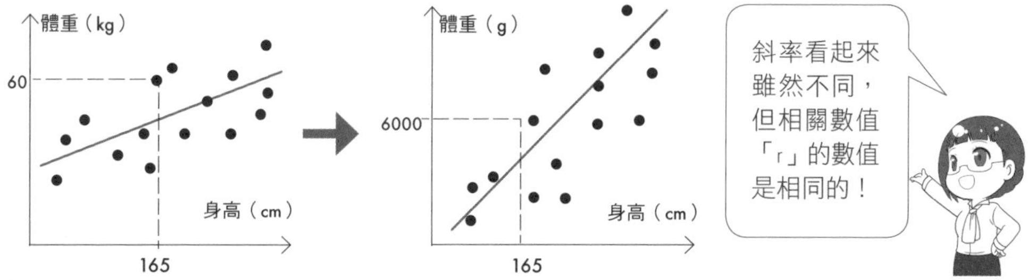

③何謂完全相關（r＝1、r＝−1）？

當相關係數的數值「r＝1」或「r＝−1」時，稱為「完全相關」。例如當購買一個一百日圓的物品時，「物品的數量」與「合計金額」的相關係數「r＝1」（斜率成正比）。

此外，由十一支隊伍捉對進行比賽的對戰結果如右圖，「勝場數」與「敗場數」的關係呈直線，相關係數的數值「r＝−1」。

「勝場數」與「敗場數」的關係

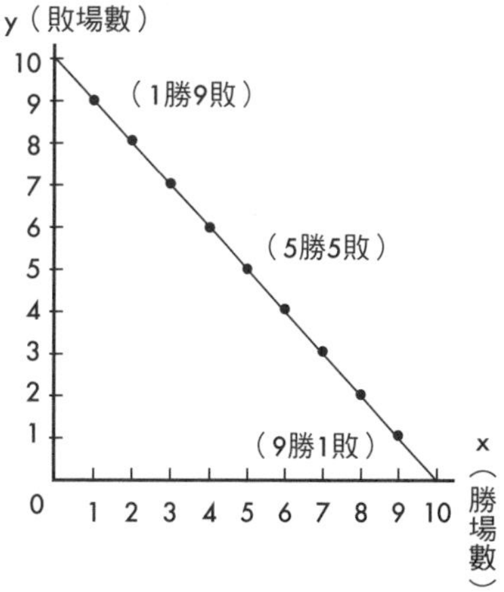

關鍵字

相關係數的求法

運用第一章所學的「標準差」與新登場的「共變異數」

如何求出相關係數

相關係數是呈現資料在散布圖中是否為線性關係的指標，
接下來就教你相關係數的計算方法唷！
只要學會相關係數的計算方式，例如「國語成績與英文成績」或「氣溫與啤酒的銷售額」的關係等，
都放馬過來吧！！
I'm doing my best
關關雎鳩，在河之洲。窈窕淑女，君子好逑。
酒
好想喝啤酒～
就能夠以數值判斷相關是正相關，還是負相關，以及強弱程度喔。
相關係數的計算公式如上，話雖如此，分母的「標準差」的計算方式之前已經教過了吧？
相關係數＝x與y的共變異數 / x的標準差 × y的標準差
算出「平均」、「偏差」與「變異數」之後，再求取變異數的平方根……對吧？
沒錯！分子的「共變異數」也可以用偏差求出來，
共變異數正是決定相關係數正負（±）的指標。
x與y的共變異數
x與y的偏差乘積和 ÷ 資料個數
[將x的偏差與相對應的y的偏差相乘後合計]
那麼，我們就來試著算出「到車站所需的時間與租金」的相關係數吧！
相關係數
x
y

■相關係數「r」的計算公式

★接下來要學以下的計算公式★

$$\text{相關係數r}=\frac{\text{x與y的共變異數}}{\text{x的標準差}\times\text{y的標準差}}$$

「共變異數」將在 114 頁進行解說

回憶一下第一章所學的「標準差」吧！

平均值	偏差	偏差平方和	變異數	標準差
資料的合計數÷資料個數（→ 28 頁）	各資料數值與平均值之間的差（→ 53 頁）	偏差的值平方之後合計（→ 54 頁）	偏差平方和除以資料個數的數值（→ 54 頁）	算出變異數的平方根（→ 48 頁）

相關係數「r」的計算方式

透過本章目前的內容，可以明白到「相關係數」是表示兩種資料（多變量）的「線性關係」強弱的指標。那麼，要如何求取相關係數的數值「r」呢？相關係數若利用 Excel 可以馬上計算出來。其使用方法，會在第二章的最後加以說明。在此之前，利用先前所舉的例子「到車站所需時間」與「租金」的資料，來計算相關係數吧。

上列所介紹的是求取相關係數的計算公式。分母使用「標準差」。分子的「**共變異數**」則擔負著決定相關係數的重要任務。從次頁開始，會先複習第一章所學的「標準差的計算方式」。接下來，則會說明「共變異數的計算方式」。一起來理解上述計算式的分母與分子分別處理哪些數值，相關係數的數值又代表何種意義吧。

分母的「x 的標準差」的計算方式

到車站所需時間與租金

所需時間(分)	3	5	6	7	7	8	10	12	15	17
租金(萬日圓)	12.2	11.3	11.5	9.8	10.4	9.5	8.8	8.7	8.2	7.6

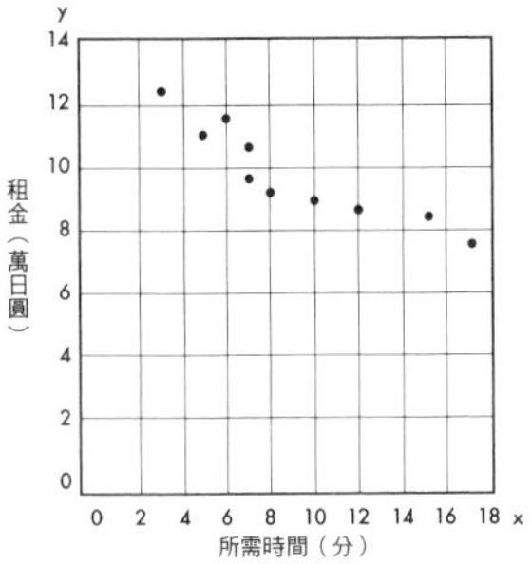

y
14
12
10
8
6
4
2
0
租金（萬日圓）
0 2 4 6 8 10 12 14 16 18 x
所需時間（分）

所需時間（分） → x 軸
租金（萬日圓） → y 軸

以所需時間為 x 軸、租金為 y 軸所繪製的散布圖，可以看出接近線性關係，而推測會得出 r 接近－1 的結果。實際計算來確認一下吧！

$$相關係數\ r = \frac{x與y的共變異數}{\boxed{x的標準差} \times y的標準差}$$

①x 的平均值（資料合計數 ÷ 資料個數）

3 + 5 + 6 + 7 + 7 + 8 + 10 + 12 + 15 + 17 = 90（分） 90÷10 = 9（分）

②x 的偏差（資料各數值與平均值「9」的差異）

所需時間(分)	3	5	6	7	7	8	10	12	15	17
偏差(平均值:9)	-6	-4	-3	-2	-2	-1	1	3	6	8

③x 的偏差平方和（各偏差平方後合計）

$(-6)^2 + (-4)^2 + (-3)^2 + (-2)^2 + \cdots\cdots + 8^2$

$= 36 + 16 + 9 + 4 + \cdots\cdots + 64$ ←經過平方之後所有的數值皆為正

$= 180$（分^2） ←經過平方之後，連單位也成為「分的平方」

④x 的變異數（偏差平方和 ÷ 資料個數）

$180 \div 10 = 18$（分^2）

⑤x 的標準差（求取變異數的平方根）

$\sqrt{18} \fallingdotseq 4.24$（分）

x 的標準差 ≒ 4.24

好！
y 的標準差也來算看看吧！

※ ≒（near equal）……所代表的意義為「近似於」。

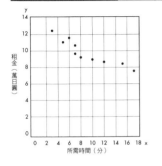

■分母的「y 的標準差」的計算方式

$$\text{相關係數 } r = \frac{x\text{與}y\text{的共變異數}}{x\text{的標準差} \times y\text{的標準差}}$$

①y 的平均值 12.2 ＋ 11.3 ＋……＋ 7.6 ＝ 98（萬日圓） 98÷10 ＝ 9.8（萬日圓）

②y 的偏差（資料各數值與平均值「9.8」的差異）

所需時間(分)	12.2	11.3	11.5	9.8	10.4	9.5	8.8	8.7	8.2	7.6
偏差(平均：9.8)	2.4	1.5	1.7	0	0.6	-0.3	-1	-1.1	-1.6	-2.2

③y 的偏差平方和　$2.4^2 + 1.5^2 + 1.7^2 + \cdots + (-2.2)^2 = 20.96$（萬日圓²）

④y 的變異數　$20.96 \div 10 = 2.096$（萬日圓²）

⑤y 的標準差　$\sqrt{2.096} \fallingdotseq 1.45$（萬日圓）

y 的標準差≒ 1.45

將 x 與 y 的標準差
代入計算公式的分母中吧

$$\text{相關係數 } r = \frac{x\text{與}y\text{的共變異數}}{4.24 \times 1.45}$$

在計算 x 與 y 的標準差之後，接下來是分子的計算。因為「共變異數」也會運用到標準差，請再一次確認到目前為止的計算過程吧！

複習在變異數計算公式中出現的偏差平方和

在第一章思考「離散程度」的起點時，我們學到了「**偏差**（資料與平均值之間的差）」。而在求取「變異數」的計算中，利用了「**偏差平方和**（偏差經平方後加總合計）」，「偏差平方和」在統計學上又稱為「變異」。此外，在求取相關係數公式的分母中，48頁所學的「**標準差**」也出現了。

在計算共變異數時出現的「偏差乘積和」是什麼？

相關係數 r ＝ x與y的共變異數 ／ x的標準差 × y的標準差

所謂共變異數，是指同一組x與y的各個偏差相乘之後合計，再除以資料個數所得出的數值。

所需時間（x）與租金（y）的偏差

所需時間（x）的偏差	−6	−4	−3	−2	−2	−1	1	3	6	8
租金（y）的偏差	2.4	1.5	1.7	0	0.6	−0.3	−1	−1.1	−1.6	−2.2

在計算公式的分母中，求取標準差時利用了「偏差平方和」。在計算公式的分子中，求取共變異數則使用「偏差乘積和」。所謂的「偏差乘積」，是將x的偏差乘以y的偏差所得出的數值。

偏差平方和 偏差經平方後加總合計的數值。

偏差乘積和 x的偏差與y的偏差各自相乘之後加總合計的數值。

共變異數是相關係數的心臟

共變異數決定了相關係數的「正負」

在計算公式分母，分別算出x與y各自的標準差時，會將偏差加以平方，因此分母的值必定為「正」值。而「相關係數r」是決定相關為「正」或「負」的數值，換言之，決定相關係數計算結果「正負」的，是計算公式的分子「**共變異數**」。所以可以說「共變異數是相關係數的心臟」。

在求取共變異數的過程中，登場的是「**偏差乘積和**」。偏差乘積和是「x的偏差」與「y的偏差」各自相乘之後，加總合計所得出的數值。

共變異數

表現x與y兩種類變量之間關係的指標

↓

x的偏差與y的偏差相乘合計加總後，除以資料個數所得出的數值

↓

決定相關係數r的「正」或「負」

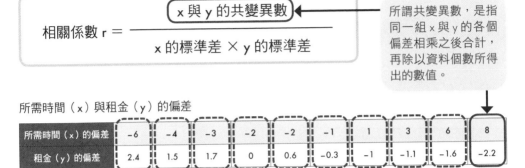

分子「x 與 y 的共變異數」的計算方式

x 與 y 的共變異數 ＝ x 與 y 的偏差乘積和 ÷ 資料個數

①同一組 x 與 y 的偏差相乘（求取偏差乘積）

所需時間（x）的偏差	-6	-4	-3	-2	-2	-1	1	3	6	8
租金（y）的偏差	2.4	1.5	1.7	0	0.6	-0.3	-1	-1.1	-1.6	-2.2

x 與 y 的偏差的第一組、第二組、第三組……分別相乘。
第一組的計算為（-6）×2.4，第二組的計算則為（-4）×1.5。

②將 x 與 y 的偏差乘積加總合計（求取偏差乘積和）

所需時間（x）的偏差	-6	-4	-3	-2	-2	-1	1	3	6	8
租金（y）的偏差	2.4	1.5	1.7	0	0.6	-0.3	-1	-1.1	-1.6	-2.2
x 與 y 的偏差乘積	-14.4	-6	-5.1	0	-1.2	0.3	-1	-3.3	-9.6	-17.6

（-6）×2.4 ＋（-4）×1.5 ＋（-3）×1.7 ＋……＝ -57.9　**←偏差乘積和**

③計算（x 與 y 的共變異數）＝ x 與 y 的偏差乘積和 ÷ 資料個數
-57.9÷10 ＝ -5.79

x 與 y 的共變異數＝ -5.79

x 與 y 的相關係數的計算方式

$$相關係數\ r = \frac{x\ 與\ y\ 的共變異數}{x\ 的標準差 \times y\ 的標準差}$$

$$相關係數\ r = \frac{-5.79}{4.24 \times 1.45} \fallingdotseq -0.942$$

由此可判斷「到車站所需時間」與「租金」之間，存在著「高度負相關」。

關鍵字

散布圖與共變異數

散布圖與共變異數的關聯性

為什麼共變異數是決定相關係數「正負」的「關鍵」呢

共變異數對相關係數的重要性，是否了解了呢？

$$\text{相關係數 } r = \frac{-5.79}{4.24 \times 1.45} \fallingdotseq -0.942$$

共變異數會決定相關係數的「正負」這點我明白了。但是，為什麼共變異數為「負數」時，資料在散布圖上就會呈現「右下」的圖形呢？

這個問題非常好喔！這裡我們首先來看看偏差在散布圖上會如何呈現，再探究共變異數與散布圖之間的關聯性吧！

散布圖上偏差乘積的位置關係

在詳細說明求取相關係數的計算公式時，我們知道決定「r」的數值為「正」或為「負」的乃是共變異數。若整理至今所學的內容，首先，兩組變量在散布圖上呈現「右下」圖形，而讓我們注意到兩者之間可能存在著「線性關係」。而透過計算相關係數，確定了兩組變量之間，確實存在著「高度負相關」。

那麼，為什麼在散布圖上圖形呈「右下」，變量的共變異數便為「負數」？為了理解共變異數的結構，讓我們再一次回到散布圖來思考吧。為了判讀散布圖與共變異數的關聯性，從次頁開始讓我們來看看「x與y的偏差」在散布圖上是如何呈現的。

利用兩種類變量的偏差來看散布圖：①

首先，我們來看看計算相關係數的資料（兩種類的變量）吧！

到車站所需的時間與租金

所需時間（分）	3	5	6	7	7	8	10	12	15	17	平均：9
租金（萬日圓）	12.2	11.3	11.5	9.8	10.4	9.5	8.8	8.7	8.2	7.6	平均：9.8

乍看之下感覺是「好像有負相關」，計算的結果也印證了耶。

是啊。那麼能夠說明**為什麼會覺得「好像存在負相關」**嗎？

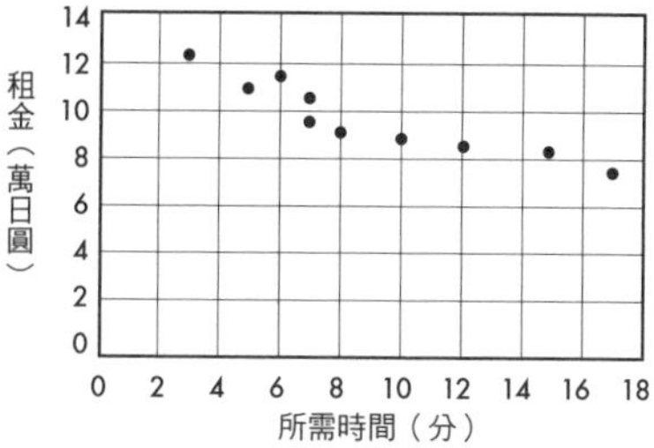

散布圖的點由左上往右下發展，表示x軸的值愈大則y軸的值愈小。換言之，**感覺可以劃出一條往右下延伸的直線**。但這要學會相關係數的計算才能夠說明……。

實際上在相關係數計算公式中，我們就使用了偏差的數值。偏差指的是各資料與平均值之間的差。**利用這個偏差我們來看看散布圖**。

這裡將我們稱為「平均」的數值，用符號來表示。變量x的平均記為「$\bar{x}$」，讀法為「x bar」。變量y的平均「$\bar{y}$」則讀為「y bar」。

圖表上畫出$\bar{x}=9$，$\bar{y}=9.8$的點，以此為中心再畫出交叉的直線與橫線。到此為止有沒有問題？

代表x與y平均值的這個點（x，y）＝（9，9.8），**並不實際存在**於本次的十筆資料中吧？

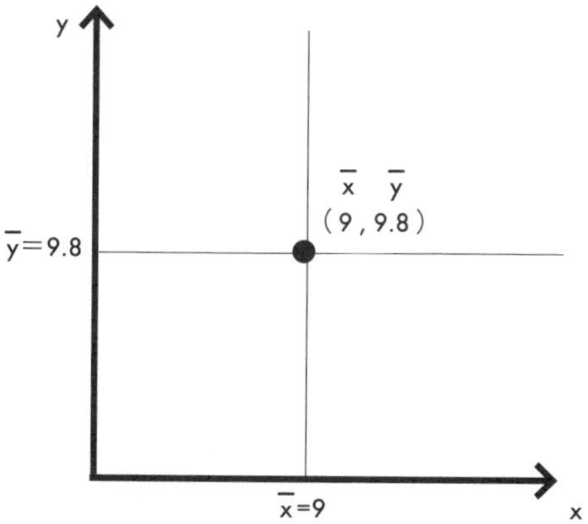

沒錯。**為了計算而求出的平均**，用偏差來看看每個資料相對於這個平均值的落點在哪裡吧。

利用兩種類變量的偏差來看散布圖：②

這裡 x 和 y 的偏差（資料與平均值之間的差），在相關係數的計算中也使用過喔！從這裡開始使用偏差。

	①	②	③	④	⑤	⑥	⑦	⑧	⑨	⑩
所需時間（分）	3	5	6	7	7	8	10	12	15	17
租金（萬日圓）	12.2	11.3	11.5	9.8	10.4	9.5	8.8	8.7	8.2	7.6
所需時間（x）的偏差	-6	-4	-3	-2	-2	-1	1	3	6	8
租金（y）的偏差	2.4	1.5	1.7	0	0.6	-0.3	-1	-1.1	-1.6	-2.2

在學習共變異數時，是將兩種類的變量偏差各自配對相乘計算吧。看看上列的①到⑩號偏差的數值，有沒有注意到什麼？

x 的偏差是由負到正，而 y 的偏差值則是由正到負，偏差乘積除了⑥號偏差（－ 1，－ 0.3）以外，**皆為負值**。

沒錯！那麼，在前一頁畫有平均點（9，9.8）的散布圖上，若我們標出①號原始資料（3，12.2），**從平均點來看是落在哪個位置呢**？

所需時間「3」與平均值「9」的差異是「－ 6」。租金「12.2」則是在與平均「9.8」距離「＋ 2.4」的位置……。我知道了！**從平均點開始移動偏差值的距離，就是原始資料在散布圖上的落點了**！

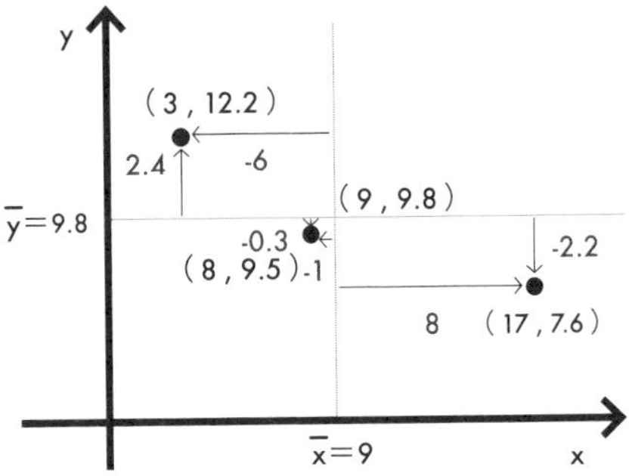

正是如此！那麼⑥號資料（8，9.5）又是如何呢？

所需時間「8」與平均值「9」的差異是「－ 1」。租金「9.5」與平均「9.8」的位置距離則是「－ 0.3」。這也確實**對應到兩個資料的偏差值**耶！

偏差雖是以「資料值－平均」計算出來，也可換個說法「偏差所代表的是與平均之間的差異」。把剩下的資料點也標出來看看吧。

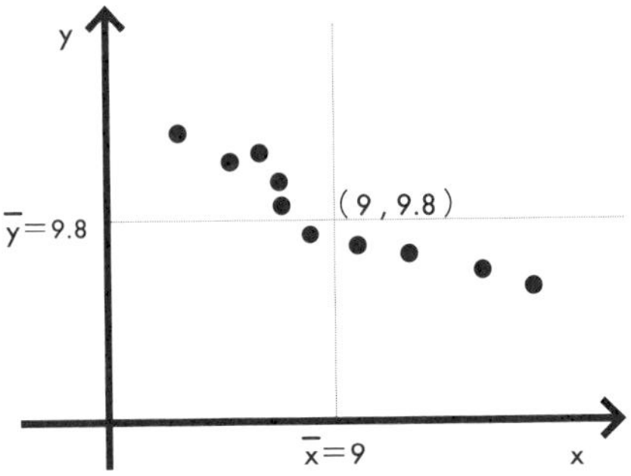

與原始資料的散布圖相同耶！

利用兩種類變量的偏差來看散布圖：③

散布圖以 x 與 y 的平均值所拉出的直線為界可分成四個區域，偏差值又是如何分布其中呢？

	①	②	③	④	⑤	⑥	⑦	⑧	⑨	⑩
所需時間（x）的偏差	−6	−4	−3	−2	−2	−1	1	3	6	8
租金（y）的偏差	2.4	1.5	1.7	0	0.6	−0.3	−1	−1.1	−1.6	−2.2

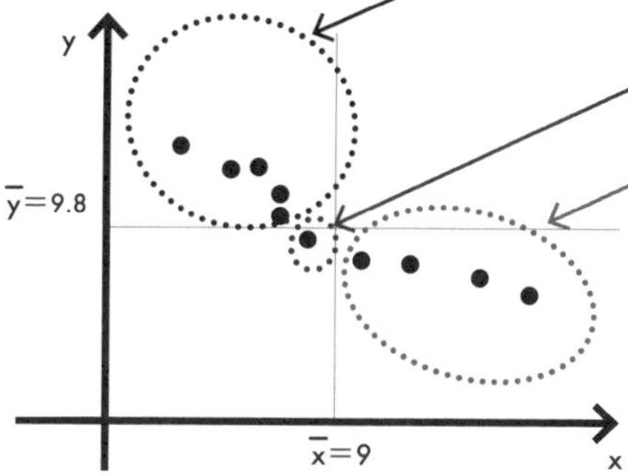
y
$\bar{y}$=9.8
$\bar{x}$=9
x

編號①到⑤的五筆資料落在以平均值為基準的左上角。編號⑥在左下角，其後的編號⑦～⑩則落在右下角。

在左上與右下區域，偏差為一正一負，正負符號相異因此偏差乘積為「負」。右上與左下區域兩個偏差的正負符號相同，故偏差乘積為「正」。

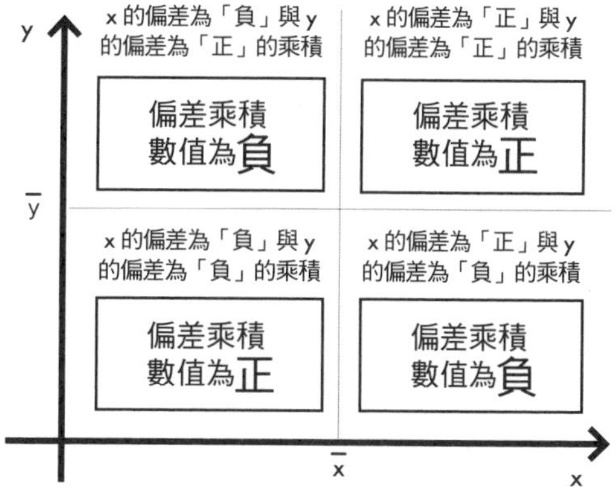
x 的偏差為「負」與 y 的偏差為「正」的乘積
偏差乘積數值為負
x 的偏差為「正」與 y 的偏差為「正」的乘積
偏差乘積數值為正
x 的偏差為「負」與 y 的偏差為「負」的乘積
偏差乘積數值為正
x 的偏差為「正」與 y 的偏差為「負」的乘積
偏差乘積數值為負
y
$\bar{y}$
$\bar{x}$
x

原來如此！所以當散布圖成往右下發展的圖形時，資料多集中在左上與右下區域啊……。

正是如此！換言之，當圖形呈「右下」表示偏差乘積為負的資料較多。雖然也有像編號⑥的資料一樣偏差乘積為正值者，但將偏差乘積加總（偏差乘積和）後被抵銷，偏差乘積和為負值。偏差乘積和若為「負」，則共變異數亦為「負」。換言之，由此可得知相關係數亦為「負」！

關鍵字

離群值

離群值會改變相關？
相關係數與離群值

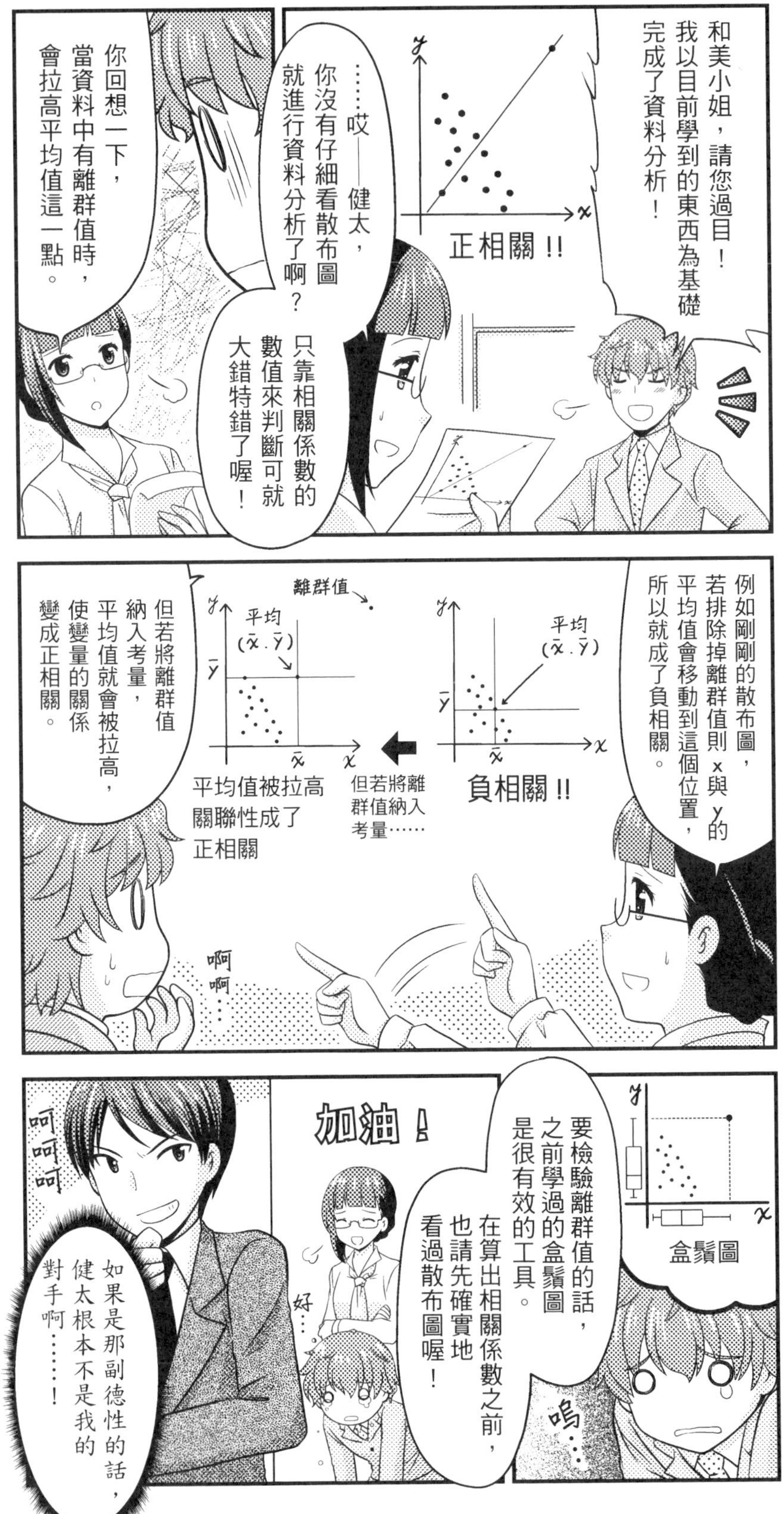

和美小姐，請您過目！我以目前學到的東西為基礎完成了資料分析！
正相關!!
……哎——健太，你沒有仔細看散布圖就進行資料分析了啊？
只靠相關係數的數值來判斷可就大錯特錯了喔！
你回想一下，當資料中有離群值時，會拉高平均值這一點。
例如剛剛的散布圖，若排除掉離群值則x與y的平均值會移動到這個位置，所以就成了負相關。
平均 (x̄, ȳ)
負相關!!
但若將離群值納入考量……
離群值
平均 (x̄, ȳ)
平均值被拉高 關聯性成了正相關
但若將離群值納入考量，平均值就會被拉高，使變量的關係變成正相關。
啊啊……
要檢驗離群值的話，之前學過的盒鬚圖是很有效的工具。
盒鬚圖
在算出相關係數之前，也請先確實地看過散布圖喔！
嗚……
加油！
好……
呵呵呵
如果是那副德性的話，健太根本不是我的對手啊……！

若包含離群值則相關係數將會改變

請回想一下第一章所學的「離群值」與平均之間的關係。我們學過，平均值極易受到極端大數值（離群值）的影響。而在119頁，我們學到在散布圖上的平均值與資料數值的位置關係，將決定相關係數的「正負」。換言之，相關係數也會受到「離群值」的影響。讓我們來看一下理由為何吧！

左上的散布圖，是以x軸為「商品a的銷售額」，y軸為「商品b的銷售額」所繪製出來的。與平均值的關係從外觀來看，資料集中在右上（x的偏差為正，y的偏差為正。即偏差乘積為正）與左下（x的偏差為負，y的偏差為負。即偏差乘積為正）的區域，計算的結果相關係數r的數值亦為正數。這兩組變量的相關，可以認為是「當a的銷售成長時，b的銷售也會成長」。

但是，如同左下的散布圖所示，若將值A視為「離群值」加以排除後，則相關係數r為負數，可以認為「當a的銷售成長時，b的銷售則減少」。

被離群值騙了？

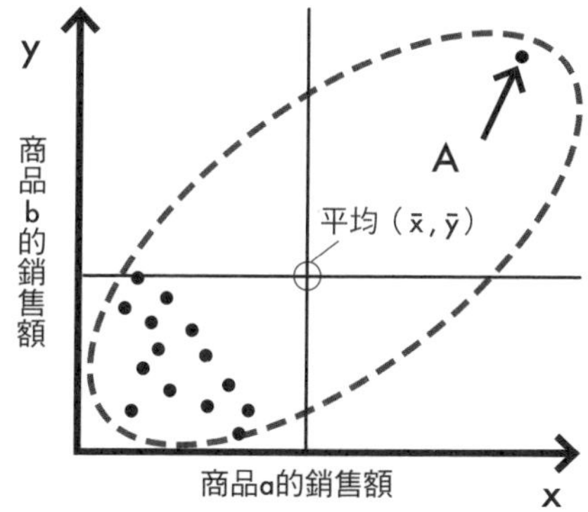
y
商品b的銷售額
A
平均（x̄, ȳ）
商品a的銷售額
x

當散布圖中存在著x與y值都極高的值A時，乍見之下會覺得往右上發展的「正相關」是成立的吧。
但是，若將值A視為離群值排除後，從其他的資料數值可以看出其實是往右下發展的「負相關」！

排除離群值後呈現負相關！

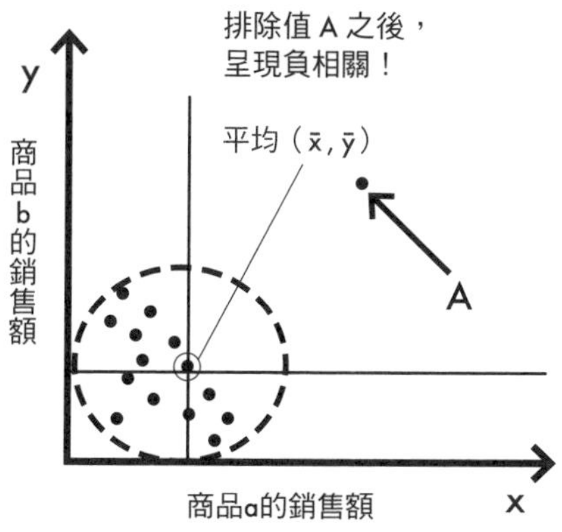
排除值A之後，
呈現負相關！
y
商品b的銷售額
平均（x̄, ȳ）
A
商品a的銷售額
x

利用盒鬚圖求取離群值

為了確認散布圖上落在遠處位置的資料點是否為離群值，其中一個方法便是以第一章所學的「盒鬚圖」為判斷方式（參見 87 頁）。

複習盒鬚圖

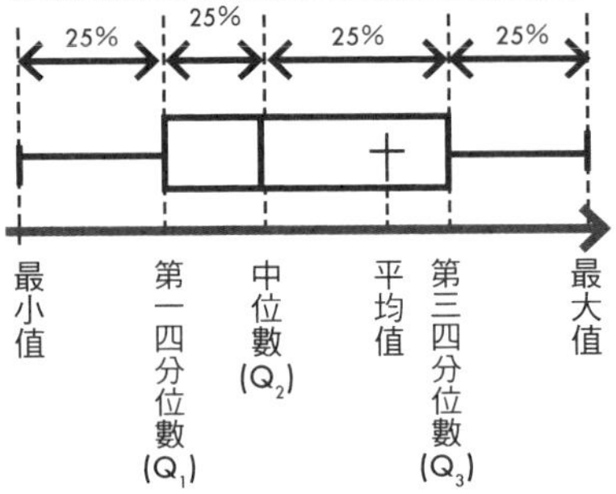

25%
25%
25%
25%
最小值
第一四分位數 (Q_1)
中位數 (Q_2)
平均值
第三四分位數 (Q_3)
最大值

第一四分位數（Q_1）
較中位數小的前半部資料的中位數

平均值
整體資料的平均值

中位數（Q_2）
整體資料的中位數

第三四分位數（Q_3）
較中位數大的後半部資料的中位數

極端大值不等於離群值

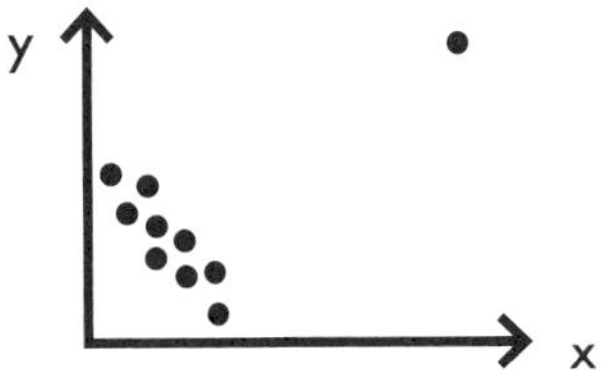

y
x

因平均值會受到大數值的影響，相關係數也許會隨之改變。

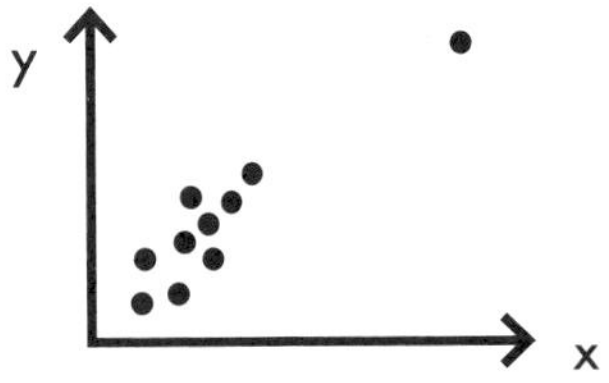

y
x

但是，也有可能只是剛好記錄到一個數值較大的資料點，並不影響相關係數。

盒鬚圖的「鬍鬚很長」，所代表的訊息應視為「要注意離群值」，但無法僅以此判斷該數值是否為離群值。

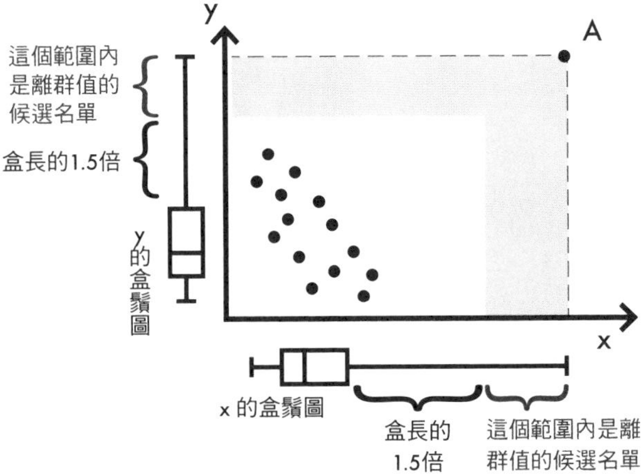

y
A
這個範圍內是離群值的候選名單
盒長的1.5倍
y的盒鬚圖
x
x 的盒鬚圖
盒長的1.5倍
這個範圍內是離群值的候選名單

算出盒長（$Q_3 - Q_1 = IQR$）的 1.5 倍，並求出自 Q_3 的鬍鬚長度，以此為檢驗離群值的基準。

是的。實際將散布圖的各資料點與盒鬚圖並置判讀後，應考慮值 A 為離群值的可能性，但也必須注意上述的提醒喔。

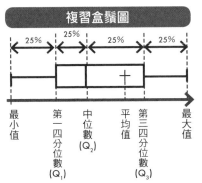

利用兩個變量以外的資料判讀「分層」

透過目前學習到的內容，我們知道必須留意是否僅求出相關係數就決定了相關的「正負」，以及是否僅以盒鬚圖的鬍鬚長度就決定了極端大資料值為「離群值」等。除此之外，再針對另一點在判讀資料時非常重要的「**分層（層化）**」加以說明。

左下是收集多座城市的資料，所繪製的「商品a的銷售額（x軸）」與商品b的銷售額（y軸）」散布圖。整體資料成右上發展，似可解讀為「a暢銷時b也暢銷」「a與b的銷售額成正相關」。但若將資料區分為「大都市、中都市、小都市」則成為右下的散布圖。如此一來，從圖形可得出「a若暢銷則b就不好賣」、「a與b的銷售額成負相關」的資訊。像這樣用除了x與y以外的條件進行資料分類，稱為「分層（層化）」。為了不要誤判散布圖，收集x與y以外的資料也是必要的。

因條件不齊備而誤解趨勢

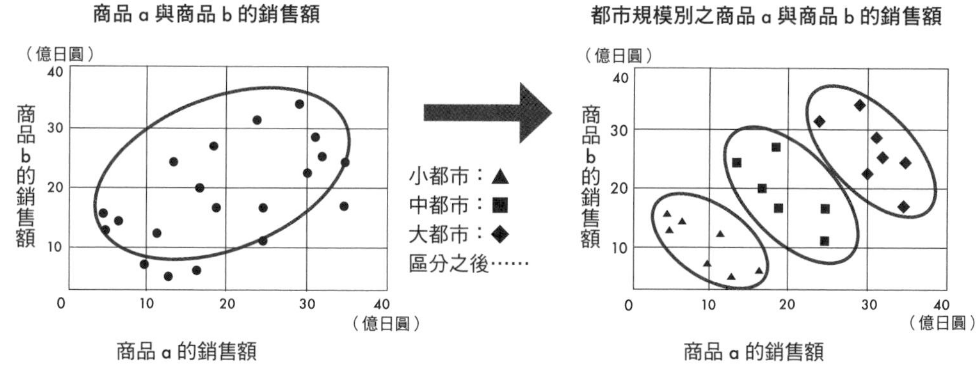
商品a與商品b的銷售額
（億日圓）
40
30
20
10
0
10
20
30
40
（億日圓）
商品b的銷售額
商品a的銷售額
小都市：▲
中都市：■
大都市：◆
區分之後……
都市規模別之商品a與商品b的銷售額
（億日圓）
40
30
20
10
0
10
20
30
40
（億日圓）
商品b的銷售額
商品a的銷售額

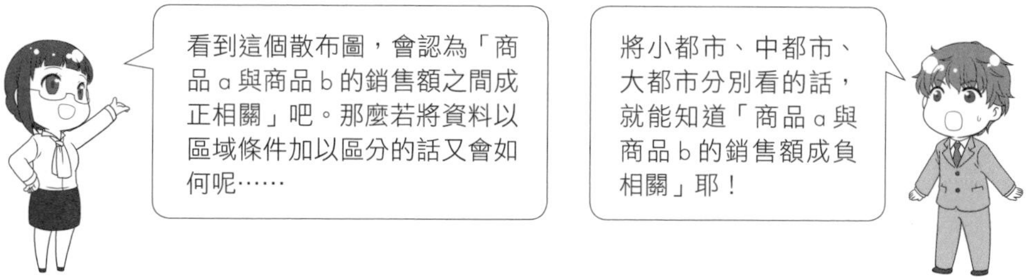
看到這個散布圖，會認為「商品a與商品b的銷售額之間成正相關」吧。那麼若將資料以區域條件加以區分的話又會如何呢……
將小都市、中都市、大都市分別看的話，就能知道「商品a與商品b的銷售額成負相關」耶！

注意不要被「假性相關」給矇騙了

不僅是對於相關的「正負」會有相反的判斷，還需要注意會誤判「有相關」還是「無相關」的「假性相關」。以下的例子，是雖然看起來為「有相關」，但經過分層之後，其實應被視為「無相關」的資料。

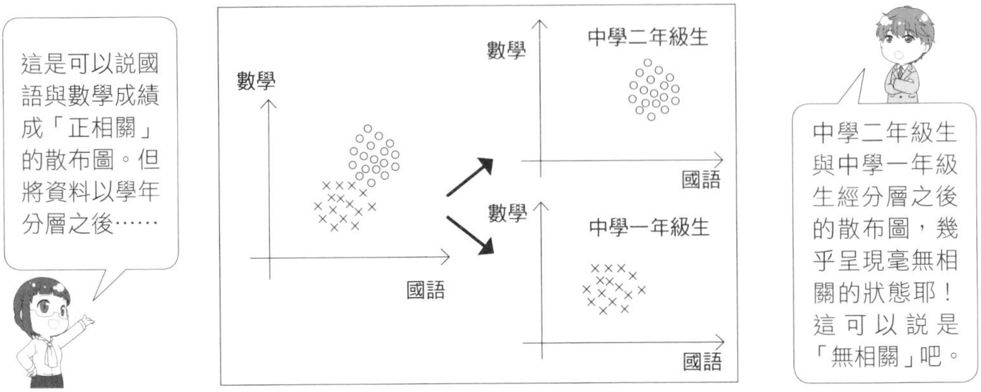

這是可以說國語與數學成績成「正相關」的散布圖。但將資料以學年分層之後……
數學
國語
數學
中學二年級生
國語
數學
中學一年級生
國語
中學二年級生與中學一年級生經分層之後的散布圖，幾乎呈現毫無相關的狀態耶！這可以說是「無相關」吧。

以下的例子，則是雖然看起來「無相關」，但經過分層之後卻可視為「有相關」的資料。就像這樣，**不論是從資料收集的角度或是分析收集而來的資料的角度，以理解、意識到分層為基礎來處理資料是很重要的。**

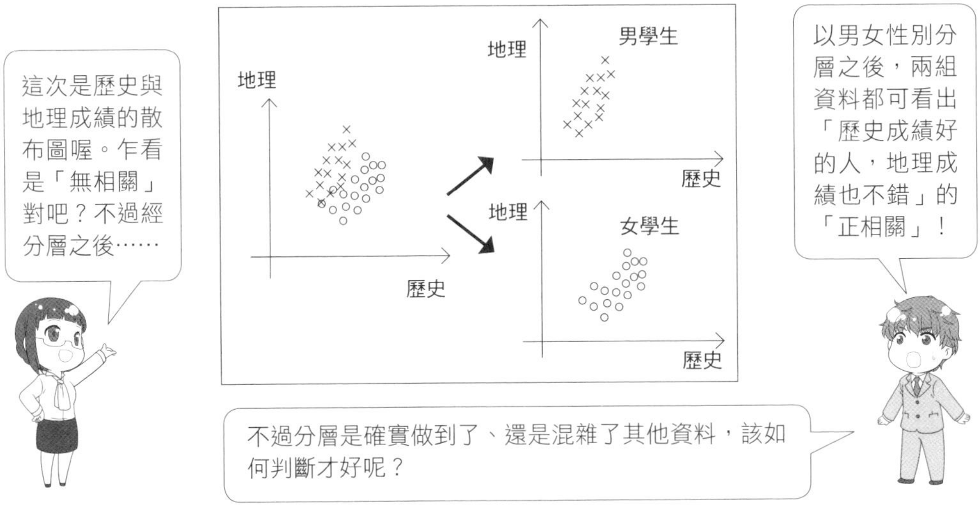

這次是歷史與地理成績的散布圖喔。乍看是「無相關」對吧？不過經分層之後……
地理
歷史
地理
男學生
歷史
地理
女學生
歷史
以男女性別分層之後，兩組資料都可看出「歷史成績好的人，地理成績也不錯」的「正相關」！
不過分層是確實做到了、還是混雜了其他資料，該如何判斷才好呢？

在學習與運用統計學時，希望大家銘記在心的是**「資料分析的結果，不能僅憑統計學決定」**。x與y兩個數值以外，要盡量收集其他的條件。即便如此，因為分層是具潛伏性的，為了要注意到分層，經驗或直覺等各式各樣的因素都是必要的喔。

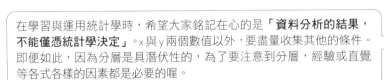

離群值其實沒有「離群」？

不要排除或無視離群值，而是將其視為資料之一加以留意

在求取相關係數之際，不僅是計算，請務必要畫出散布圖。並且確實檢視散布圖，注意是否隱藏著離群值，或是否形成假性相關。換言之，要能夠活用統計學，不僅是數學計算與數值上的判斷，還需要考量其他各式各樣的因素。

掌握現狀、準備會議資料、豐富計畫的說服力……。這些時候要向統計分析尋求的不是「答案」，而是客觀的分析。是可以成為討論的基礎、加深討論程度的材料的客觀分析。

「不排除離群值」，而是將其視為資料中應注意的數值留下，因為在離群值的周圍，也許存在著尚未被看見的分層。與現狀觀點相異的客層、市場需求等，這些議題的一部分可能會因成為離群值而被我們發現。

資料分析的心得筆記

● 求取相關係數時一定要畫散布圖

→ 不僅利用計算來求取數值，透過視覺掌握資料的特徵

● 資料中也許含有離群值

→ 運用盒鬚圖確認是否存在著極端相異的數值

● 資料也許因混雜而形成假性相關

→ 彙整 x 與 y 以外的資料進行分層

資料中包含離群值時，進行包含離群值、排除離群值的資料分析！

當有離群值時，就存在著仍有尚未被發現的分層的可能性！

統計僅是材料判斷的手法之一

注意相關的「假貨」！

原來如此！
理解相關的話，就能夠知道有效因子對吧？
喀噠、喀噠
呃……健太，在你幹勁十足的時候雖然有點抱歉，
但即便有相關，也無法斷定影響因素是什麼喔。
咦!?什麼意思？
例如，把各市町村※譯註的郵筒數與交通事故數的關係用以下圖表呈現的話，
看起來是正相關對吧？
交通事故數
郵筒數
那麼，郵筒數多交通事故數也多的原因是什麼呢？
為、為什麼？郵筒的紅色會擾亂駕駛？還是誰的陰謀……？
※譯註：日本行政區域分類

冷靜想想，因為郵筒數多所以交通事故數也多什麼的，
不是很奇怪嗎？
那麼，只要減少郵筒數就能夠降低交通事故數囉？
啊，說的也是……好奇怪……
換言之，即便有相關，
原因
結果
也不見得一定存在著因果關係。
人口
郵局
郵筒配置
在這個狀況下，郵筒與交通事故……
交通事故的發生有許多影響因素，
必須要檢驗存在著何種因果關係才行。
汽車普及率
交通流量
車種
駕駛時
苦一思…
可以假設與這兩者都相關的「東西」，
你認為是什麼呢？

嗯……郵筒也是、車子也是……都有人……
對了！兩者都跟人有關係！
沒錯！說到人……在這個例子裡，
我們能夠假設「人口」跟此「相關」有所關聯。
淨相關係數
要確認此一假設是否正確，「淨相關係數」是很有效的工具喔！這個之後會再詳細說明。
首先，「郵筒數與交通事故數」、「郵筒數與人口」、
相關係數
?
相關係數
?
相關係數
?
「交通事故數與人口」，
算出這三組資料各自的相關係數，
喀嗟
喀嗟
喀嗟

「郵筒數與交通事故數」雖然呈現高度正相關，
r_{xy} = 0.80
郵筒數
x
事故數
y
相關係數
r
r_{xz} =0.85
↑
郵筒數與人口的相關係數
人口
z
r_{yz} =0.90
↑
交通事故數與人口的相關係數
但計算結果可看出「郵筒數與人口」、「交通事故數與人口」也呈現高度正相關。
換言之，可以認為人口會對郵筒數與交通事故數兩者都產生影響，
這裡是重點喔！
原來如此……
剛剛我們雖然說郵筒數多交通事故數也多很奇怪，
但是這種直覺是非常重要的。

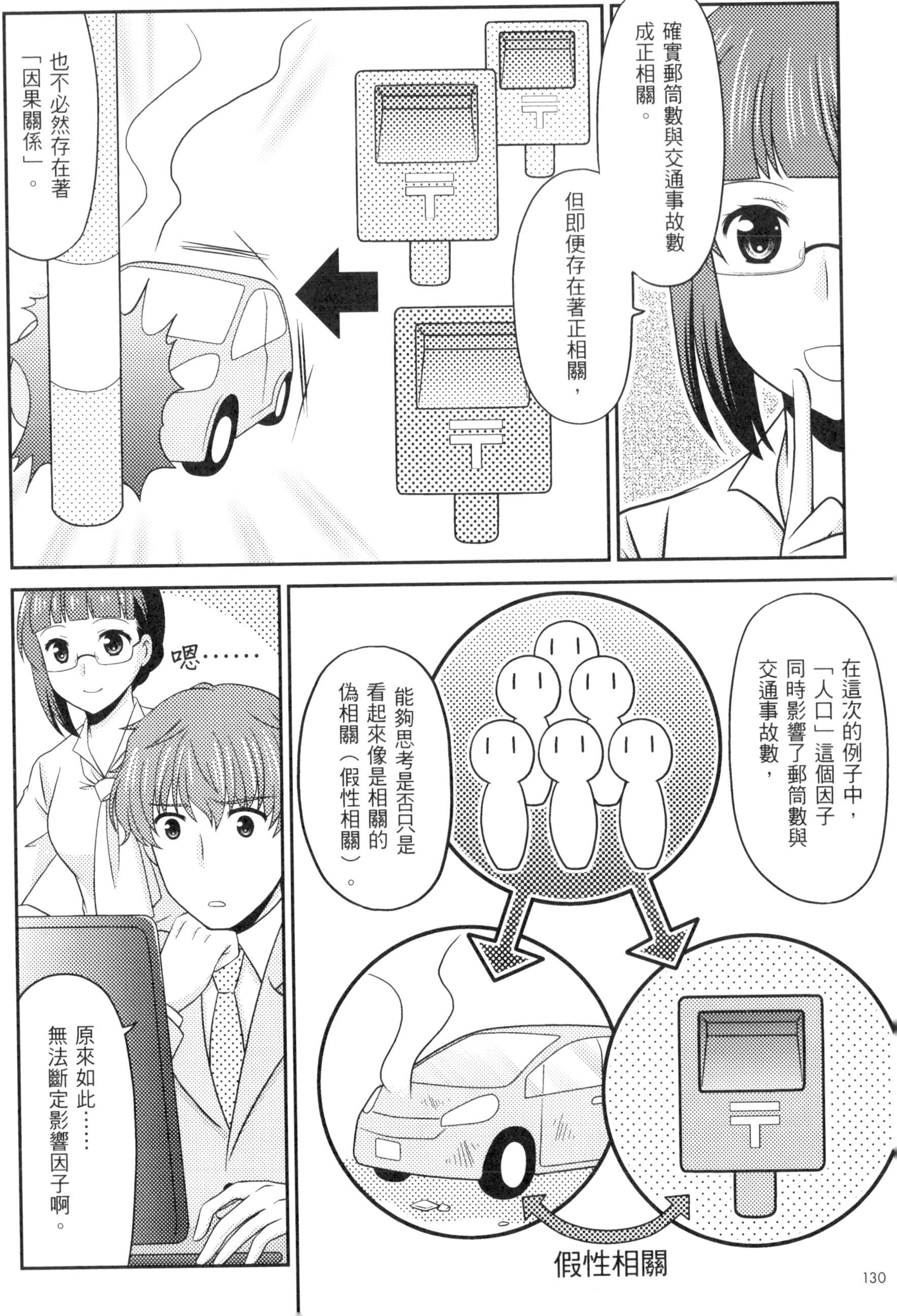
確實郵筒數與交通事故數成正相關。
但即便存在著正相關，
也不必然存在著「因果關係」。
在這次的例子中，「人口」這個因子同時影響了郵筒數與交通事故數，
能夠思考是否只是看起來像是相關的偽相關（假性相關）。
假性相關
嗯……
原來如此……無法斷定影響因子啊。

確實，統計學在生活中是非常有用的一門學問，
但是要留意使用方法，
有相關並不表示一定存在著「因果關係」，
而且，能否注意到偽相關（假性相關），需要的是第一線的知識與資訊運用能力。
y
x
統計僅為判斷材料之一，可不要忘了這點喔。
第一線的知識嗎……
在這層意義上來說，也許不能說統計是萬能的魔法道具……
但用習慣之後卻是非常便利的工具唷！
握拳
好！我會好好加油學會的！

關鍵字

相關與因果

何謂「相關」？

「有相關」並不一定等於「有因果關係」

無因果關係的偽相關

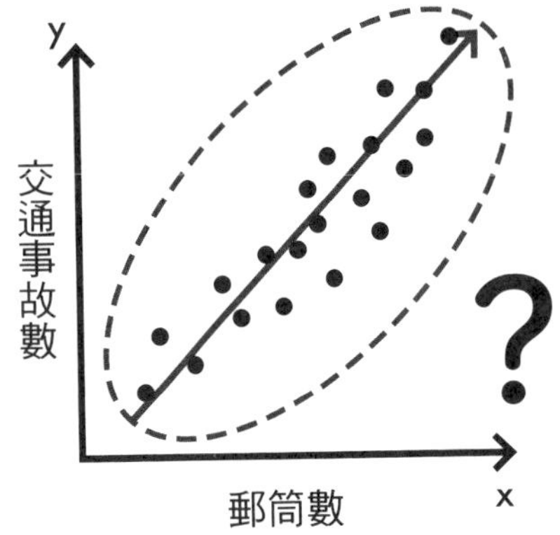
y
交通事故數
郵筒數
x

即便郵筒數與交通事故數呈正相關，但因此就「斷定」存在「因果關係」是不行的！

即便兩組資料有相關，亦不必然存在著因果關係！

考慮所有的因素，掌握資料本質

在散布圖上看似存在著因果關係的偽相關，稱之為「**假性相關**」。

上圖為「郵筒數（x）與交通事故數（y）」的散布圖。雖然呈現出正相關，但「郵筒的數量愈多，則交通事故的數量也愈多」的關係，並不是「因果關係」。所謂因果關係，指的是具有「原因與結果」關係的事物。因為「郵筒數多」（原因）所以「交通事故數也多」（結果）的因果關係無法成立，以常識就能夠加以判斷；但若只追求相關係數的數值，也許會忽略了假性相關的狀況。

不武斷下結論，從複數的觀點角度來檢討因果關係，掌握分析資料的本質吧。

思考與兩組資料成相關的「另一組資料」

當懷疑兩組資料（變量）之間是「偽相關」時，需要思考與兩組資料都相關的另一組資料。**收集資料的時候要盡可能地將資料收集齊全，在檢驗資料的時候也要多加留心。此外也應思考「什麼」會對「什麼」產生影響**，這是為了不要輕忽假性相關的經驗談。

〔例 1〕郵筒的數量增加交通事故也增加？

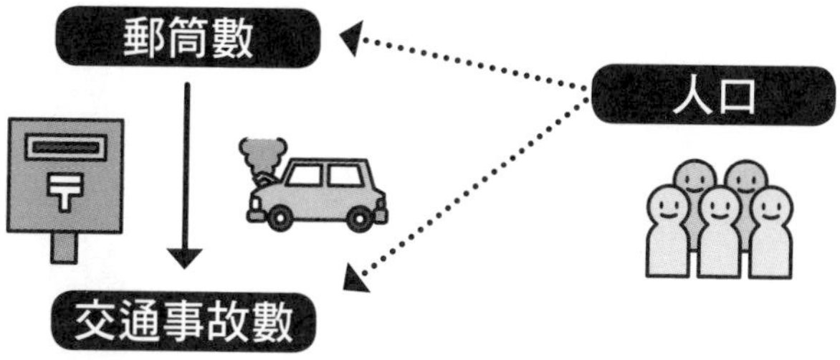
郵筒數
人口
交通事故數

即便沒有因果關係，光看數值也會呈現「相關」。這個稱為「偽相關」或「假性相關」。

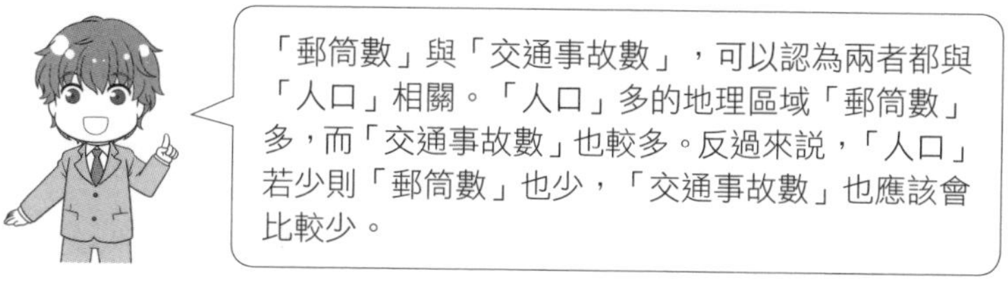
「郵筒數」與「交通事故數」，可以認為兩者都與「人口」相關。「人口」多的地理區域「郵筒數」多，而「交通事故數」也較多。反過來說，「人口」若少則「郵筒數」也少，「交通事故數」也應該會比較少。

〔例 2〕夏天啤酒銷售增加，冰淇淋的銷售也增加？

銷售額是很容易忽略其「假性相關」的資料。也許不僅是氣溫，「不快指數」（譯註：由溫度與濕度依照公式計算的氣候舒適度指標）也是影響因素之一……

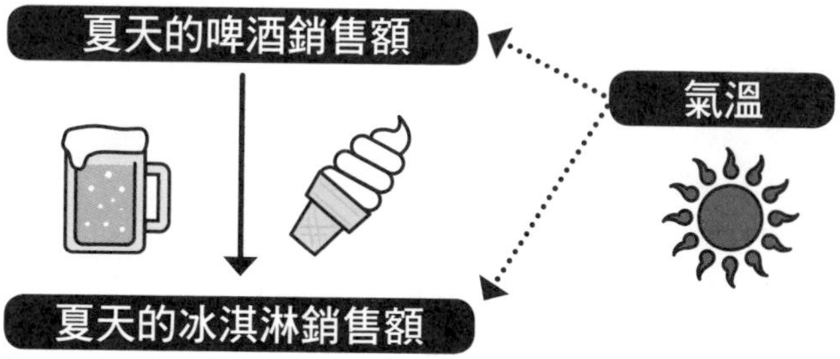
夏天的啤酒銷售額
氣溫
夏天的冰淇淋銷售額

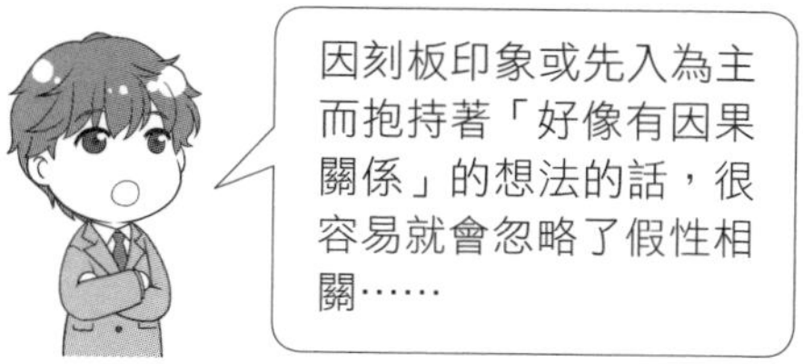
因刻板印象或先入為主而抱持著「好像有因果關係」的想法的話，很容易就會忽略了假性相關……

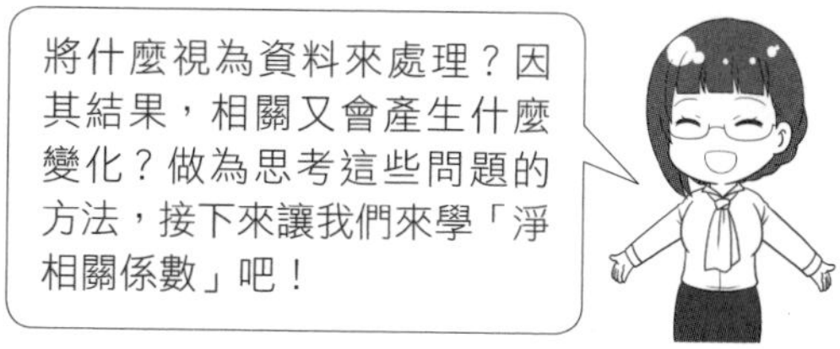
將什麼視為資料來處理？因其結果，相關又會產生什麼變化？做為思考這些問題的方法，接下來讓我們來學「淨相關係數」吧！

關鍵字

淨相關係數

有無會影響這兩組資料的其他因素？

尋找假性相關的「淨相關係數」

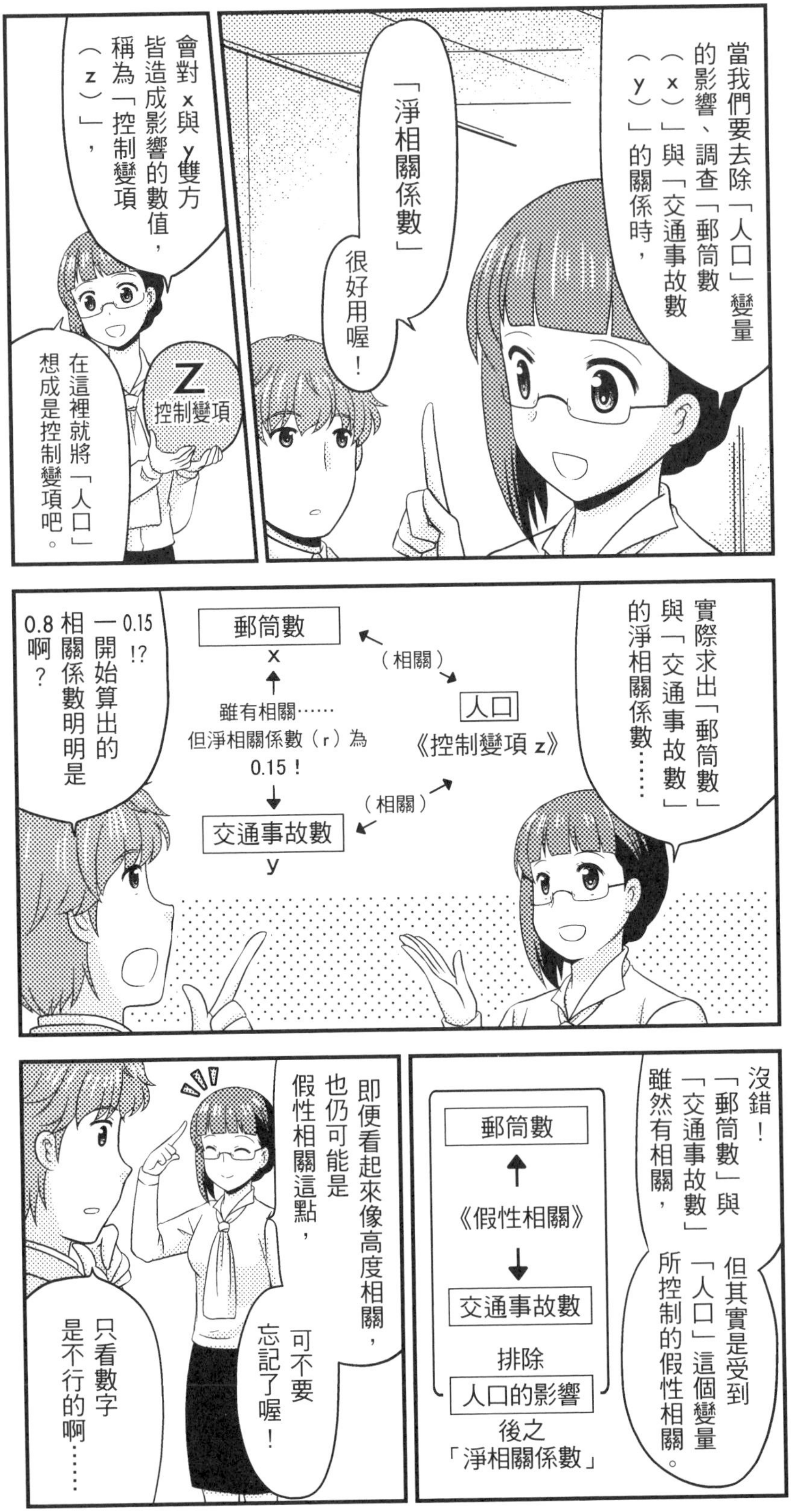

當我們要去除「人口」變量的影響、調查「郵筒數（x）」與「交通事故數（y）」的關係時，
「淨相關係數」很好用喔！
會對x與y雙方皆造成影響的數值，稱為「控制變項（z）」，
Z
控制變項
在這裡就將「人口」想成是控制變項吧。
實際求出「郵筒數」與「交通事故數」的淨相關係數……
郵筒數
x
（相關）
人口
《控制變項 z》
雖有相關……
但淨相關係數（r）為0.15！
（相關）
交通事故數
y
0.15!?
一開始算出的相關係數明明是0.8啊？
沒錯！「郵筒數」與「交通事故數」雖然有相關，
但其實是受到「人口」這個變量所控制的假性相關。
郵筒數
《假性相關》
交通事故數
排除
人口的影響
後之「淨相關係數」
即便看起來像高度相關，也仍可能是假性相關這點，
可不要忘記了喔！
只看數字是不行的啊……

排除影響之後的相關係數r

利用統計學的手法，雖然可以得知兩組資料的相關性，但即便存在相關性，仍無法確知是否存在因果關係。因此，思考兩組資料的相關「是否為假性相關」的狀況下，假定存在著會影響x與y兩個變量的第三因子。此一第三因子稱之為「**控制變項**」。例如，假設z（人口）為控制變項，並視為對x（郵筒數）與y（交通事故數）兩者皆有影響的變動因子，三者之間各自的相關則如下圖所示。

若「x與y的相關」為假性相關，則可認為「x與z的相關」與「y與z的相關」的數值對於「x與y的相關」有極大的影響。求出「排除z的影響之後x與y的相關」後，此數值稱為「**淨相關係數**」。運用淨相關係數找出去除控制變項之後資料相關性的手法，則稱為「**淨相關分析**」。

整理x、y、z的關係

郵筒數（x）與交通事故數（y）的相關是否受到人口（z）的影響？

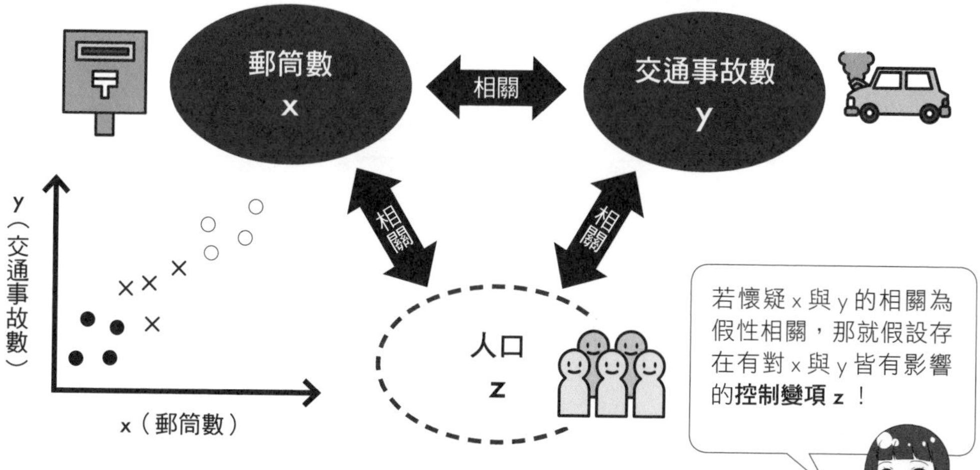

上圖雖看似為「x與y存在著正相關」的散布圖，但懷疑資料中隱含著●（人口少）、×（中規模人口）與○（人口多）的分層，而可假定「人口」為控制變項。

計算淨相關係數

淨相關係數 計算排除資料（z）的影響後，兩組資料（x 與 y）之間關聯性強度的數值。

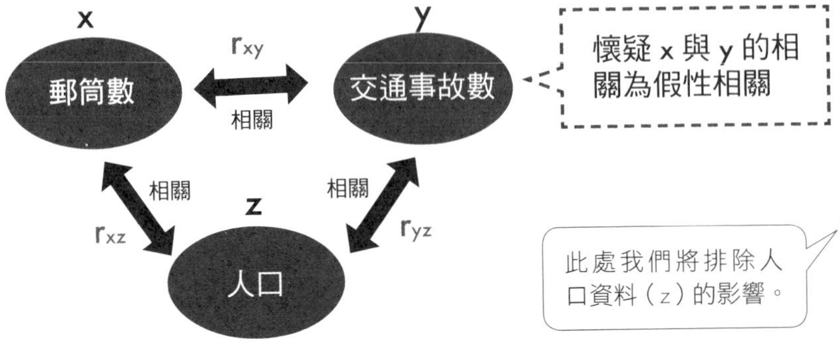
x
y
z
郵筒數
交通事故數
人口
r_{xy}
r_{xz}
r_{yz}
相關
相關
相關
懷疑 x 與 y 的相關為假性相關

此處我們將排除人口資料（z）的影響。

x 與 y 的相關係數 ＝ r_{xy} ←由此數值

x 與 z 的相關係數 ＝ r_{xz}

y 與 z 的相關係數 ＝ r_{yz} ←排除此影響

控制變項 懷疑兩組資料的相關是否為「假性相關」，假定另有會影響此兩組資料的變量，此變量即為控制變項。

以 z 為控制變項，求取 x 與 y 淨相關係數的計算公式

$$\frac{\text{x 與 y 的相關係數} - \text{x 與 z 的相關係數} \times \text{y 與 z 的相關係數}}{\sqrt{1-(\text{x 與 z 的相關係數})^2} \times \sqrt{1-(\text{y 與 z 的相關係數})^2}}$$

↓

$$\frac{r_{xy}\,(r_{xz} \times r_{yz})}{\sqrt{1-r_{xz}^2} \times \sqrt{1-r_{yz}^2}}$$

淨相關係數可由以上公式得出。現階段只要記得這一點就可以了。但要確實理解「排除影響」此一思考邏輯喔！

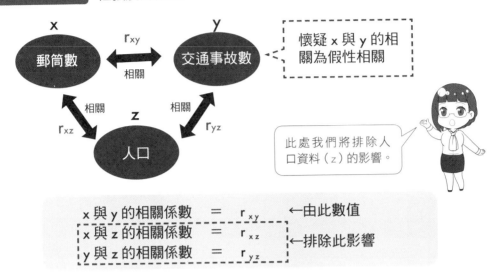

動手計算淨相關係數吧！

利用以下數值來計算淨相關係數。

- 郵筒數（x）與交通事故數（y）的相關係數＝$r_{xy}=0.80$
- 郵筒數（x）與人口（z）的相關係數＝$r_{xz}=0.85$
- 交通事故數（y）與人口（z）的相關係數＝$r_{yz}=0.90$

$$\frac{r_{xy}-(r_{xz}\times r_{yz})}{\sqrt{1-r_{xz}^2}\times\sqrt{1-r_{yz}^2}}=\frac{0.80-(0.85\times 0.90)}{\sqrt{1-0.85^2}\times\sqrt{1-0.90^2}}$$

$$=\frac{0.035}{0.23}\fallingdotseq 0.15$$

從淨相關係數的數值可以得出何種結論？

郵筒數與交通事故數的相關在排除人口此一變量的影響後，淨相關係數可知為「0.15」。那麼，由此淨相關係數的數值，我們可以得出何種結論？

相關係數愈接近「+1」或「-1」，則其「線性關係愈強」，而其值愈接近「0」，則可以說「線性關係微弱」。

淨相關係數為「0.15」，因此能夠判斷「郵筒數與交通事故數」在排除了人口的影響之後，其「線性關係微弱」。另一方面，則可認為前述兩者各自的數值皆受到「人口」的強烈影響。換言之，懷疑「郵筒數與交通事故數」為假性相關，假定該相關受到「人口」影響，經求取淨相關係數之後證實該假設，以上是我們在這裡所學到的。

最後，將學習「控制變項」的思考方式。在這次的例子中將「人口」視為控制變項，但控制變項的候選名單，並不一定只有一個。

關鍵字

控制變項

為了更進一步理解資料 思考「控制變項」的候選名單

假定「控制」並檢證變因

由相關係數「無法得知是否真的存在因果關係」，而同樣地，控制變項也「無法得知是否真的影響了變量之間的相關性」。淨相關係數的數值也僅是參考素材之一，最終的判斷仍須憑藉分析者的主觀認定。

此外，在133頁所舉出的例子「夏季的啤酒銷售額」與「夏季的冰淇淋銷售額」的關係中，應該能夠假定「氣溫」為控制變項。但是，變因只有這個嗎？「不快指數」、「降雨量」等其他的氣候因素，「假日數」與「人口」等因素也應可視為控制變項。控制變項不一定只有一個，假定有各式各樣的影響因素並加以驗證是很重要的。

■動手計算淨相關係數吧！

夏天啤酒暢銷，冰淇淋也「暢銷」的原因在於？

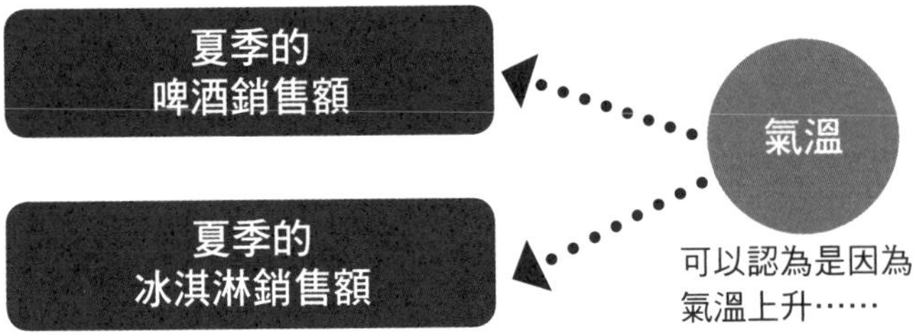

其他的變因也可視為控制變項！

- 不快指數
- 降雨量
- 假日數
- 人口

來整理相關係數的注意要點吧！

求取相關係數時一定也要確認散布圖！

務必要畫出散布圖。並且不能僅依賴相關係數的正負計算結果，而是要經常性地思考資料的內容與性質。

離群值也可能是線索來源！

藉由關注離群值，也許會發現資料分層的觀點。
需要用宏觀的角度來看待資料！

注意偽相關（假性相關）！

懷疑存在假性相關時，有必要建立關於控制變項的假設，求取淨相關係數並加以驗證。

列在收集與分析範圍內的資料愈多愈好！

為了檢驗資料分層，從資料收集階段就應以複數的變量為對象。可做為控制變項加以運用的資料若為複數，就能夠進行各式各樣的檢證，進一步理解資料！

經驗或直覺也是重要的「工具」！

經驗或直覺也是重要的「工具」！為了在檢視統計資料時，能夠以寬廣視野與多元觀點看待數字，直覺以及能夠培養直覺的豐富業務經驗等也是非常重要的喔！

由符號解讀相關係數的公式

$r = \dfrac{\frac{1}{n}\sum_{i=1}^{n}(x_i - \bar{x})(y_i - \bar{y})}{\sqrt{\frac{1}{n}\sum_{i=1}^{n}(x_i - \bar{x})^2}\sqrt{\frac{1}{n}\sum_{i=1}^{n}(y_i - \bar{y})^2}}$
檢視資料的時候應該注意的要點也知道了，這樣一來……！
就是這股幹勁！那麼這個公式知道是…
…什麼嗎？
R等於x_i減掉$\bar{x}$…括號…
眼冒金星
哎呀——…
果然突然把公式拿出來還是不行啊……
$r = \dfrac{\frac{1}{n}\sum_{i=1}^{n}(x_i - \bar{x})(y_i - \bar{y})}{\sqrt{\frac{1}{n}\sum_{i=1}^{n}(x_i - \bar{x})^2}\sqrt{\frac{1}{n}\sum_{i=1}^{n}(y_i - \bar{y})^2}} = \dfrac{\text{共變異數}}{x\text{的標準差} \times y\text{的標準差}}$
其實這個公式所代表的就是相關係數，
相關係數就不用說了…
一樣!!
目前學到的所有內容全部都可以用公式來表示喔！

例如標準差，
標準差＝
$\sqrt{\frac{1}{n}\sum_{i=1}^{n}\left(x_i-\overline{x}\right)^2}$
可以用這個公式來表示。
而共變異數……
共變異數＝
$\frac{1}{n}\sum_{i=1}^{n}\left(x_i-\overline{x}\right)\left(y_i-\overline{y}\right)$
能夠以這個公式來表示喔。
健太，這個Σ符號……還記得嗎？高中數學應該有出現過，
以這個符號為中心，我們來解讀公式吧！
Σ
哇哇哇……
……這個記號一出來，突然那種討厭數學的感覺又浮現了……沒問題吧……

關鍵字

以公式表示

解讀統計學的算式

試著利用「符號」來表現公式吧

這是剛剛的公式，一下子看到整個算式，覺得一頭霧水吧！
$r=\dfrac{\frac{1}{n}\sum_{i=1}^{n}(x_i-\bar{x})(y_i-\bar{y})}{\sqrt{\frac{1}{n}\sum_{i=1}^{n}(x_i-\bar{x})^2}\sqrt{\frac{1}{n}\sum_{i=1}^{n}(y_i-\bar{y})^2}}$
是的……這不可能啊……看到一大堆算式是不行的！
會出現抗拒反應，反而不想思考……！
也是……不過就算是這麼複雜的算式，一一分析其中的組成
思考其中意義的話也會變得容易理解喔！
首先從這裡開始！
先看過細部組成之後，再回到整個算式。
我們先從括號中的 x_i 減 $\bar{x}$ 開始看起吧！
只要記得算式裡的符號所代表的意義，
之後只要跟著算式代入資料數值即可，不用想的太困難喔！
公式什麼的一點都不可怕……！麻煩您了！

「解讀」相關係數的計算公式

本書在至今為止的標準差、共變異數與相關係數等，都盡量以不使用數學符號的方式加以說明。因為統計學＝公式＝符號的刻板印象，築起了「困難」、「記不起來」與「太專門」的障礙，讓許多人難以踏出學習統計學的第一步。但是，以目前所學的內容已經能夠深入統計學世界第二步、第三步了。讓我們一邊回顧至今所學，一邊來學習「統計學的算式」吧！將「已經學到的東西」以符號來表達，便是公式。

而數學符號則是說明「已經學到的東西」時的便利工具。請看左側相關係數 r 的計算公式。因為「相關係數」是由兩組資料計算而來，經常是以「（什麼）與（什麼）的相關係數」的說法來呈現。這兩組資料分別是圖表上 x 軸與 y 軸的數值，因此以 x 與 y 為代表符號。而共變異數也同樣是「x 與 y 的共變異數」。另一方面，標準差是「（什麼）的」與某一組資料的分析數值，因此是以「x 的標準差」、「y 的標準差」的方式來表現。

■複習相關係數的計算公式

試著由以下的資料來求取「x 與 y 的相關係數」吧。

DATA		
ID	x	y
1	x_1	y_1
2	x_2	y_2
3	x_3	y_3
4	x_4	y_4
⋮	⋮	⋮
n	x_n	y_n

x為「身高」、y為「體重」，因此是計算「身高與體重的相關係數」喔！
「n」則是表示資料個數時所使用的記號！

相關係數（r）

↓

$$\frac{x\text{與}y\text{的共變異數}}{x\text{的標準差}\times y\text{的標準差}}$$

↓

$$r=\frac{\frac{1}{n}\sum_{i=1}^{n}(x_i-\bar{x})(y_i-\bar{y})}{\sqrt{\frac{1}{n}\sum_{i=1}^{n}(x_i-\bar{x})^2}\sqrt{\frac{1}{n}\sum_{i=1}^{n}(y_i-\bar{y})^2}}$$

相關係數的計算公式原來是這樣啊。用了數學符號看起來就變得很複雜……

公式並不「複雜」，而是將「什麼」以「何種」方式計算的說明。在這裡不要去想如何「記憶」公式，而是要學習如何「解讀」算式喔！

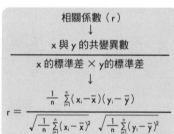

要習慣「Σ（sigma）」！

「Σ（sigma）」的符號在這裡首次登場。希臘字母中的「Σ」相當於英文字母中的「s」。「s」是「summation（加法）」的第一個字母，換言之，**「Σ」代表「執行加總」的意思**。

「$\bar{x}$」的讀法為「x bar」，指的是「x 的平均值」。

相關係數（r）
↓

$$\frac{\text{與 y 的共變異數}}{\text{x 的標準差} \times \text{y 的標準差}}$$

$$r = \frac{\frac{1}{n}\sum_{i=1}^{n}(x_i - \bar{x})(y_i - \bar{y})}{\sqrt{\frac{1}{n}\sum_{i=1}^{n}(x_i - \bar{x})^2}\ \sqrt{\frac{1}{n}\sum_{i=1}^{n}(y_i - \bar{y})^2}}$$

「$\frac{1}{n}\Sigma$」是將 Σ 加總後的結果，除以資料個數（n）的意思喔！

$\bar{x}$（x bar）…x 的平均值
n…資料個數
x_i…x 的第 i 個資料

$\bar{y}$（y bar）…y 的平均值
n 分之一…除以資料個數
y_i…y 的第 i 個資料

上下都有標註的符號，乍看之下不知道是什麼意思。

$$\sum_{i=1}^{n}$$

覺得最難的，果然還是 Σ 這個記號嗎？

「Σ」底下的「i」是公式中「x_i」與「y_i」的「i」。「Σ」之上的「n」則是資料的個數。這個符號所代表的意義是「依序由第一個到第 n 個（資料個數）代入公式中加總」。

$$\sum_{i=1}^{n}(x_i - \bar{x})^2$$

由第一個數值到第 n 個數值，依序將 x 的值減去 x 的平均值後再加以平方並加總……。啊，我看懂公式符號的意思了！

那麼，這個公式該怎麼解讀才好呢？

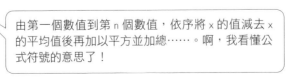

解讀標準差的公式

x 的標準差 $\sqrt{\frac{1}{n}\sum_{i=1}^{n}(x_i-\bar{x})^2}$

那麼，我們來看看分母中求取「x 的標準差」的公式吧。也可以一邊對照 112 頁的說明喔！

$\sqrt{\frac{1}{n}\sum_{i=1}^{n}(x_i-\boxed{\bar{x}})^2}$

①**「求取 x 的平均值」**……將 x_i 至 x_n 的合計數除以資料個數「n」。

$\sqrt{\frac{1}{n}\sum_{i=1}^{n}(\boxed{x_i-\bar{x}})^2}$

②**「求取 x_i 的偏差」**……由 x_i 減去「x 的平均值」所得出的數值。

$\sqrt{\frac{1}{n}\sum_{i=1}^{n}\boxed{(x_i-\bar{x})^2}}$

③**「求取 x_i 的偏差平方」**……經平方之後，所有的數值都會變成正數。

$\sqrt{\frac{1}{n}\boxed{\sum_{i=1}^{n}(x_i-\bar{x})^2}}$

④**「求取 x 的偏差平方和」**……將 x_i 至 x_n 的偏差平方「加總 Σ」合計。

$\sqrt{\boxed{\frac{1}{n}\sum_{i=1}^{n}(x_i-\bar{x})^2}}$

⑤**「求取 x 的變異數」**……將 x 的偏差平方和除以資料資料個數「n」。

$\boxed{\sqrt{\frac{1}{n}\sum_{i=1}^{n}(x_i-\bar{x})^2}}$

⑥**「求取 x 的標準差」**……標準差為變異數的平方根，因此加上開根號的符號√‾。

剛看到的時候覺得頭昏眼花，但經「解讀」之後，其實都是我們已經知道的內容耶！

光是這樣就能夠確實理解統計學的基本原則喔。
也用同樣的方式來解讀「y 的標準差」的計算公式吧！

y 的標準差 $\sqrt{\frac{1}{n}\sum_{i=1}^{n}(y_i-\bar{y})^2}$

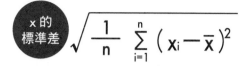

解讀共變異數的算式

x與y的共變異數 $\frac{1}{n}\sum_{i=1}^{n}(x_i-\bar{x})(y_i-\bar{y})$

同樣地，我們接下來解讀分子的「x與y的共變異數」算式吧！

$$\frac{1}{n}\sum_{i=1}^{n}(x_i-\boxed{\bar{x}})(y_i-\boxed{\bar{y}})$$

① **「求取x的平均值」**……將 x_i 至 x_n 的合計數除以資料個數「n」所得出的數值。「y的平均值」也以相同的方式計算。

$$\frac{1}{n}\sum_{i=1}^{n}\boxed{(x_i-\bar{x})}\boxed{(y_i-\bar{y})}$$

② **「求取 x_i 的偏差」**……由 x_i 減去「x的平均值」所得出的數值。「y_i 的偏差」也以相同的方式計算。

$$\frac{1}{n}\sum_{i=1}^{n}\boxed{(x_i-\bar{x})(y_i-\bar{y})}$$

③ **「求取 x_i 與 y_i 的偏差乘積」**……將同樣「i」值的x與y的偏差相乘。

$$\frac{1}{n}\boxed{\sum_{i=1}^{n}(x_i-\bar{x})(y_i-\bar{y})}$$

④ **「求取x與y的偏差乘積和」**……自 x_i 至 x_n、自 y_i 至 y_n 的偏差乘積和「加總Σ」合計。

$$\boxed{\frac{1}{n}\sum_{i=1}^{n}(x_i-\bar{x})(y_i-\bar{y})}$$

⑤ **「求取x與y的共變異數」**……將x與y的偏差乘積和除以資料個數「n」所得出的數值。

不但不是困難的算式，反而會覺得是「詳細的說明」呢！

相關係數（r）

↓

$$\frac{\text{x與y的共變異數}}{\text{x的標準差} \times \text{y的標準差}}$$

$$r=\frac{\frac{1}{n}\sum_{i=1}^{n}(x_i-\bar{x})(y_i-\bar{y})}{\sqrt{\frac{1}{n}\sum_{i=1}^{n}(x_i-\bar{x})^2}\sqrt{\frac{1}{n}\sum_{i=1}^{n}(y_i-\bar{y})^2}}$$

重新再看一次相關係數的公式吧！印象是不是改變了呢？

■把算式全部寫出來的話……

x與y的共變異數

$$\frac{1}{n}\sum_{i=1}^{n}(x_i-\bar{x})(y_i-\bar{y})=$$

若 n = 10 時

$$\{(x_1-\bar{x})(y_1-\bar{y})+(x_2-\bar{x})(y_2-\bar{y})$$
$$+(x_3-\bar{x})(y_3-\bar{y})+(x_4-\bar{x})(y_4-\bar{y})$$
$$+(x_5-\bar{x})(y_5-\bar{y})+(x_6-\bar{x})(y_6-\bar{y})$$
$$+(x_7-\bar{x})(y_7-\bar{y})+(x_8-\bar{x})(y_8-\bar{y})$$
$$+(x_9-\bar{x})(y_9-\bar{y})+(x_{10}-\bar{x})(y_{10}-\bar{y})\}$$

$$\div 10$$

＝x與y的共變異數

n個資料的計算內容是龐大的重複過程。在表示數值經過何種計算過程時，算式是非常方便的！

統計的算式不是用來「背誦」而是要「使用」

本書所學的統計學的分析方法，皆是基本且經常用於日常切身事物分析上的。而將這些手法以算式表示，代入數字就能夠求取想要知道的數值結果。

在背後支撐這些算式基礎的統計學非常困難。此外，算式中四則運算若按照資料個數全部寫出的話，會如同上方所示變得極為冗長。但是透過利用「Σ」符號，可以簡單易懂地說明算式內容。為此，**將公式視為讓任何人都可使用統計學手法的工具**，無須背誦記憶，而是**代入必要的數字，就能將求得的分析結果向他人說明與分享**。

其實至今所學的相關係數，都可以利用Excel簡單地算出答案。接下來我們就來學習如何使用Excel計算相關係數！

利用 Excel 函數求出相關係數

如果將相關係數的公式一一拆解檢視的話，就不需要焦慮囉！
沒問題……和美小姐這麼說的話，就沒問題的……！
而且，相關也可以
用 Excel 來應用喔！
利用 Excel 可以藉由函數導出資料中的資訊，
若能夠理解每一個函數與算式所代表的含意的話，
在使用 Excel 時也能更得心應手！

Excel是上班族的
必備技能……
我會成為Exce達人的！
就是這個氣勢！
有不懂的地方
再跟我說唷。
數日後……午休時間
好！
總算慢慢搞懂
算式的意思了！
資料分析部的涉谷經理
不但聰明，人也漂亮哪！
待在資料分析部這種不起眼
的部門，未免太可惜了吧！
……那個我們這些業務部
的老鳥當然知道，

涉谷經理過去可是我們業務部的紅人喔……
但她卻突然成立了資料分析部……
雖然那是她本人的意願，但對業務部來說卻很令人惋惜啊……
甚至主動協助成立資料分析部……和美小姐為什麼……
休息時間結束了，和美小姐，
那個……我有事情想請教您……
不在位子上嗎……
咦？
這個便條……是和美小姐的筆跡……
移…
$\sum_{r=1}^{365}(1.01)^r$
這是，我的信念。

這是算式吧……
這是我的信念……？
和美小姐的想法……
現在雖然完全不明白……但向和美小姐詢問的話，
$\sum_{r=1}^{365}(1.01)^r$
這是，我的信念。
應該就能解開這個算式……
如此一來就能夠解讀和美小姐的「信念」了……！
辛苦了，健太，有什麼事嗎？
咦沒…沒什麼……啊！這個想請您過目！
和美小姐之所以調到資料分析部的理由，
我要靠自己解開！
我用Excel畫了圖表!!
欸——！讓我看看!!
讚
Refresh人事異動大成功！

關鍵字

使用 Excel

理解算式所代表的意義後，計算就交給 Excel

Excel 函數與計算步驟

Σ 的計算用 Excel 處理

為了求取相關係數，必須要按照「x」與「y」的資料個數重複計算過程。但若資料個數眾多，要依靠手算是非常困難的。以下介紹如何利用 Excel 處理相關係數計算的方法。

若知道可以立刻求出標準差、共變異數或相關係數的方法，除了能確實感受到便利性，也能夠同時複習至今所學的內容。為了理解「**Excel 函數**」的使用方法，我們按照相關係數算式的順序來進行吧（參見 143～147 頁）。

在練習中，我們使用資料個數為十個的群組。首先，在工作表（worksheet）上方的儲存格中輸入資料的名稱（標籤），在縱向欄中輸入資料（橫向稱為「列」）。請務必記得輸入資料的單位。

■將求取相關係數的兩組資料（變量）輸入 Excel

到車站所需時間與租金

資料編號	1	2	3	4	5	6	7	8	9	10
所需時間（分）	3	5	6	7	7	8	10	12	15	17
租金（萬日圓）	12.2	11.3	11.5	9.8	10.4	9.5	8.8	8.7	8.2	7.6

標籤

	A	B	C
1	資料編號	所需時間（分）	
2	1	3	
3	2	5	
4	3	6	
5	4	7	
6	5	7	
7	6	8	
8	7	10	
9	8	12	
10	9	15	
11	10	17	
12	合計		

列

欄

接下來將實際使用 Excel 來求取相關係數。首先計算「x（所需時間）」。先在資料名稱列中輸入「資料編號」與「所需時間（分）」做好準備。

■使用 Excel 函數計算「合計」與「平均」

「所需時間」的標籤和資料輸入完後，記住算式的基本步驟，將合計與平均值算出來吧！

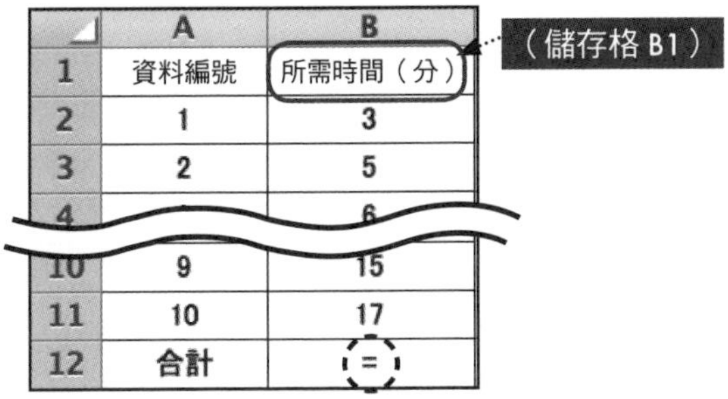

①輸入計算指令

在使用 Excel 函數進行算式計算時，一定要先輸入「＝」等號。「＝」代表「輸入算式」之意。資料輸入格式為半形英數。在指定的儲存格中輸入「＝」，接著輸入函數與儲存格位址以求取計算結果。

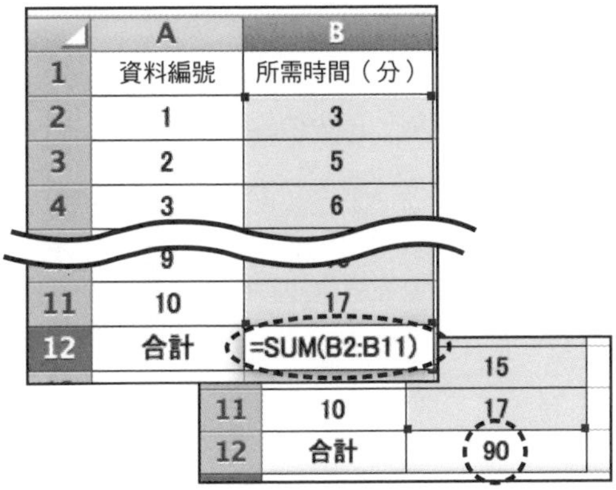

②求取合計數

在儲存格「B12」中輸入「＝」之後，輸入加法指令「SUM」。「SUM」是英文「summation（加法）」的簡稱，與「Σ」相同，代表「執行加法＝合計」之意。想要合計加總的資料位址是「所需時間」資料編號一號到十號的資料，因此輸入「（B2：B11）」。輸入完成後按下執行「【enter】鍵」，便會顯示計算結果「90」。

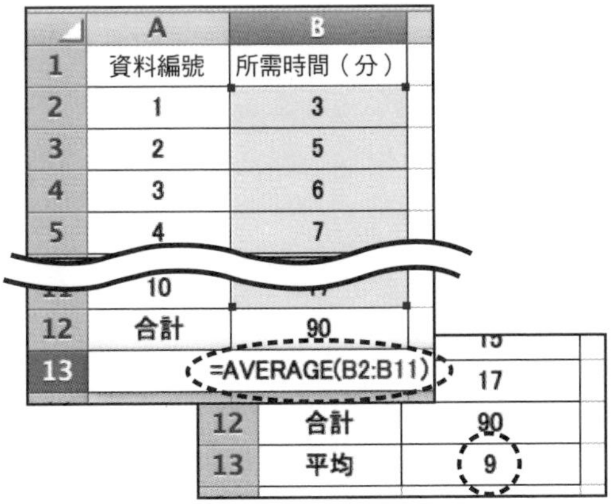

③求取平均值

「平均」雖然可以用除法符號「／」，輸入「＝SUM（B2：B11）/10」，但在這裡我們用用看 Excel 的「AVERAGE」函數吧！在儲存格 A13 輸入「平均」的名稱標籤，儲存格 B13 輸入「＝AVERAGE（B2：B11）」。按下執行，便會顯示計算結果「9」。

小筆記　average 原意雖為「代表值」，但在 Excel 函數中指的是「平均值」。

■使用 Excel 函數求取「標準差」

算出「所需時間」的合計數與平均值之後，接下來將計算標準差。
在儲存格「C1」中鍵入「所需時間的偏差（分）」的標籤。

①求取「所需時間」的偏差

	A	B	C
1	資料編號	所需時間（分）	所需時間的偏差（分）
2	1	3	=B2-B13
3	2	5	
4	3	6	
5	4		
6	5		
7	6		
8	7		

	A	B	C
1	資料編號	所需時間（分）	所需時間的偏差（分）
2	1	3	−6
3	2	5	
4	3	6	

▼

	A	B	C
1	資料編號	所需時間（分）	所需時間的偏差（分）
2	1	3	−6
3	2	5	−4
4	3	6	−3
5	4	7	−2
6	5	7	−2
7	6	8	−1
8	7	10	1
9	8	12	3
10	9	15	6
11	10	17	8

在儲存格「C2」輸入「＝ B2 － B13」，計算編號一號的資料的偏差。接下來在選擇儲存格「C2」的狀態下點選儲存格右下角的「■」，將選取資料的範圍拖曳至儲存格「C11」（自動填滿，auto fill option），求取其他資料的偏差。

利用貨幣符號「$」建立固定儲存格位址（絕對參照）

因為偏差為「資料值－平均」，所以在儲存格「C2」輸入「＝ B2 － B13」也能夠計算出來。但是，上列輸入的內容若經複製貼上或使用上列的自動填滿功能，則會依次變成「＝ B3 － B14」「＝ B4 － B15」「＝ B5 － B16」……，意即算式會受到左側儲存格的影響。為了要讓在儲存格「C2」所輸入的內容可以沿用至儲存格「C11」，在儲存格的欄與列之前加上貨幣符號「$」，該數值便不會受到左側儲存格的影響，能夠以複製貼上、或是自動填滿的方式填入其他的儲存格。

②算出所需時間的標準差

	A	B	C	D
1	資料編號	所需時間（分）	所需時間的偏差（分）	所需時間的偏差平方
2	1	3	−6	36
3	2	5	−4	16
4	3	6	−3	9
5	4	7	−2	4
6	5	7	−2	4
7	6	8	−1	1
8	7	10	1	1
9	8	12	3	9
10	9	15	6	36
11	10	17	8	64
12	合計	90	0	180
13	平均	9	0	18
14	標準差			4.242640687

偏差平方為偏差與自身相乘的乘積。次方的符號是「^（hat）」，因此在儲存格「D2」輸入**「＝ C2^2」**。從編號二的資料儲存格複製貼上，填滿至編號十的資料儲存格，也可以利用自動填滿功能來計算。

「偏差平方和」為 D 欄的合計數。利用**「SUM」**係數，在儲存格「D12」輸入**「＝ SUM（D2：D11）」**。

「偏差平方」的平均即為「變異數」。
輸入**「＝ AVERAGE（D2：D11）」**。

「變異數」開根號√￣之後即為「標準差」。使用√￣的函數**「SQRT」**，輸入**「＝ SQRT（D13）」**。「SQRT」即為「平方根√￣」（square root）之意。

結合所需時間與租金的儲存格

複習 153 ～ 154 頁所學，算出「租金（萬日圓）」的偏差與標準差，進行計算共變異數的準備。

①計算租金的偏差與標準差

	A	B	C	D
1	資料編號	租金（萬日圓）	租金的偏差（萬日圓）	租金的偏差平方
2	1	12.2	2.4 ③	5.76 ④
3	2	11.3	1.5	2.25
4	3	11.5	1.7	2.89
5	4	9.8	0	0
6	5	10.4	0.6	0.36
7	6	9.5	−0.3	0.09
8	7	8.8	−1	1
9	8	8.7	−1.1	1.21
10	9	8.2	−1.6	2.56
11	10	7.6	−2.2	4.84
12	合計	98 ①	0	20.96 ⑤
13	平均	9.8 ②	0	2.096 ⑥
14	標準差			1.447756886 ⑦

①租金合計數
=SUM（B2：B11）

②租金平均值
=AVERAGE（B2：B11）

③租金的偏差
=B2− B13

④租金的偏差平方
=C2^2

⑤租金的偏差平方和
=SUM（D2：D11）

⑥租金的變異數
=AVERAGE（D2：D11）

⑦租金的標準差
=SQRT（D13）

接下來要計算「共變異數」。為此在同一張工作表中彙整「所需時間」與「租金」各自的「偏差」欄，並準備「偏差乘積和」的標籤。

②準備計算共變異數的工作表

	A	B	C	D	E	F
1	資料編號	所需時間（分）	租金（萬日圓）	所需時間的偏差（分）	租金的偏差（萬日圓）	偏差乘積和（所需時間的偏差 × 租金的偏差）
2	1	3	12.2	−6	2.4	
3	2	5	11.3	−4	1.5	
4	3	6	11.5	−3	1.7	
5	4	7	9.8	−2	0	
6	5	7	10.4	−2	0.6	
7	6	8	9.5	−1	−0.3	
8	7	10	8.8	1	−1	
9	8	12	8.7	3	−1.1	
10	9	15	8.2	6	−1.6	
11	10	17	7.6	8	−2.2	
12	合計	90	98	0	0	
13	平均	9	9.8	0	0	

■使用 Excel 函數求出「共變異數」

我們將以 155 頁所編製的工作表來求取共變異數。
請參照本頁右下方的文字方塊，將數字或函數鍵入工作表中吧！

	A	B	C	D	E	F
1	資料編號	所需時間（分）	租金（萬日圓）	所需時間的偏差（分）	租金的偏差（萬日圓）	偏差乘積和（所需時間的偏差 × 租金的偏差）
2	1	3	12.2	−6 ⑤	2.4 ⑥	−14.4 ⑦
3	2	5	11.3	−4	1.5	−6
4	3	6	11.5	−3	1.7	−5.1
5	4	7	9.8	−2	0	0
6	5	7	10.4	−2	0.6	−1.2
7	6	8	9.5	−1	−0.3	0.3
8	7	10	8.8	1	−1	−1
9	8	12	8.7	3	−1.1	−3.3
10	9	15	8.2	6	−1.6	−9.6
11	10	17	7.6	8	−2.2	−17.6
12	合計	90 ①	98 ③	0	0	−57.9 ⑧
13	平均	9 ②	9.8 ④	0	0	−5.79 ⑨

在步驟⑦「＝D2*E2」所使用的「*」為「×（乘法）」的符號喔。

計算相關係數所需要的數值為

$$\text{相關係數 } r = \frac{x\text{ 與 }y\text{ 的共變異數}}{x\text{ 的標準差} \times y\text{ 的標準差}}$$

終於要用 Excel 算出相關係數的數值囉！

①所需時間合計數
=SUM（B2：B11）

②所需時間平均值
=AVERAGE（B2：B11）

③租金合計數
=SUM（C2：C11）

④租金平均值
=AVERAGE（C2：C11）

⑤所需時間的偏差
=B2－ B13

⑥租金的偏差
=C2－ C13

⑦偏差乘積（所需時間偏差 × 租金偏差）
=D2*E2

⑧偏差乘積和
=SUM（F2：F11）

⑨共變異數
=AVERAGE（F2：F11）

使用 Excel 函數求出「相關係數」

終於要求取相關係數了！製作資料標籤，輸入「所需時間」和「租金」的標準差與共變異數吧。

①輸入標準差

	A	B
1	所需時間的標準差	4.242640687
2	租金的標準差	1.447756886
3	所需時間與租金的共變異數	
4	所需時間與租金的相關係數	
5		

輸入所需時間與租金的標準差。將在 154 ～ 155 頁所算出的數值複製貼上的話，會出現之前輸入的算式而非數值。要記得在「選擇性貼上」選單中以「值」的形式貼上。

②輸入共變異數

	A	B
1	所需時間的標準差	4.242640687
2	租金的標準差	1.447756886
3	所需時間與租金的共變異數	−5.79
4	所需時間與租金的相關係數	
5		

接下來輸入共變異數，與標準差相同，若是想用 156 頁算出的結果直接複製貼上的話，要以「選擇性貼上」中的「值」來執行。

③得出相關係數

	A	B
1	所需時間的標準差	4.242640687
2	租金的標準差	1.447756886
3	所需時間與租金的共變異數	−5.79
4	所需時間與租金的相關係數	=B3/(B1*B2)
5		

	A	B
3	所需時間與租金的共變異數	−5.79
4	所需時間與租金的相關係數	−0.94264175
5		

在儲存格 B4 中輸入「 = B3/(B1*B2)」。此處的計算是下達「B3（共變異數）」÷｛「B1（所需時間的標準差）」×「B2（租金的標準差）」｝的指令。

耶！
終於用 Excel 算出相關係數囉！

■使用「Excel」製作散布圖

使用一開始所編製的「所需時間」與「租金」的工作表，還能以 Excel 製作散布圖喔！
此處將介紹最簡單的散布圖繪製方式。

①指定希望繪製散布圖的資料範圍

	A	B	C
1	資料編號	所需時間（分）	租金（萬日圓）
2	1	3	12.2
3	2	5	11,3
4	3	6	11.5
5	4	7	9.8
6	5	7	10.4
7	6	8	9.5
8	7	10	8.8
9	8	12	8.7
10	9	15	8.2
11	10	17	7.6

指定儲存格「B2」至「C11」為圖表資料範圍。如此就能反映出所需時間的資料一號至十號，以及租金的資料一號至十號的散布圖。

*因電腦的作業系統或Excel的版本不同，操作方式可能也會有所不同。

按照本來的作業流程，在求出相關係數之前要先繪製散布圖。之前我們教過大家不能只看數值，要檢視散布圖喔！

②點選圖表功能中的「散布圖」

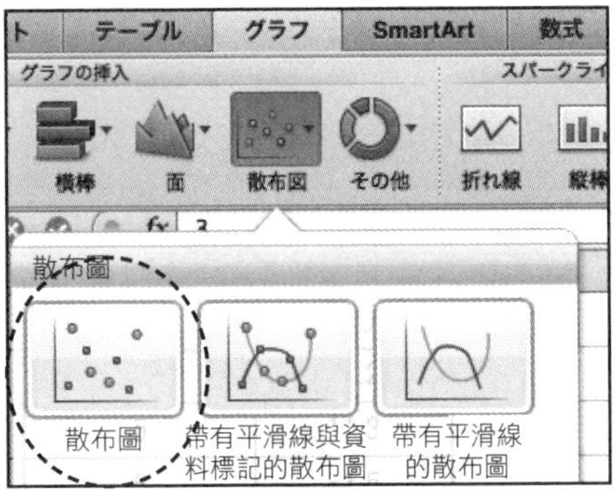
テーブル
グラフ
SmartArt
数式
グラフの挿入
スパークライ
横棒
面
散布図
その他
折れ線
散布圖
散布圖
帶有平滑線與資料標記的散布圖
帶有平滑線的散布圖

從「圖表」功能中選擇「散布圖」，在工作表上繪製指定資料範圍的散布圖。

左側（B欄）資料為「x軸」，右側（C欄）資料為「y軸」喔！

▼

	A	B	C
1	資料編號	所需時間（分）	租金（萬日圓）
2	1	3	12.2
3	2	5	11.3
4	3	6	11.5
5	4	7	9.8
6	5	7	10.4
7	6	8	9.5
8	7	10	8.8
9	8	12	8.7
10	9	15	8.2
11	10	17	7.6

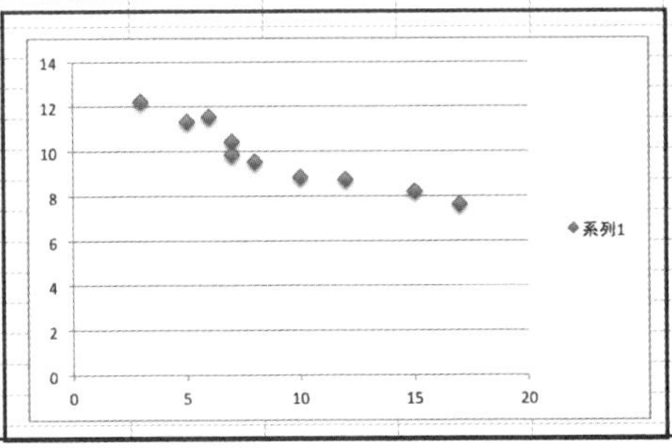
14
12
10
8
6
4
2
0
0
5
10
15
20
系列1

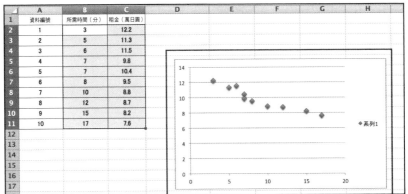

＼試試看！／

若利用 Excel 函數，複雜的計算式也可一次搞定！

到目前為止都是與相關係數一起複習，從偏差開始依序利用 Excel 執行計算。由於運用「Excel 函數」可由原始資料直接算出標準差、共變異數與相關係數，因此最後在這裡加以介紹。

求取標準差的「STDEV.P」函數

	A	B	C
1	資料編號	所需時間（分）	
2	1	3	
3	2	5	
4	3	6	
5	4	7	
6	5	7	
7	6	8	
8	7	10	
9	8	12	
10	9	15	
11	10	17	
12	標準差	=STDEV.P(B2:B11)	

11	10	17	
12	標準差	4.242640687	

要計算「所需時間（分）」的資料 1～10的標準差，在儲存格「B12」輸入「＝STDEV.P（B2：B11）」。

求取共變異數的「COVARIANCE.P」函數

	A	B	C	D
1	資料編號	所需時間（分）	租金（萬日圓）	
2	1	3	12.2	
3	2	5	11.3	
4	3	6	11.5	
5	4	7	9.8	
6	5	7	10.4	
7	6	8	9.5	
8	7	10	8.8	
9	8	12	8.7	
10	9	15	8.2	
11	10	17	7.6	
12	共變異數		=COVARIANCE.P(B2:B11,C2:C11)	

10	9	15	8.2	
11	10	17	7.6	
12	共變異數		-5.79	

指定計算範圍為儲存格「B2」至「C11」，在儲存格「C12」輸入「＝COVARIANCE.P（B2：B11，C2：C11）」。

求取相關係數的「CORREL」函數

輸入「CORREL」函數「＝CORREL（B2：B11，C2：C11）」，即可算出相關係數。只要指定 Excel 函數與計算儲存格範圍，就可以執行複雜的統計計算。

	A	B	C	D
1	資料編號	所需時間（分）	租金（萬日圓）	
2	1	3	12.2	
3	2	5	11.3	
4	3	6	11.5	
5	4	7	9.8	
6	5	7	10.4	
7	6	8	9.5	
8	7	10	8.8	
9	8	12	8.7	
10	9	15	8.2	
11	10	17	7.6	
12	相關係數		=CORREL(B2:B11,C2:C11)	
13				

11	10	17	7.6	
12	相關係數		-0.9426418	
13				

Excel 函數中有「STDEV.P」、「STDEV」和「STDEV.S」，該如何從中選擇使用呢？

此處計算標準差，記得要使用「STDEV.P」。
「STDEV」是計算其他指標時所使用的函數喔（※）！

※ 共變異數「COVARIANCE.P」與標準差「STDEV.P」等函數，分為結尾有「P」及未有「P」者。此差異是表示以在第三章學到的「母群體（population）」或「樣本」中的何者為分析對象。第二章是用「以所有的資料為分析對象（以母群體為分析對象）」為前提來學習統計學，故使用以「P」結尾的 Excel 函數。

進入第三章前的第二章總整理

理解統計學的「手法」，活用 Excel！

第三章我們將踏足「推論統計學」此一與至今所學內容不同手法的統計學領域。接下來的**數學計算**，在實際的統計分析上，會使用 Excel 或其他相關統計軟體來執行。但是，是否理解其邏輯架構與背景，資料或簡報的完成度也會大不相同。雖然步伐尚小，但我們扎實地朝著統計學邁步前進。請確實複習第二章，為後續章節做好準備。

●統計學不是魔法工具

愈了解統計學，應該愈知道統計學不是讓人通曉萬物的魔法工具吧？

即便知道「相關」的「正負」或「強弱」，也不見得能明白其「原因」這點我確實理解了。

整理並分析資料，呈現出藉由資料特徵所掌握到的資訊，這是利用統計學的理由之一。為此必須要蒐集各式資料。不排除「離群值」而是要加以留意這一點也很重要！

●統計學的算式不是該背誦記憶的對象

果然算式一出現就會喚醒所謂不擅數學的記憶吧。
不過，習慣之後便知道，對於算式無須記憶背誦，而是要加以「解讀」。統計學是提供任何人都能易於使用手法的一門學問。令人意外地，其內容很容易親近的喔。

第二章所出現的算式不需記憶背誦，但要「讀懂其意」！

相關係數公式（p115）

$$\text{相關係數}\, r = \frac{x\text{ 與 }y\text{ 的共變異數}}{x\text{ 的標準差} \times y\text{ 的標準差}}$$

標準差公式（p145）

$$\sqrt{\frac{1}{n}\sum_{i=1}^{n}(x_i - \bar{x})^2}$$

「標準差」是將「偏差平方和」除以資料個數，再開平方根所得出的數值

共變異數公式（p146）

$$\frac{1}{n}\sum_{i=1}^{n}(x_i - \bar{x})(y_i - \bar{y})$$

共變異數是將「偏差乘積和」除以資料個數所得出的數值

第3章

運用機率的統計學入口

本章處理的是利用手邊資料推測整體特徵，以機率下判斷的統計學。

請各位記得，所謂的分析結果，不是結論，而僅僅是討論素材之一。

學習「推論統計學」的基礎！

廣告設計 A 案、B 案，哪一個才是最佳方案？

哈哈哈 全是些荒唐的鬼點子啊，健太！
才不是呢，文典！這可是以相關係數為基礎……
哎呀—
哈哈哈 年輕人自由闊達的辯論…真是令人羨慕的職場風氣啊！
大企業客戶
松平董事
啊……松平董事！久疏問候……！
嗨！剛好今天來跟貴公司的經理人們，開會討論在郊區新開的連鎖店廣告設計方案。
A 案
B 案
雖然大家有共識應該是A案比較好，但其實還在猶豫啊！
說到這裡，聽說你們業務部與資料分析部的調查能力非常優秀，
欸!?
貴公司的社長可是很得意哪！務必要讓我聽聽你們的意見，願意幫忙嗎？

包在我們身上！業務部會全力以赴的！
咻
馬上去附近的店家做問卷調查！
哈哈哈哈哈哈
真有精神啊
那……和美小姐，怎麼辦……？
當然，我們資料分析部也會竭盡所能為您效勞的，松平董事。
感謝！不過……資料分析部會怎麼進行調查呢？
嗯……文典的問卷調查固然不可或缺，
「思考A或B何者為佳」這件事，
一般稱為「A／B」測試，對吧？
「A／B測試」

「A／B測試」的判斷基準是使用統計學中更為客觀的「機率」，此手法稱為「假設檢定」。
「A／B測試」的判斷基準
· 問卷統計結果
· 成本(時間或金錢等)
⋮
· 假設檢定（獨立性檢定）
「B案」
「A案」
這次我們將使用其中的「獨立性檢定」來做判斷。
接下來針對假設檢定進行說明唷。
此處所使用的假設檢定，是反證法與機率的結合體。
反證法＋機率＝假設檢定
反證法……就是先假設與想證明之事相反的命題，論證是否存在矛盾的判斷方法吧？
正如您所說！
健太，我們用丟銅板的例子來簡單說明喔。
嗯—？
B君跟A君提議「要不要用我準備的銅板來擲銅板打賭」，遊戲規則為：如果是正面，「B君給A君兩萬日圓」，如果是反面，「A君給B君一萬日圓」。
A
B
A君覺得這對自己當然有利，答應要玩。沒想到結果銅板連續出了六次反面。
反 一萬
反 一萬
反 × 六次
＝六萬日圓
A
B
不好意思…

1 2 3 4 5 6
反
正
第一回合
第二回合
第三回合
銅板是B君準備的，連擲的話若有兩三次出現同一面並不奇怪，但連續六次的話會怎麼想？
這顯然有問題……
要是我會覺得銅板被動了手腳。
確實，要是考慮到A君的心情，就會這麼想吧！
不過以「出老千」為前提進行討論是很困難的，這裡重要的是「讓討論能夠繼續」，
假設A君也是這麼想的。
了不起呢—
重要的是，能否使用機率來計算所發生的事情。
正 1/2 反 1/2
假設兩面出現的機率一樣…
A
以這個例子來說，重點是假設銅板沒有問題，且正面與反面出現的機率一樣。
咦!? 假設銅板沒有被動手腳？

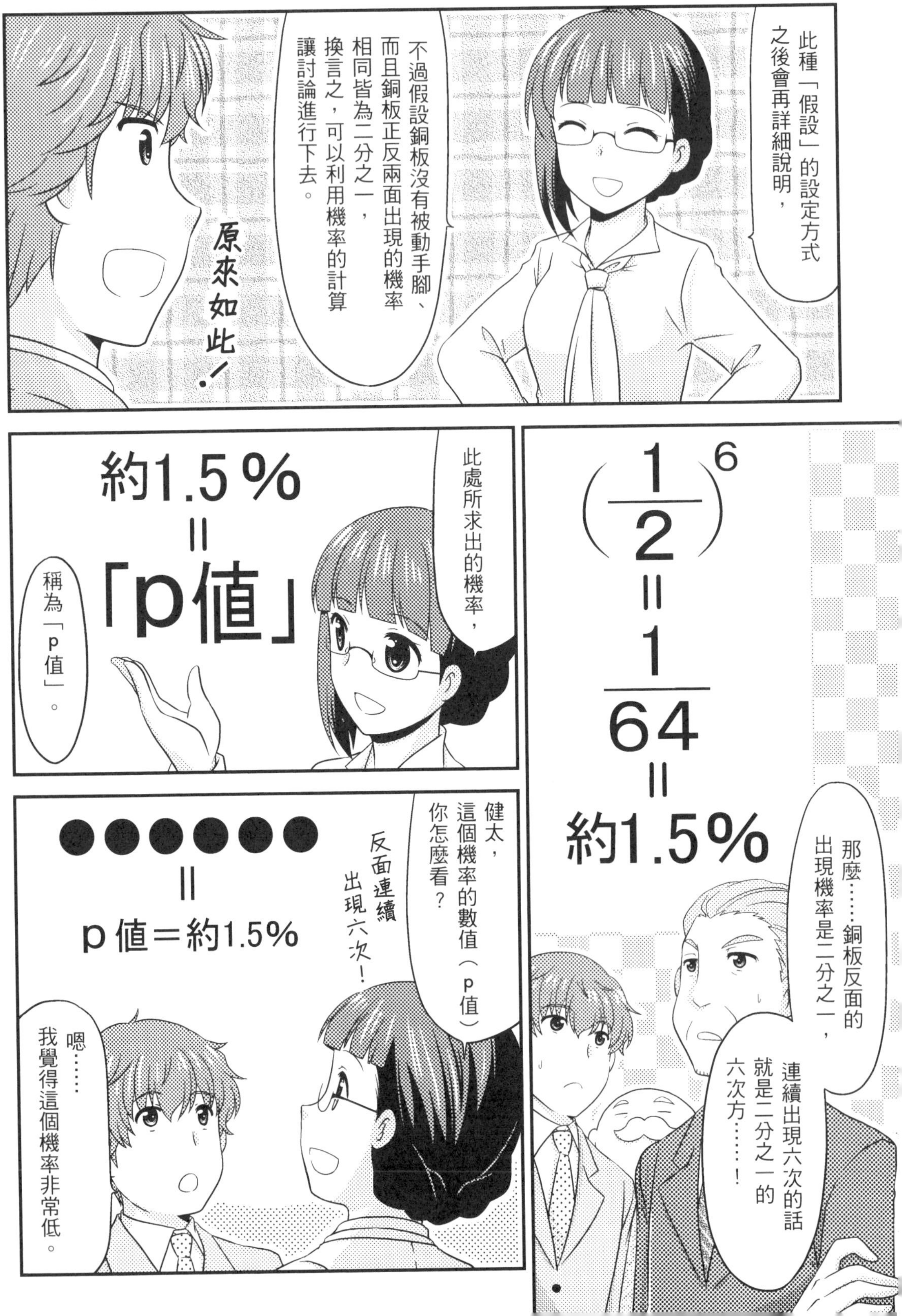
此種「假設」的設定方式之後會再詳細說明，
不過假設銅板沒有被動手腳、而且銅板正反兩面出現的機率相同皆為二分之一，換言之，可以利用機率的計算讓討論進行下去。
原來如此！
$\left(\frac{1}{2}\right)^6 = \frac{1}{64} =$ 約1.5%
那麼……銅板反面的出現機率是二分之一，
連續出現六次的話就是二分之一的六次方……！
此處所求出的機率，
約1.5% ＝「p值」
稱為「p值」。
健太，這個機率的數值（p值）你怎麼看？
反面連續出現六次！
●●●●●● ＝ p值＝約1.5%
嗯……我覺得這個機率非常低。

那麼做為參照標準，你覺得幾次裡會出現一次才算是「發生機率很低」？
嗯……差不多一百次裡一次吧？
哦!?一百次發生一次的話也就是1%吧？那比這個p值的數字還低喔……
換言之剛剛健太的判斷是，如果比一百次出現一次的機率還要高的話，那就是「可能發生」，
即便認為1.5%此一機率數字非常低。
若以機率1%為基準，因為機率比以上基準還要大，在「銅板反面連續出現六次」的狀況仍被認定是「可能發生」的。在問卷調查中，應用此種假設檢證，
票數的傾向雖然有差異，但也許這次結果只是偶然。
此處使用p值、透過機率計算來佐證調查結果，能夠提供可資討論的素材資料。
A案！
問卷調查
p值
不過，p值該如何判斷不是僅靠資料分析者就能決定，
也務必請董事您了解此一假設檢定過程，協助我們進行最終的判斷。
唔嗯
是！

關鍵字

推論統計學

何謂「推論統計學」？

在第一章、第二章所學的資料整理中加上「機率」進行判斷

■「統計學」概圖

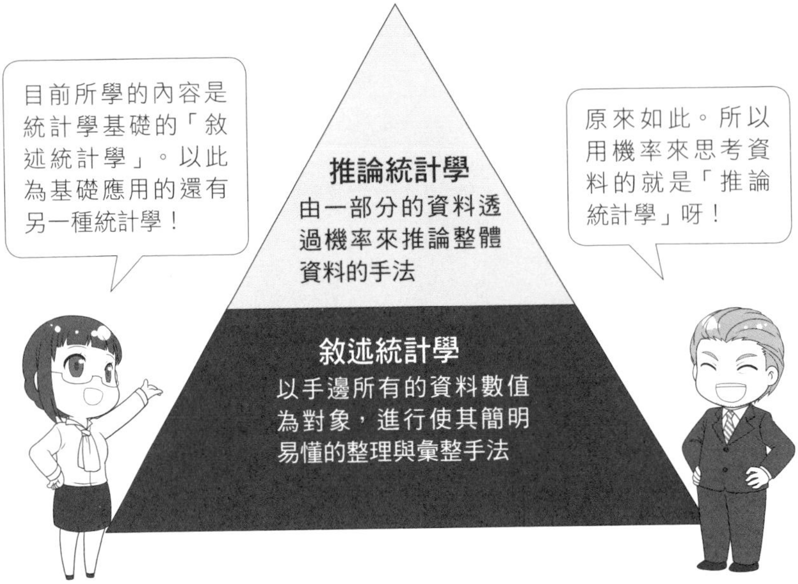
目前所學的內容是統計學基礎的「敘述統計學」。以此為基礎應用的還有另一種統計學！
推論統計學
由一部分的資料透過機率來推論整體資料的手法
敘述統計學
以手邊所有的資料數值為對象，進行使其簡明易懂的整理與彙整手法
原來如此。所以用機率來思考資料的就是「推論統計學」呀！

至今所學的是「敘述統計學」

在第三章中，我們將學習「**推論統計學**」。這與我們至今所學的內容有何不同？在第一章與第二章，我們所學到的是「針對資料數值進行簡明易懂的整理與彙整手法」。此為統計學的基礎，稱之為「**敘述統計學**」。

敘述統計學的日常生活案例，其中之一是在第一章也出現過的、班級的考試成績結果。此外，規模較大的如（日本）政府每五年進行一次的「國力調查」亦屬此類，以全國調查的整體資料為分析對象，為了掌握資料的趨勢與特徵而運用敘述統計學的手法。

但是，在許多狀況中（例如市場調查或問卷調查等），要彙集分析對象的所有資料是不可能的。那麼，該怎麼辦才好呢？

「母群體」與「樣本」資料

「收視率調查」的狀況

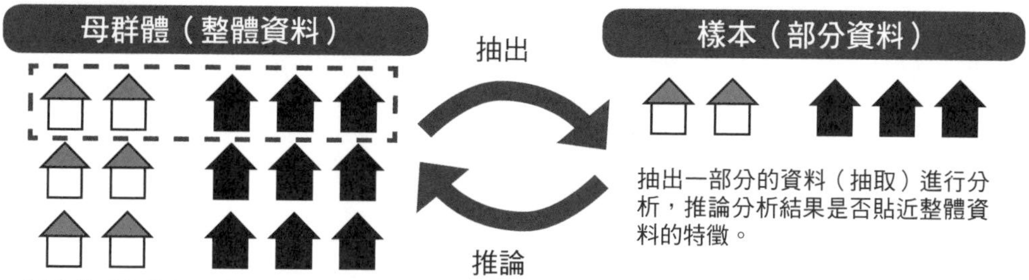
母群體（整體資料）
抽出
推論
樣本（部分資料）
抽出一部分的資料（抽取）進行分析，推論分析結果是否貼近整體資料的特徵。

要收集所有的收視率資料幾乎是不可能的……。

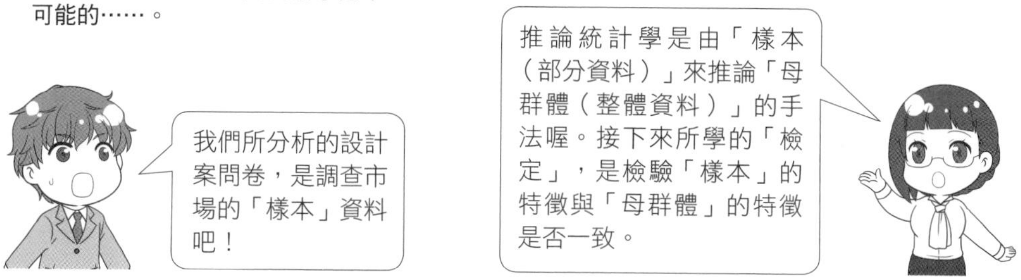
推論統計學是由「樣本（部分資料）」來推論「母群體（整體資料）」的手法喔。接下來所學的「檢定」，是檢驗「樣本」的特徵與「母群體」的特徵是否一致。
我們所分析的設計案問卷，是調查市場的「樣本」資料吧！

「推論統計學」所進行的推定與檢定

市場調查或問卷調查等，希望藉由一部分的資料來推斷整體具有何種特徵或趨勢時所使用的，便是「推論統計學」。例如，區分時段調查一般家庭的電視收視率的「收視率調查」。此調查並非以國內所有的家庭為對象，而是每個地理區域隨機選擇兩百到九百個家庭來進行。此種方式稱之為「樣本調查」，而藉由推論統計學可以由部分資料來掌握整體資料的傾向趨勢。

推論統計學可以概略分為兩種。其中之一是由樣本值來推測整體資料落在何種程度範圍的區間之內的「**推定（區間推定）**」（又稱區間估計）。另一種為驗證樣本特徵是否可能發生的「**檢定（假設檢定）**」。無論何者都與敘述統計學不同，加上了「機率」這個元素。本書將以分析日常生活資料也經常使用的「檢定」為主軸來學習推論統計學。

關鍵字

假設檢定

假設檢定的流程

學習利用機率推動討論的方法

在思考假設檢定時，「p值」是重要的觀點哦！
啊
Peach！是桃子嗎!?
拿
沒什麼……
p值的p是「probably」（大概）與「probability」（機率）的「p」。
「大概、好像會發生」如同「機率」的定義，假設是假定按照「機率」邏輯可以成立的狀況。
Probably
Probability
將p值（機率）與基準值「顯著水準」進行比較，
判斷該假設是否有發生的可能性。
此處所建立的假設稱為「虛無假設」，
建立虛無假設、顯著水準設定為1%的狀況下，若p值大於1%，則「接受」虛無假設。（判斷有可能發生）
接受
↑ p 值在1% 以上
…顯著水準1% …
↓ p 值1% 以下
拒絕
若p值低於1%，則「拒絕」虛無假設。（判斷不可能發生）此時所接受的假設則稱為「對立假設」，即與虛無假設相反的假設，這便是假設檢定的程序。

使用「反證法」建立假設

接下來為了讓各位讀者理解推論統計學，將針對基礎知識加以說明。請先將前述的「樣本」或「母群體」等詞彙先放在一邊，來學習假設檢定的思考邏輯。

討論議題的時候，在提出對某件事情抱持「是這樣嗎？」的疑問前，需要有所「根據」。單單只說「這是錯的」是無法做為「根據」的。

企圖否定的假設，先假定其為「正確」，其實是要確認此假設內的事物對象是否「可能發生」。而若能夠說明「不可能發生」，便可成為該假設「無法成立」的「根據」。此種證明的手法稱為「**反證法**」。

在統計學中，運用此種反證法的思考邏輯來進行假設檢定。建立假設，在此假設的架構下，否定該事物對象「幾乎不會發生」的假設、或是接受該事物對象「幾次中會發生一次」的假設，為討論或判斷提供分析的材料。

■假設檢定的學習流程

反證法

為了證明「是 A」，先假定「非 A」並導出該假設為矛盾的方法。

假設檢定（檢定）

藉由在反證法的邏輯上加入「機率」的討論，來判斷「是 A」、「非 A」的方法。

虛無假設與對立假設（→ 173 頁）

在「是 A」「非 A」的二選一中，透過機率的計算，能夠判斷是要留下（接受）或捨棄（拒絕）的假設是虛無假設，而與虛無假設對立者則為對立假設。

P 值與顯著水準（→ 174 頁）

若虛無假設正確，求取假設中事物對象發生機率的數值為 p 值。所謂的顯著水準，是若 p 值較該值為小，則要拒絕虛無假設的基準值。

在學習「檢定」之前，請先看看這些接下來會出現的相關用語吧。

由能夠計算機率的假設開始

反證法是檢驗假設「正確」或「錯誤」，清楚判斷「非黑即白」的證明手法。統計學的假設檢定則是建立假設，提供判斷該假設「可能發生」或「不可能發生」材料的手法。此判斷的「標準」即是「**機率**」。

在思考眼前發生的「銅板的反面連續出現六次」的狀況時，認為「極容易出現反面」是很自然的。以此為基礎，建立假設①「銅板反面出現的機率不為二分之一」與假設②「銅板反面出現的機率為二分之一」。

進行假設檢定的目的，在於讓討論順暢並下判斷。在假設①「銅板反面出現的機率不為二分之一」的前提下，無法具體計算「銅板反面連續出現六次」的機率，討論無法順利進行。另一方面，在假設②「銅板反面出現的機率為二分之一」的前提下，可以計算「銅板反面連續出現六次」此種狀況的發生機率。

建立假設時的思考方式

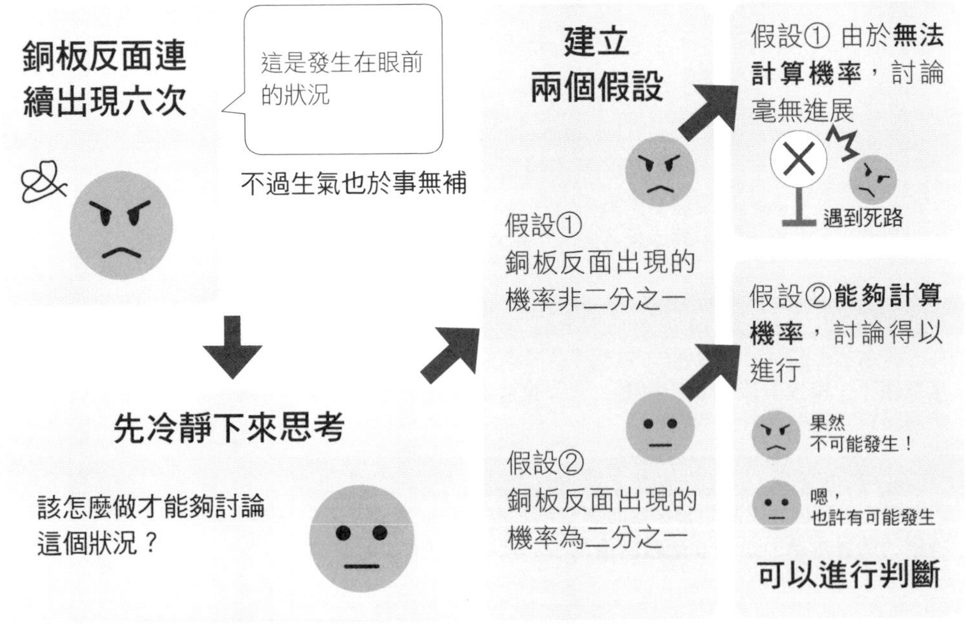
銅板反面連續出現六次
這是發生在眼前的狀況
不過生氣也於事無補
先冷靜下來思考
該怎麼做才能夠討論這個狀況？
建立兩個假設
假設① 銅板反面出現的機率非二分之一
假設② 銅板反面出現的機率為二分之一
假設① 由於無法計算機率，討論毫無進展
遇到死路
假設②能夠計算機率，討論得以進行
果然不可能發生！
嗯，也許有可能發生
可以進行判斷

以「p值」為基準檢驗「虛無假設」

如同前頁所見，假設檢定時經常會建立兩個假設。而在能夠計算機率的假設架構下，事物現象發生的機率稱為「**p值**」。

當p值極為接近「0」而判斷事物現象「不可能發生」時，便認定計算p值時所使用的假設②「不可能」，這稱為「**拒絕**」該假設。相反地，若判斷事物現象「可能發生」，則認為計算p值時所使用的假設②「可能」，這稱為「**接受**」該假設。

如此，以p值為基礎能夠判斷假設的「不可能（=虛無）」或「可能（=無法歸於虛無）」，因此稱假設②為「**虛無假設**」，相對的假設①則稱為「**對立假設**」。

那麼，「銅板反面連續出現六次」的p值「1.5%」，是足以判斷其為「虛無」的極小值？還是較判斷標準為大？我們必須設定一個判斷的基準值。

■求取p值思考虛無假設的可能性

銅板正面出現的機率… $\frac{1}{2}$

銅板反面出現的機率… $\frac{1}{2}$

在此假設的架構之下
連續六次出現反面的機率為

$$\left(\frac{1}{2}\right)^6 = \frac{1}{64} = 1.5\% \leftarrow p值$$

在虛無假設為前提下，事物現象發生的機率（此處為「1.5%」），稱之為p值。

雖然算出了「銅板連續出現六次反面的機率為1.5%」，但這個機率數字究竟是大？是小？該如何判斷才好呢？

判斷p值的基準為「顯著水準」，我們將從下一頁開始學習！

判斷「p值」的基準「顯著水準」

假設檢定雖然運用了反證法的邏輯，但不像反證法的結論是「非黑即白」。若以不同方式判斷衡量值p值，結論也將會有所改變。該視p值為「大（因為事物現象可能發生，假設為可能）」或「小（因為事物現象不可能發生，假設為不可能）」，此判斷p值大小的基準稱之為「**顯著水準**」。

顯著水準是「主觀的」。若是日常生活中認定所謂「不太可能發生的事物現象」，是「一百次中發生一次」的人，那麼便會判斷機率「1％」以下為「不會發生」吧。另一方面，若是認為「萬中一次」才是「不可能發生」的人，那麼機率在「0.01％」以上，都可稱為「可能發生」。如同下列的「1％」與「5％」，因顯著水準的定義方式不同，對於p值的判斷也會隨之改變。

計算出來的p值為客觀指標，但必須言明判斷p值的顯著水準是主觀的基準。

改變顯著水準將影響對於p值的判斷

顯著水準＝5%	顯著水準＝1%
●若p值低於「5%」，則判斷「虛無假設不成立」。 ●若p值高於「5%」，則判斷「虛無假設成立」。	●若p值低於「1%」，則判斷「虛無假設不成立」。 ●若p值高於「1%」，則判斷「虛無假設成立」。
1.5% < 5% **P值低於顯著水準時** ↓ 在虛無假設的前提下， 認為**事物現象不可能發生** 因此判斷，無法斷言銅板沒有被動手腳	**1.5% > 1%** **P值高於顯著水準時** ↓ 在虛無假設的前提下， 認為**事物現象可能發生** 因此判斷， 可以認為銅板可能沒有被動手腳

■表示顯著水準標準的四個區間

面對統計學時最「誠實的立場」，是呈現出資料的 p 值，並向資料使用者清楚地傳達分析者是如何思考此一 p 值的數值。經常使用的主觀基準（顯著水準）的通用符號表示法如下，請各位讀者參考。

常用的顯著水準

N.S.　「not significant」※顯著水準鮮少討論的區域

10%

† 「短劍符號」表示 p 值 5% 以上、未滿 10% 的符號

5%

＊ 「單星」表示 p 值 1% 以上、未滿 5% 的符號

1%

＊＊ 「雙星」表示 p 值 0.1% 以上、未滿 1% 的符號

0.1%

＊＊＊ 「三星」表示 p 值未滿 0.1% 的符號

從銅板反面的出現次數來判斷顯著水準的拒絕區域

反面連續出現五次
$(1/2)^5=1/32<5\%$

反面連續出現七次
$(1/2)^7=1/128<1\%$

反面連續出現十次
$(1/2)^{10}=1/1024<0.1\%$

※「*」也稱為「star」，複數型則稱為「stars」或「asterisk」。

重要的是如何判斷「p 值」

P 值是經由計算所得出、客觀的指標。而產出 p 值之後，在思考主觀的顯著水準上，並不具備客觀性上的意義。不運用顯著水準，也可委由其他的主觀思考進行 p 值的判斷與說明。而將顯著水準做為判斷基準的參考標準時，重要的是進行「p 值為何？因此該如何詮釋？」的討論與判斷。

在擲銅板的例子中出現的 p 值為 1.5%，落在「*（單星）」的區間呢！

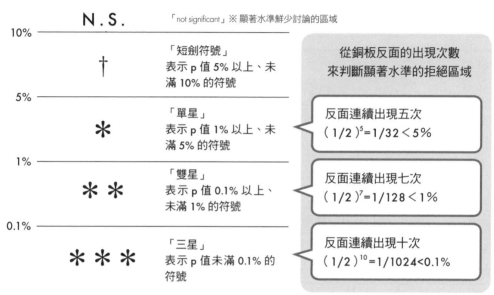

關鍵字

虛無假設

假設檢定的注意點

建立虛無假設的「感覺」是什麼

可以藉機率來思考的假設，
虛無假設
對立假設
是這兩個喔！
但是，要以什麼為虛無假設的內容，很容易讓人搞混吧？
正
反
這裡就再一次用銅板為例說明判斷的標準吧！
重點在於「等號（＝）」！
在銅板的例子中，雖然我們也用了假設「正面與反面出現的機率各為$\frac{1}{2}$」來計算機率，
換言之這是認為「反面出現機率＝$\frac{1}{2}$」而建立的虛無假設。
對立假設？虛無假設？
哪邊才對呢？
猶豫…
假設A
假設B
對立假設就會是「反面出現機率≠$\frac{1}{2}$」。
可以用「＝」來決定嗎？
就是如此！
記得「虛無假設」就是可以用「＝」來思考的假設唷！
首先建立假設，再試著以算式來呈現該假設，若能夠計算機率，就應該會出現「＝」喔！
「銅板沒有問題」假設
➡正（反）面出現機率＝$\frac{1}{2}$
「銅板有問題」假設
➡正（反）面出現機率≠$\frac{1}{2}$
還有一點，
因為假設檢定並非確切的保證，所以不代表能知道真實狀況喔，
要好好記住這一點！
是。

為數眾多的假設檢定具有共同的基礎

假設檢定有非常多的種類，而在本書後段也將會學到代表性假設檢定的使用方式與邏輯架構。不過所有的假設檢定都具有共通的基礎，那就是「建立兩個假設、由能夠計算機率的假設開始，思考哪一個假設才是正確的」這一點。這不僅是將數值帶入算式而已，而是需要以「感覺」來理解。對於希望今後能更進一步學習各種假設檢定的人、以及由自己擔任資料分析與實踐假設檢定的人而言，也是有必要經常回顧、銘記在心的地方。

重點所在的「首先須建立兩個假設」與「建立假設之際，何者為虛無假設、何者為對立假設」，就讓我們以假設檢定方式之一的「母體平均檢定」為例吧！此種檢定是以樣本的平均值為基礎，針對關於母群體平均（母體平均）的假設進行檢定的手法。思考邏輯是「由母群體的平均，是否能得出此種樣本平均」。

■母群體與樣本各自有其「平均」

假設檢定，是使用母群體（整體）其中一部分的樣本資料來進行。此外，母群體與樣本之間，各自存在著「母體平均」與「樣本平均」兩種「平均」。例如，建立與「母體平均」相關的虛無假設，來推論「母體平均」的手法也是假設檢定的一種。

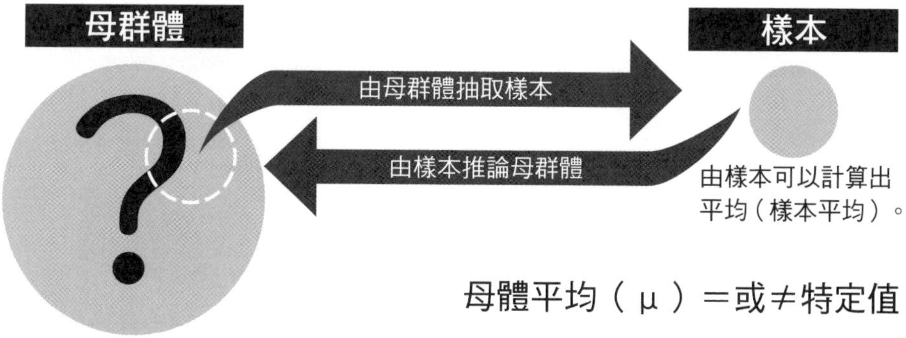

母體平均（μ）＝或≠特定值

手邊沒有母群體的資料，因此無法直接計算平均（母體平均）。

由樣本平均的數值，能夠檢定並判斷母體平均的數值，是否等於（不等於）、即「＝（≠）」母群體所宣稱的特定值。

假設經常是從建立兩個假設開始

在「美食評價網站」上，某家店的資料明明是「平均消費金額為2,000日圓」，但在自己身邊進行調查，卻蒐集到在那家店的「平均消費金額為5,000日圓」的資訊。

那麼，若以網站的金額為「母體平均」，自行調查的金額為「樣本平均」來進行母體平均的假設檢定，該如何建立虛無假設比較好呢？假設檢定是「由樣本平均來看，母體平均是否很奇怪？」，意即對於其數值「存疑」。雖有兩個假設分別為「母體平均不等於2,000日圓（$\mu \neq$特定值）」與「母體平均等於2,000（$\mu =$特定值）」，但虛無假設一定為「容易進行計算者」。

請以「能夠用等號表示者為虛無假設」的感覺來記憶。因此，「無法以等號表示者即為對立假設」。在此種狀況下，虛無假設為「母體平均等於2,000日圓」。

建立關於「母體平均」與「樣本平均」的假設

「母體平均」（美食評價網站上某家店的平均消費金額2,000日圓）與「樣本平均」（從身邊周圍的人所蒐集到、在該家店的平均消費金額5,000日圓）的落差，以假設檢定來檢證。

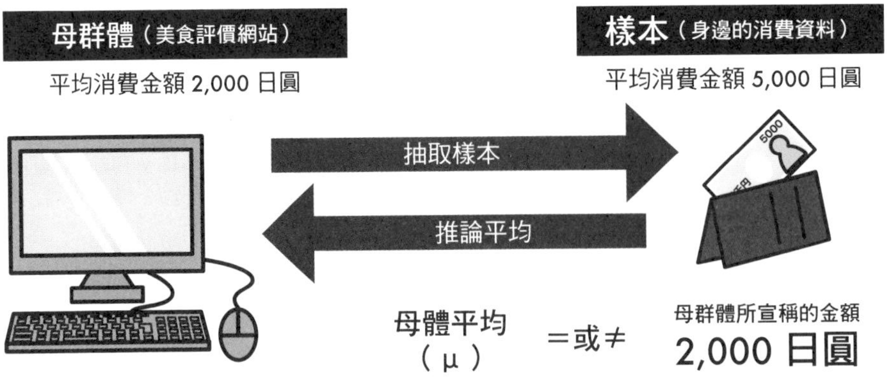

檢定平均消費金額等於（＝）2.000日圓的虛無假設，以顯著水準來判斷p值。

不論何種假設檢定，其「流程」相同

①首先建立兩個假設
②以能夠計算事物現象發生機率的假設為虛無假設。另一方則為對立假設。
③設定顯著水準。
④算出 p 值，與事先設定的顯著水準進行比較。
⑤判斷是要拒絕或接受假設。

以下將以假設檢定的種類為例進行介紹。無論是何種假設檢定，皆是先算出 p 值再進行檢定。「能夠以機率建立邏輯基礎者為虛無假設」、「內容包含等號（＝）者為虛無假設」的思考方式，不論何種假設檢定都是一樣的。

假設檢定的例子

「適合度檢定」（→ 190 頁）
檢定母群體與樣本之間的分歧程度。

「母體平均檢定」
檢定母體平均是否與特定數值一致。
虛無假設：母體平均＝特定值
對立假設：母體平均≠特定值

「母體平均之差異檢定」
檢定兩個母群體各自的母體平均是否存在差異。
虛無假設：A 組的母體平均＝ B 組的母體平均
對立假設：A 組的母體平均≠ B 組的母體平均

「獨立性檢定」（→ 194 頁）
檢定母群體與樣本之間是否存在差異。

「母體變異數檢定」
檢定母群體的變異數是否與特定數值一致。
虛無假設：母體變異數＝特定值（變異數）
對立假設：母體變異數≠特定值（變異數）

「母體比率檢定」
檢定母群體的比率是否與特定數值一致。
虛無假設：母體比率＝特定值（比率）
對立假設：母體比率≠特定值（比率）

何謂
假設檢定
錯誤？

該如何掌握判斷與事實相左的狀況

目前我們學到了假設檢定的流程與判斷的方法。但是，依據假設檢定所做的判斷不一定每次都正確，決定拒絕或接受虛無假設的判斷是主觀的，即便運用了推論統計學也無法得知「真相」。

這裡我們要學的統計學用語是「**錯誤**」。如同字面所示，這代表發生「誤判」之意。再來看一下漫畫中擲銅板的例子吧！

虛無假設為「銅板沒有被動手腳」。以這個假設為前提，銅板反面連續出現六次的機率（p值）為1.5％，對於這個數值應該如何判斷？在「事實」分別是「銅板被動了手腳」、「銅板沒有被動手腳」的情況下，檢定的判斷是「正確」還是「錯誤」，可以整理成如以下表格。

由事實與判斷思考何為「錯誤」

事實／判斷	「銅板被動了手腳」（虛無假設不正確）	「銅板沒有被動手腳」（虛無假設正確）
拒絕虛無假設 接受對立假設 ↓ 「判斷銅板被動了手腳」	①判斷正確 拒絕虛無假設的判斷，與事實一致	②第一型錯誤 （Type I error ） 虛無假設是正確的，卻拒絕了虛無假設
未拒絕虛無假設 接受虛無假設 ↓ 「判斷銅板未被動手腳」	③第二型錯誤 （Type II error） 虛無假設不正確，卻接受了虛無假設	④判斷正確 接受虛無假設的判斷，與事實一致

因顯著水準的設定而引發的錯誤

虛無假設：「銅板沒有被動手腳」 p 值：「1.5%」

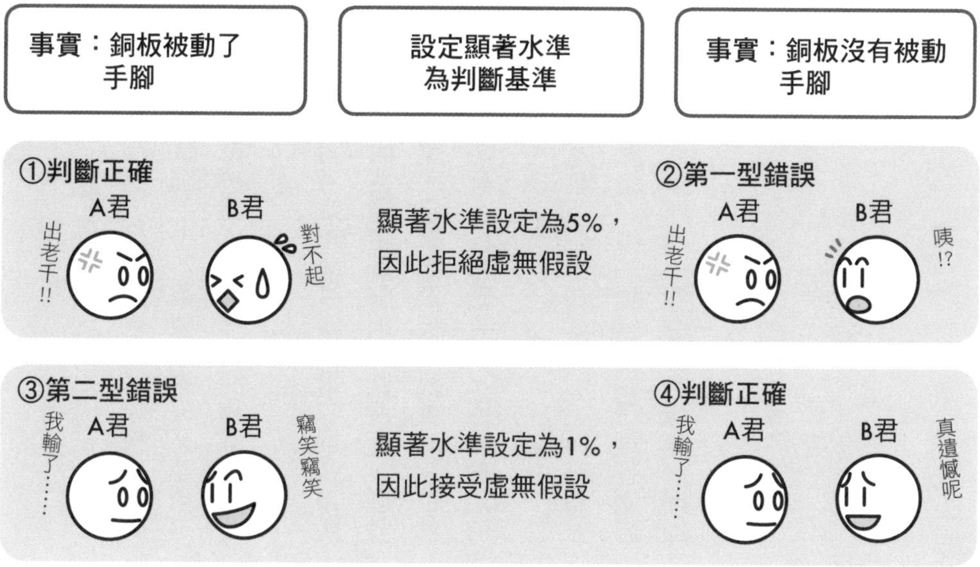
事實：銅板被動了手腳
設定顯著水準為判斷基準
事實：銅板沒有被動手腳
①判斷正確
A君
出老千!!
B君
對不起
顯著水準設定為5%，因此拒絕虛無假設
②第一型錯誤
A君
出老千!!
B君
咦!?
③第二型錯誤
A君
我輸了……
B君
竊笑竊笑
顯著水準設定為1%，因此接受虛無假設
④判斷正確
A君
我輸了……
B君
真遺憾呢

注意判斷虛無假設的「脈絡」

如同①與④經假設檢定的判斷與事實一致的情況，因「判斷正確」可以說假設檢定被有效地活用。

但是，顯著水準是如何設定的，又或者下判斷的人是如何考量風險與報酬來檢視資料的，都會改變虛無假設拒絕或接受的基準。而其結果，也有引發「錯誤」的可能。所以自己是以什麼樣的「脈絡」來看待數值的，必須要多加注意。

舉例而言，屬「**第一型錯誤**」的狀況②，銅板明明沒有被動過手腳，但因為連續出現六次反面而判斷銅板被動了手腳。在此狀況下，若繼續擲銅板第七次、第八次……，也許就會出現正面。這樣的話，則p值會改變，即便設定同樣的顯著水準，也許便能夠避開判斷錯誤。

那麼，狀況③又為何會成為錯誤？我們將從次頁開始說明。

認為可能發生錯誤

屬「**第二型錯誤**」的狀況③，因分析者過於慎重，即便連續出現了六次反面，仍判斷存在著銅板未被動手腳的可能性。在此狀況下，若繼續擲銅板又連續出現反面，而注意到銅板被動了手腳，就能夠避開判斷錯誤。

我們雖然已經說明了第一型錯誤、第二型錯誤產生的背景，但這些錯誤在繼續擲銅板的狀況下，應該都會被發現而能夠避開。繼續擲銅板所代表的，也就是「資料個數」增加之意。樣本數愈多，假設檢定的精準度就能夠提升。

像這樣，假設檢定並非「得知真相」，而必須先認知到在影響判斷的脈絡之中「經常存在著選擇錯誤的可能性」。此外，也請記得「若要避免錯誤，增加資料個數是非常重要的」。

假設檢定的心得要經常確認！

- □ 不要過度評價「拒絕」、「接受」此類統計學用語的份量。
- □ 即便判斷為「接受」，也並非可以拍胸脯保證「虛無假設是正確的！」這般「強力」的結論。
- □ 將假設檢定當成判斷事物的材料、工具之一來使用。
- □ 盡可能增加資料個數。

假設檢定「不知道真相」，判斷「也可能出錯」。原來如此，可以稱得上是真相的，只有手邊所蒐集到的資料吧！
是的。但也不能因此就說假設檢定派不上用場喔。而且即便說要盡可能增加資料個數，但仍然是有極限的吧。

在運用假設檢定時，也需要為風險選擇判斷基準

要順利地運用假設檢定手法，「資料蒐集能夠進行到何種程度」與「如何設定顯著水準」這兩點是很重要的。

但是，即便花了許多工夫與時間蒐集資料，也不能保證檢定的判斷結果就一定是正確的。此外，所謂的判斷，也需要分類成「雖然精確但很花時間」與「雖然精準度低但很快速」來運用。前述的「脈絡」與「立場」，以及其「狀況」本身，都會讓如何接納假設檢定的結果、希望透過該結果達到何種目的而有所不同。

在為了追求報酬而容許某種程度的風險的狀況下，設定較高的顯著水準，自有限的資料個數來做判斷決策，有時也是必要的。另一方面，在如醫療或食品等追求安全性的產業中，設定較低的顯著水準，花費成本蒐集充分的資料個數也相當重要。再一次思考進行假設檢定的理由為何，試著實際利用 Excel 來算出 p 值吧！

正因為資料的分析者並不是站在「判斷決策」的立場，更要記得需以此處所提到的注意點為基礎來製作報告資料。

算出「p 值」。即便只是這麼一個計算，卻不能不了解統計學呢！

與商品安全或精密度相關的判斷，有必要用較低的顯著水準進行比較討論啊。

接下來終於要實際求出 p 值進行檢定了。因為計算過程需要困難的數學知識，在本書中將與使用 Excel 的計算方法一起進行說明。

「適合度檢定」與「獨立性檢定」

問卷結果由「檢定」來佐證

唔——蒐集彙整問卷是沒什麼問題，
但簡報要怎麼做才好？
若是郊外的話，總感覺B案好像比較好，
但董事卻又說A案比較好……
文典辛苦啦，你在準備簡報資料嗎？
有…有什麼事嗎…
是資料分析部出場的時候囉！讓我幫忙做簡報資料吧！
我可沒打算要你幫忙……！
文典……我們雖然是同時進入公司的對手……
但在那之前，我們更是同一家公司的同事，不是嗎？
輕拍
我所學到的統計學知識……請好好使用吧！
唔，既然你都這樣說了，就讓你幫忙也無妨…
好！讓同期進入公司的兩人做出厲害的簡報資料吧！
噢——!!

十幾分鐘後……
……就這樣做出了簡報資料，但卻不知道解析資料的方法！
請幫幫我們，和美小姐!!
……啊——才覺得剛剛那種氣氛很好，結果居然變這樣？
總之，請您先看看這個表吧！
這次想要展店的區域主要是在郊區，
因此將回答問卷的店鋪按照近郊、郊區的區域分別彙整出來……
健太與文典所彙整之表格
廣告A 廣告B 合計
近郊店鋪 237 153 390
郊區店鋪 253 267 520
合計 490 420 910
郊區店鋪的顧客們多數選擇B案，
但問卷的回收數量並不相同，也不知道是否可以就此判斷近郊與郊區店鋪的問卷結果確實有差異……
唔嗯唔嗯……
我知道了！正確地檢驗這個表格，
做出具有說服力的簡報資料吧！

關於設計A案與B案二者中何者為佳的「A／B測試」，
我們利用「獨立性檢定」來思考看看吧！
其實，「獨立性檢定」可以利用Excel來進行喔！
嗯嗯
不過在那之前，我們先以骰子來說明，
稍微比較容易理解的「適合度檢定」吧！先了解此種檢定，更能夠加深對於「獨立性檢定」的理解喔。
例如擲骰子三十次的時候，出現的點數偏向為奇數，
8回
2回
7回
3回
6回
4回
這是假設此一骰子點數一到六的出現機率均等，檢驗是否可能出現此種點數出現次數分布的檢定喔。

30×
順帶一提，這些擲骰子時實際出現的次數
稱為「測量值」，又叫「觀察次數」或「測量次數」。
測量值（觀察次數）
另一方面，若為點數一到六出現的機率均等的骰子，最理想的點數出現分布情況為
丟三十次，點數一到六均等地各出現五次吧。
「五次」這個數值被稱為「期望值」或「期望次數」，這就是此檢定的虛無假設「骰子各點數出現機率均等」。
期望值（期望次數）
點數一到六均等地各出現五次
比較測量值與期望值之間的差距，
檢定此骰子各點數是否以均等機率出現。
點數出現情況
與期望值有落差？無落差？
這裡使用「適合度檢定」來進行檢驗！
而「獨立性檢定」
則能夠調查兩種事物現象之間是否存在著差異。
設計A
設計B
「適合度檢定」與「獨立性檢定」這兩種檢定，
在Excel上可以利用函數「CHITEST」來進行計算喔！
「CHITEST」

那麼，首先要建立假設……
虛無假設是可以用「＝」來考慮的那一邊對吧！
沒錯！
近郊與郊區對於設計方案的偏好
在此狀況，以A與B的偏好傾向「無差異（＝）」為虛無假設，
「有差異（≠）」則為對立假設。
＜虛無假設＞無差異
＜對立假設＞有差異
接下來利用Excel從問卷調查結果表來製作「期望次數表」吧！
喀噠
喀噠
喀噠
喀噠
好快!!

健太與文典所彙整之表格

	廣告 A	廣告 B	合計
近郊店鋪	237	153	390
郊區店鋪	253	267	520
合計	490	420	910

期望次數表

	廣告 A	廣告 B	合計
近郊店鋪	210	180	390
郊區店鋪	280	240	520
合計	490	420	910

由比率觀之……

近郊
210 : 180 = **7 : 6**

郊外
280 : 240 = **7 : 6**

期望次數表是將各自的期望值（期望次數）以表格方式呈現，
合計數雖然相同，但我們讓近郊與郊外兩個區域對於A案、B案的選擇比率相等，
換言之，即是「兩個區域對於設計的偏好沒有差異」的狀態。
按照這個前提分配票數建立虛無假設。

那麼健太，還記得p值與顯著水準吧！
peach？
當然記得！和美小姐！
p值也可利用Excel簡單地計算出來喔！
來！讓我們來看看文典蒐集的問卷結果，p值會是如何吧！
好的！

關鍵字

適合度檢定

利用Excel進行「適合度檢定」

建立模型檢驗測量值

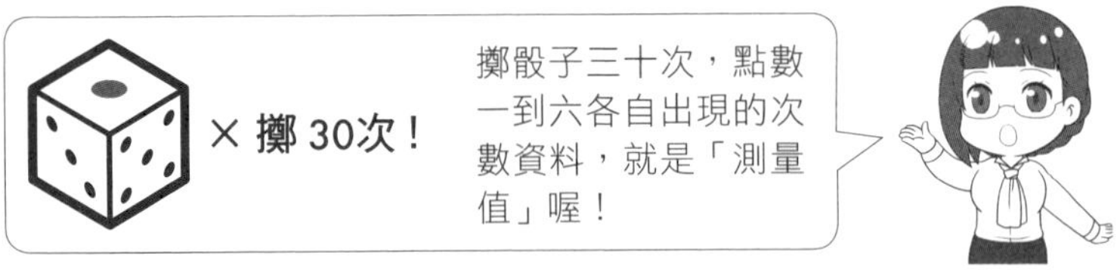

×擲30次！
擲骰子三十次，點數一到六各自出現的次數資料，就是「測量值」喔！

測量值（觀察次數）

點數	⚀	⚁	⚂	⚃	⚄	⚅
次數	8	2	7	3	6	4

乍看之下是「比較容易出現奇數點的骰子」對吧。以此測量值建立「骰子各點數的出現機率均等」的模型，檢驗其適合度！

點數	⚀	⚁	⚂	⚃	⚄	⚅
次數	5	5	5	5	5	5

期望值（期望次數）

檢驗自己所建立之模型與測量值之適合度

接下來我們將實際進行假設檢定的其中之一——「**適合度檢定**」。

眼前出現的資料數值，稱之為「**測量值（觀察次數）**」。此處以「擲骰子三十次，各點數的出現次數」為測量值。為了檢定此組資料，建立「骰子的點數一到六出現的機率均等」的模型（虛無假設）。以這個模型為前提所預期的，是點數一到六平均各出現五次，這稱為「**期望值（期望次數）**」。藉由「測量值與期望值的適合度檢定」，能夠得出判斷眼前所出現的骰子點數的次數分布（測量值），與期望值之間的適合程度的基準（p值）。

在 Excel 輸入測量值與期望值

骰子點數的觀察次數表與期望次數表

	A	B	C	D	E	F	G
1	骰子的測量值與期望值之適合度檢定						
2	骰子點數	1	2	3	4	5	6
3	測量值	8	2	7	3	6	4
4	期望值	5	5	5	5	5	5
5	p 值						

觀察次數表

期望次數表

「測量值」是實際的資料，「期望值」則是自己想像到的模型資料吧。

要求取的是「p 值」啊。在這個儲存格中要輸入何種 Excel 函數才能算出 p 值呢？

以期望值建立虛無假設進行檢定

此一適合度檢定可以說是針對擲骰子三十次各點數所出現的次數（測量值），建立「骰子各點數出現的機率均等」的虛無假設（期望值）來進行檢定。

那麼，該如何進行判斷？以期望值為前提，若點數同測量值數值的出現機率「高」則接受虛無假設，能夠判斷「此骰子各點數的出現機率相等」；若機率低則拒絕虛無假設，接受「此骰子各點數的出現機率並不相等」的（對立）假設。相對於自己的模型（品質或目標），適合度檢定在判斷現狀是何種程度的狀態上，能夠派上用場。

適合度檢定的計算能夠以 Excel 來求取，但需要自己準備填好期望值的「**期望次數表**」與填好測量值的「**觀察次數表**」。請參照本頁上的表格。接下來從次頁開始將解說 p 值的計算方式。

■輸入 Excel 函數

	A	B	C	D	E	F	G
1	骰子的測量值與期望值之適合度檢定						
2	骰子點數	1	2	3	4	5	6
3	測量值	8	2	7	3	6	4
4	期望值	5	5	5	5	5	5
5	p 值						
6							

＝CHISQ.TEST（B3：G3，B4：G4）

在想要呈現 p 值的儲存格中輸入 Excel 函數。此處所使用的是「**卡方檢定**」（Chi-square Test），但只要記得在 Excel 輸入 p 值的計算方法即可！

χ^2 檢定(卡方檢定)

CHISQ.TEST

X ↑ 檢定

2平方(square)

=CHISQ.TEST（測量值儲存格範圍，期望值儲存格範圍）

↓

=CHISQ.TEST（B3：G3，B4：G4）

↓

p值＝約0.3471

大小寫皆可，全部內容以半形英數方式輸入儲存格。在「＝」之後輸入 Excel 函數與計算的儲存格範圍！

「p 值＝約 0.3471」，因此機率約為 35%。即便顯著水準為 10%，這也是無法拒絕虛無假設的機率喔。

換言之，從「所有點數出現機率相等」的模型來看，能夠判斷測量值之次數分布是可能發生的！

透過適合度檢定能夠判斷什麼？

1. 看似為點數出現機率不均等的骰子
2. 以「所有的點數出現機率均等」的模式建立虛無假設
3. 進行模式與測量值的適合度檢定，計算 p 值
4. 機率（p 值）約為 35%，即便顯著水準為 10%，也無法拒絕虛無假設（N.S.）
5. 因為無法拒絕「骰子各點數之出現機率均等」此一虛無假設，故判斷在**各點數出現機率相等的情況下，測量值的次數分布仍有可能發生**

可以將各式各樣的期望值代入，進行檢定

適合度檢定方便的地方就在於，虛無假設沒有限制，可以自行在模式中代入各式數值來檢驗與測量值之間適合度的使用便利性。例如，擲骰子三十次的結果期望值，可以試著輸入「點數一」極端容易出現的次數分布。如同本頁下方的輸入畫面，若在期望值輸入「點數一共二十次，其他的點數則各為兩次」，則計算出來的p值為「1E-05」。

這個「E」在Excel上是表示p值為極小的數值。「E」之後的數值則代表為「10的幾次方」。「●E-○」表示E之前的●的小數點，往左移動○個位置。也就是說，「1E-05」即為「0.00001」此一極小的數值。若設定顯著水準為0.1％（0.001），而要拒絕虛無假設，p值數值應為「E-03」，因此「可以拒絕虛無假設」，換言之，可以判斷骰子的點數與「點數一極端容易出現的模式」並不一致。

表示極小值之時所使用的指數符號「E」

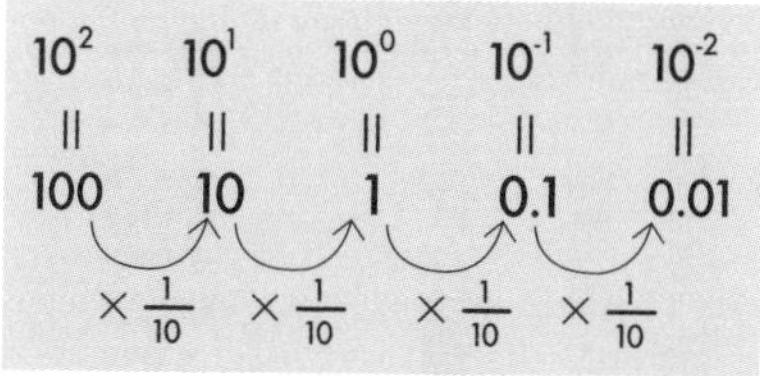
10^2 10^1 10^0 10^{-1} 10^{-2}
100 10 1 0.1 0.01
$\times\frac{1}{10}$ $\times\frac{1}{10}$ $\times\frac{1}{10}$ $\times\frac{1}{10}$

「1E－05」代表「1」乘以「10^{-5}」（10的負五次方）之意。10的次方相乘結果如上表所示。極小的p值與反過來說極大的數值，都可用10的次方來表示，非常方便。

1E－05＝0.00001

例　2.7E03（小數點往右移動三個位數）
→2700
2.7E－04（小數點往左移動四個位數）
→0.00027

在點數一的儲存格輸入表示極為容易出現的數值

	A	B	C	D	E	F	G
1	骰子的測量值與期望值之適合度檢定						
2	骰子點數	1	2	3	4	5	6
3	測量值	8	2	7	3	6	4
4	期望值	20	2	2	2	2	2
5	p 值	1E-05					

↑ 1E －05

在點數一出現次數的儲存格輸入極為容易出現的數值，所得出的p值則為「1E－05」。此數的E為代表指數的符號（指數：exponential的第一個字母），用以表示如10^{-5}的次方累乘。

關鍵字

獨立性檢定

試著執行A／B測試吧

利用Excel進行「獨立性檢定」

運用 Excel 函數「卡方檢定」的檢定中，也包含「獨立性檢定」。

「適合度」是以自設模式為虛無假設，檢驗測量值與所設定模式之間的適合程度。那這次所謂的「獨立性」，指的又是什麼的「獨立」呢？

此處所要檢定的是，「位於都市或位於郊區」與「偏好 A 案或 B 案」之間「是否」存在著關聯性。若兩者之間不存在關聯性，則可稱之為「獨立」。

檢定是否存在著關聯性

相對於測量值，「適合度檢定」能夠設定各式各樣的模式，檢定各模式與測量值之間的適合程度，其「使用便利性」如前述。接下來所要學習的「**獨立性檢定**」，是適合度檢定的應用、檢定兩組變量之間是否存在關聯性的手法。

在適合度檢定中，僅有「骰子點數」這一組變量。接下來的檢定所要考慮的，則有「位於近郊或郊區」這一組以及「設計A案或B案」這一組，共兩組變量。各自組別中的變量項目數如「市區、郊區、海外……」、「設計A案、B案、C案……」等，也有增加的可能性。

所謂的「獨立」，代表檢驗各自組別之間是否存在著關聯性之意。

將不同集團對於 A 與 B 這兩個設計方案的評價加以數值化、並進行檢討的手法稱之為「A ／ B 測試」。在決定網頁或廣告設計時，經常使用此種手法。

A ／ B 測試的問卷結果（測量值）

測量值（觀察次數）	設計A案	設計B案	合計
近郊	237	153	390
郊區	253	267	520

公司內部管理階層多屬意 A 案，因此比較接近近郊的測量值

樣本的合計數不相同，乍見之下似乎無法進行比較

預定展店區域為郊區，因此也很在意郊區問卷結果傾向 B 案者比較多

都市近郊與郊區對於 A、B 兩案的評價有所差異，但因問卷結果合計數不同，兩者相異的程度……實在搞不清楚啊……

何謂檢定A與B獨立性之虛無假設？

看到以上問卷調查結果的管理階層，認定以A案為佳。但是，A／B測試的結果也呈現出雖然都市近郊偏向A案，但預定展店區域的郊區，則是B案的反應稍佳。若測量值之間有著劇烈差距，不計算機率數值也能夠進行判斷，但像此案例中在猶豫該如何判斷時，所使用的手法便是假設檢定。

都市近郊與郊區兩者對於設計案的評價若無太大差異則支持A案，若有極大差異則應選擇在郊區比較有效果的B案，獨立性檢定應可成為協助進行相關判斷的材料。之前曾提過虛無假設的建立原則是「易於計算機率」與「易於以等號表示」吧？所以此處設定的虛無假設為**「都市近郊與郊區對於A案與B案的喜好並無二致」**。

若無法拒絕喜好無差異的虛無假設，則採用設計A案。若拒絕虛無假設，則應該考慮採用設計B案。

藉由獨立性檢定可以達成什麼目的？

管理階層認為 A 案為佳，問卷結果中在都市近郊區域也有相同結論。選擇 A 案應該沒什麼問題吧？

但是，在預定展店的郊區，卻出現了 B 案比較好的調查結果。提供管理階層視野更寬廣的資料、建議慎重的進行判斷，如何？

不過，都市近郊與郊區的調查結果有多大差異？又或是無差異？光靠這份問卷調查的結果是很難判斷的。

若都市近郊與郊區對廣告設計的喜好「無差異」，則選擇 A 案沒有問題；但若「有差異」的話，那就要提供判斷是否有必要檢討 B 案的指標。

此處想要確定的，並非「設計 B 案有效果嗎」，而是確認我們是否能說都市近郊與郊外區域對於 A 案與 B 案的評價沒有差異。

製作期望次數表

看看期望次數表吧。在都市近郊，A 案與 B 案的支持比率為「7：6」、在郊區也為「7：6」，即「喜好無差異」的那一張表格。

問卷結果

測量值（觀察次數）	設計A案	設計B案	合計
都市近郊	237	153	390
郊外	253	267	520
合計	490	420	910

設計 A 案、B 案的合計票數比率為 490：420 ＝ 7：6

以同樣的樣本數，建立在都市近郊與郊區對於 A 案與 B 案的評價無差異模式的期望次數表

也請留意「合計數相同」這一點。

期望次數表

期望值（期望次數）	設計A案	設計B案	合計
都市近郊	210	180	390
郊外	280	240	520
合計	490	420	910

都市近郊的 A：B
＝ 210：180 ＝ 7：6
郊區的 A：B
＝ 280：240 ＝ 7：6
設計 A 案與 B 案合計
都市近郊：郊區比率
＝ 3：4（390：520）

製作期望次數表的計算方法

測量值（觀察次數）	設計A案	設計B案	合計
都市近郊	237	153	390 → a
郊區	253	267	520 → b
合計	490 ↓ c	420 ↓ d	910 ↓ e

A 案與 B 案合計的比率
490：420 ＝ 7：6
將都市近郊的合計數 390 以「7：6」的
比率分配則為 210 與 180

期望值 （期望次數 ）	設計A案	設計B案	合計
都市近郊	a×c÷e＝210	a×d÷e＝180	390
郊區	b×c÷e＝280	b×d÷e＝240	520
合計	490	420	910

合於比率的計算在 Excel 上可以簡單地進行。連同 p 值的計算方法，從下一頁開始學習吧。

「獨立性檢定」亦是在檢驗適合度

關於推論統計學假設檢定的手法，現在我們學了「適合度檢定」與「獨立性檢定」兩種。不論何者，在「調查期望次數表是否接近實況（測量值）」這一層意義上是相同的。

所謂「適合度」，是確認測量值與期待次數表的適合程度。另一方面，「獨立性」，則是在檢視一組變量與另一組變量之間的關聯性，以及期望值與測量值之間的適合程度。換言之，獨立性檢定也是適合度檢定的一種。

那麼，要說透過獨立性檢定可以得知何種資訊，大概只有「都市近郊與郊區的地理區域分類、與設計A案與B案的偏好，兩者之間並非沒有關聯性」或「有檢討其關聯性的必要」而已。但是透過假設檢定，能夠提供使「A案較佳」、「在郊區B案較有效果」此種公司內部的「定見」，有再進一步討論的材料。靠統計學無法得知真相，但是，統計學可以準備討論的基礎，讓討論能夠順利進行。

小筆記 在上圖的期望次數表中，「a」至「e」的合計數與觀察次數表不相合，例如以「都市近郊的 A 案：B 案＝ 2：1」、「郊區的 A 案：B 案＝ 1：2」進行檢定，則為適合度檢定。

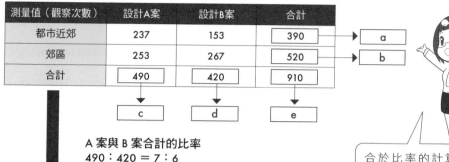

在 Excel 上進行獨立性檢定～輸入測量值～

接下來我們將在 Excel 上進行獨立性檢定。請回想起第二章所學的 Excel 函數（152 ～ 157 頁），並繼續看下去吧。

①計算橫向合計數

	A	B	C	D
1	測量值	設計 A 案	設計 B 案	合計
2	都市近郊	237	153	=B2+C2
3	郊外	253	267	
4	合計			

	A	B	C	D
1	測量值	設計 A 案	設計 B 案	合計
2	都市近郊	237	153	390
3	郊外	253	267	520
4	合計			

製作測量值表格，將各自的票數輸入儲存格中。首先，計算「都市近郊」與「郊區」兩個區域參與問卷調查的樣本數小計。「都市郊區」的合計數儲存格輸入「＝ B2 ＋ C2」、「郊區」的合計數儲存格輸入「＝ B3 ＋ C3」的加法指令加以計算。

②計算縱向合計數

	A	B	C	D
1	測量值	設計 A 案	設計 B 案	合計
2	都市近郊	237	153	390
3	郊外	253	267	520
4	合計	490	420	
5				

接下來求取選擇「A 案」的合計數「＝ B2 ＋ B3」、以及選擇「B 案」的合計數「＝ C2 ＋ C3」。

③完成觀察次數表

	A	B	C	D
1	測量值	設計 A 案	設計 B 案	合計
2	都市近郊	237	153	390
3	郊外	253	267	520
4	合計	490	420	=D2+D3

▼

	A	B	C	D
1	測量值	設計 A 案	設計 B 案	合計
2	都市近郊	237	153	390
3	郊外	253	267	520
4	合計	490	420	910

在儲存格「D4」輸入加法指令，求取問卷調查的總樣本合計數。輸入縱向合計公式「＝ D2 ＋ D3」或橫向合計公式「＝ B4 ＋ C4」（兩者結果相同）。如此一來測量值的輸入結束，觀察次數表完成了。

以輸入算式的方式計算，即便測量值改變也能夠迅速對應，非常方便！

接下來是期望次數表囉。再一次回想起在 197 頁學到的計算方法吧。

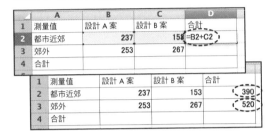

在 Excel 上進行獨立性檢定～輸入期望值～

下一個步驟是求取期望值（期待次數），製作期望次數表。
在 Excel 上完成上述兩個表格，距離算出 p 值就只差一步了。

①製作期望次數表

	A	B	C	D
1	測量值	設計 A 案	設計 B 案	合計
2	都市近郊	237	153	390
3	郊外	253	267	520
4	合計	490	420	910
5				
6	期望值	設計 A 案	設計 B 案	合計
7	都市近郊			
8	郊外			
9	合計			
10				

在先前製作的觀察次數表下方編製期望次數表。接下來因為要指定測量值的儲存格進行計算，兩個表格放在同一張「工作表」上較佳。

②計算期望值

	A	B	C	D
1	測量值	設計 A 案	設計 B 案	合計
2	都市近郊	237	153	390
3	郊外	253	267	520
4	合計	490	420	910
5				
6	期望值	設計 A 案	設計 B 案	合計
7	都市近郊	=D2*B4/D4		
8	郊外			
9	合計			

				390
				520
4	合計	490	420	910
5				
6	期望值	設計 A 案	設計 B 案	合計
7	都市近郊	210		
8	郊外			
9	合計			
10				

如同 197 頁所學到的，「都市近郊選擇 A 案」的期望值為「都市近郊問卷小計數 ×A 案總票數 ÷ 總問卷數」。在儲存格「B7」中輸入「＝ D2*B4/D4」的計算指令。

③完成期望次數表

	A	B	C	D
1	測量值	設計 A 案	設計 B 案	合計
2	都市近郊	237	153	390
3	郊外	253	267	520
4	合計	490	420	910
5				
6	期望值	設計 A 案	設計 B 案	合計
7	都市近郊	210	180	390
8	郊外	280	240	520
9	合計	490	420	910

在儲存格「C7」中輸入「＝ D2*C4/D4」、「B8」中輸入「=D3*B4/D4」、以及「C8」中輸入「＝ D3*C4/D4」的計算指令計算求出期望值。合計數的計算方式同 198 頁，只是改變儲存格範圍。這樣期望次數表就完成了。

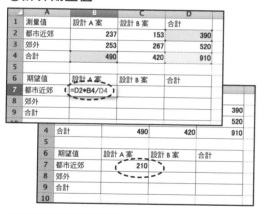

在 Excel 上進行獨立性檢定～算出 p 值～

獨立性檢定計算 p 值的方式與適合度檢定計算 p 值的方式相同，皆是使用「CHISQ.TEST（x^2 檢定）」（192 頁）。

●製作 p 值儲存格

	A	B	C	D
1	測量值	設計 A 案	設計 B 案	合計
2	都市近郊	237	153	390
3	郊外	253	267	520
4	合計	490	420	910
5				
6	期望值	設計 A 案	設計 B 案	合計
7	都市近郊	210	180	390
8	郊外	280	240	520
9	合計	490	420	910
10				
11	p 值			
12				

在期望次數表下方製作 p 值表吧。
接下來只要輸入 Excel 函數就能夠算出 p 值的數值。

●下達「CHISQ.TEST」指令

	A	B	C	D
1	測量值	設計 A 案	設計 B 案	合計
2	都市近郊	237	153	390
3	郊外	253	267	520
4	合計	490	420	910
5				
6	期望值	設計 A 案	設計 B 案	合計
7	都市近郊	210	180	390
8	郊外	280	240	520
9	合計	490	420	910
10				
11	p 值	=CHISQ.TEST(B2:C3,B7:C8)		
12				

在儲存格「B11」指定「CHISQ.TEST（測量值範圍，期望值範圍）」，算出 p 值。在範例工作表中輸入「＝CHISQ.TEST（B2：C3，B7：C8）」。

▼

	A	B	C	D
1	測量值	設計 A 案	設計 B 案	合計
2	都市近郊	237	153	390
3	郊外	253	267	520
4	合計	490	420	910
5				
6	期望值	設計 A 案	設計 B 案	合計
7	都市近郊	210	180	390
8	郊外	280	240	520
9	合計	490	420	910
10				
11	p 值	0.000285608		
12				

終於算出 p 值了！利用 Excel 就可以簡單的完成計算耶！

比較 p 值與顯著水準

雖然算出了 p 值，但可不能忘了假設檢定的流程！「對 A 案、B 案的偏好無差異」為虛無假設唷。
對了！
P 值為「0.000285608」即「**約 0.02%**」。因為比顯著水準 0.1% 還小，因此落在「***（三星）」區間！
是的。因為此一虛無假設「幾乎是不可能的」所以加以「拒絕」，等於是「選擇」對立假設「**對於設計 A 案、B 案的偏好有所差異**」。
也就是說，可以判斷「**郊區的顧客比較喜歡設計 B 案**」囉！那要向松平董事報告才行！
等等，健太。這僅是藉由檢定得知「偏好有所差異」，無法斷言「郊區比較喜歡設計 B 案」喔。
這只是為了進行後續討論的指標之一。**將這個數值與關係者分享，綜合考量目的與目標、風險與報酬等面向來進行判斷是很重要的！**

由獨立性檢定的結果我們可以說

- 都市近郊支持 A 案。在郊區則差異不大。若是如此，雖可認為「選擇 A 案也會有效果」，但在郊區也許無法得到與近郊同等的廣告效果。
- 由此結果而論，是否要 A 案與 B 案各出一半這點值得討論。
- 管理階層雖然認為 A 案較佳，但似乎有再次討論的必要。

接下來的統計學學習

試著稍微學一下「迴歸分析」吧

……由此問卷結果看來，
應該還有檢討設計B案是否繼續進行的餘地。
確實可以看出地區別的傾向啊。
是不是進行了之前說的假設檢定呢？
P值約為0.02%，因此我想可以認為近郊區域與目前預定展店的郊區，
在對於廣告設計案的偏好上，確實有差異。
原來如此……好！那麼就以問卷調查為基礎再檢討一次看看吧。
勤跑現場的行動力與確實的分析力，真讓人安心！
文典……果然不愧是業務部的王牌啊！
和美小姐培養出優秀的下屬啦！
要不要再稍微人事異動一下呢……

伸手
パ
アン
啪！
簡報在公司內的風評很好！我下功夫成為統計學專家也算是有價值了！
得意
嗯……雖然確實幹的漂亮，
但就算是客套話，專家什麼的我說不出口啊，健太！
目前我所教的統計學不過是基礎，
推論統計學與多變量分析要學習的還很多喔！
◎推論統計學
適合度検定
獨立性検定
◎多變量分析
也是……接下來就簡單介紹一下多變量分析的招牌「迴歸分析」吧！
好的!!

關鍵字

迴歸分析

藉由「迴歸分析」進行「預測」

運用預測模型求取測量值中沒有的數值

多變量分析的明星「迴歸分析」

本書學習內容的最後，將要說明可說是多變量分析的明星──「**迴歸分析**」。由第二章開始所學到的多變量分析，主要是兩組以上資料（變量）的「線性關係」，以及製作散布圖、求取相關係數、檢視相關的「正負」與其關係性的強弱。至此為止是思考方式與基礎的學習。

那麼，運用多變量分析，可以達成什麼目標？相對於以下整理出的四個目的「**預測**」、「**判別**」、「**簡化**」、「**分類**」，其相對應的統計學分析手法則分別為「迴歸分析」、「判別分析」、「主成分分析」、「集群分析」。其實，若能深入理解並善加運用迴歸分析，不僅是「預測」，也可以應用在其他三個目的之上。

運用多變量分析可以達成的目的與其手法

多變量分析有各式各樣的手法，能夠達成許多不同的目標。我還只是在門口而已呢。

在這裡，我們來看看如何運用迴歸分析來進行「預測」。迴歸分析是一種若能深入理解，也可運用到其他三種目的上的手法喔。

散布圖上的「線性」由迴歸分析決定

在多變量分析的學習過程中，曾數度建議「一開始要先繪製散布圖」，而表示「線性關係」或相關方向「正負」的直線圖形會呈現在散布圖上。而此直線圖形是如何決定的呢？散布圖的直線稱之為「**迴歸直線（預測模型）**」，在Excel上可以簡單地呈現出來。而求取迴歸直線時所使用的手法，便是迴歸分析。

請重新再看一次之前學習多變量分析時的範例：「到車站所需時間（x）」與「租金（y）」的散布圖。圖上只畫出十個測量值的資料點，從散布圖觀之可認為x與y的相關關係接近於「直線」，實際求出相關係數「r」也可得知兩組變量之間存在著「高度負相關」。若在此散布圖上畫出迴歸直線，即便無測量值也能夠求出「到車站所需時間x分的租金金額y」。這便是運用多變量分析中的迴歸分析所進行的「預測」。

若利用預測模型，能夠求出測量值以外的數值

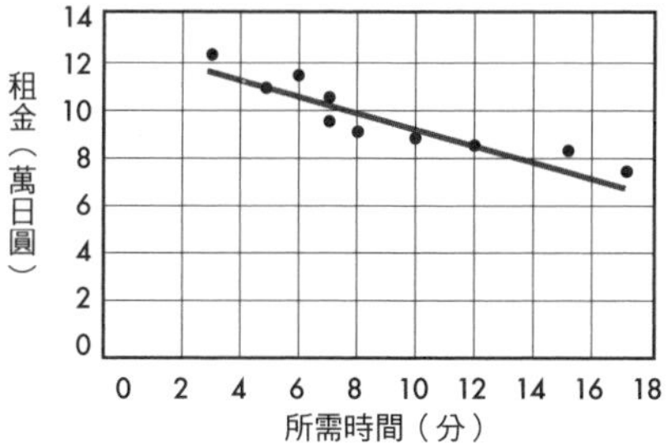
租金（萬日圓）
14
12
10
8
6
4
2
0
0
2
4
6
8
10
12
14
16
18
所需時間（分）

在第二章中，我們關注的是x與y之間的「線性關係」，考慮其「相關」並求取相關係數，這也可以說是「進行相關分析」。在迴歸分析中，會使用到相關係數計算式中的構成要素。請一邊複習第二章一邊學習吧！

考量「租金」會受到「到車站所需時間」的「影響」，因此稱租金為「**目的變量**」，到車站所需時間為「**解釋變量**」。請記住這些統計用語。

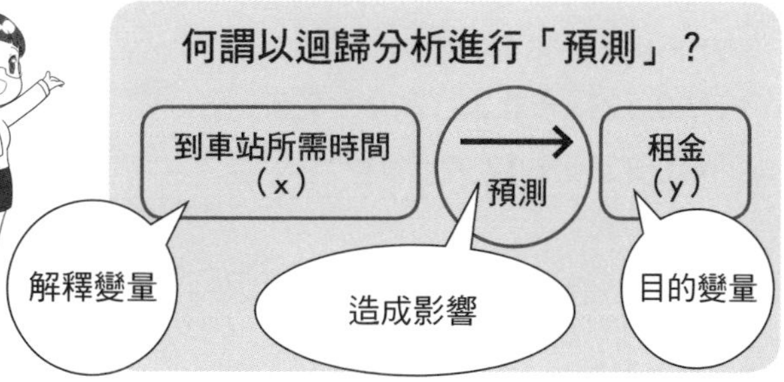
何謂以迴歸分析進行「預測」？
到車站所需時間
（x）
預測
租金
（y）
解釋變量
造成影響
目的變量

試著將測量值代入迴歸分析的預測模型中

求取散布圖上的直線「迴歸直線」的迴歸分析計算式（預測模型）如下。與至今為止的「學習方法」相同，首先實際嘗試運用計算式，再進一步理解計算式所代表的內容意涵吧。

迴歸直線算式

$$y-\bar{y}=\frac{\sigma_{xy}}{\sigma^2_x}(x-\bar{x})$$

應該已經不會因為看到算式、符號而感到驚嚇了吧？這些，全部都是已經學過的東西喔。

因為標準差是變異數的平方根，因此以標準差的符號「σ（sigma）」，將變異數表示為「σ^2」！

$\bar{x}$：x的平均　　σ^2_x：x的變異數

$\bar{y}$：y的平均　　σ_{xy}：x與y的共變異數

將 xy 代入「x：到車站所需時間」與「y：租金」的數值吧！
這裡使用第二章 156 頁從 Excel 上求出的數值。

所需時間(分)	3	5	6	7	7	8	10	12	15	17
租金(萬日圓)	12.2	11.3	11.5	9.8	10.4	9.5	8.8	8.7	8.2	7.6

$$y-\bar{y}=\frac{\sigma_{xy}}{\sigma^2_x}(x-\bar{x})$$

$\bar{x}=9$

$\bar{y}=9.8$　$\sigma_{xy}=-5.79$

$$y-9.8=\frac{-5.79}{18}\times(x-9)$$

「＝」等號兩側同加「9.8」，成為「y＝」的等式

$$y=-0.321\times(x-9)+9.8$$
$$=-0.321x+0.321\times9+9.8$$
$$=-0.321x+12.7$$

「x 與 y 的共變異數（σ_{xy}）」與相除的「x 的變異數（σ^2_x）」所算的值，計算到小數點以下三位

在此算式「y＝－0.321x＋12.7」的算式中，代入 x 為「3」則可算出 y 為「11.737」。與 x 和 y 的測量值（3，12.2）相異，因為這是運用迴歸分析所求取出來的「預測值」。讓測量值與預測值之間的「落差」最小化的結構，就隱藏在迴歸分析之中。接下來就讓我們來看看這個思考邏輯吧。

運用迴歸分析的預測模型，嘗試預測沒有測量值的數值

接下來，讓我們來預測沒有測量值的數值吧。
「若 x（到車站所需時間）＝ 20」，那麼「y（租金）」為多少錢？

$$y = -0.321x + 12.7$$
$$= -0.321 \times 20 + 12.7$$
$$= 6.28$$
$$\fallingdotseq 6.3$$

可以預測出「到車站20分鐘的房子租金為6.3萬日圓」！

此一「y ＝ 6.28（萬日圓）」的數值，並不存在實際的測量值，而是由迴歸分析方程式所算出。但是，如同我們先前以測量值「x ＝ 3」所計算的，測量值與預測值之間會有落差，而這稱之為「**殘差**」。我們來看看迴歸直線與殘差之間的關係吧。

為降低殘差值而追求「殘差平方和最小化」

所謂殘差的概念如右圖所示。

殘差＝測量值－預測值

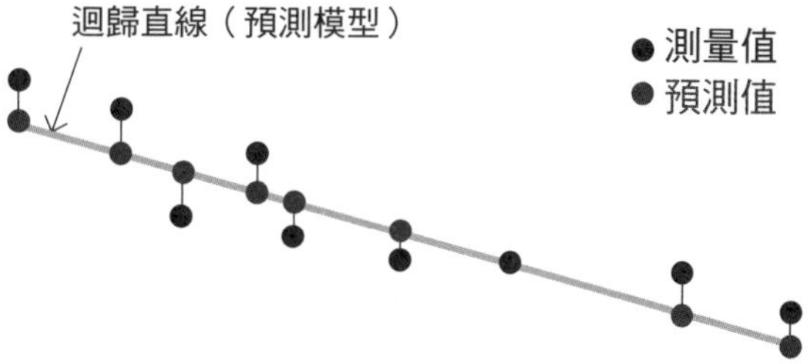

我們所追求的是讓此殘差最小化的預測模型，因此能夠畫出測量值與預測值之間差異小的迴歸直線。
由圖形我們可以得知，殘差分為正值（測量值較迴歸直線值大）與負值（測量值較迴歸直線值小）。此處請再回顧一下第一章的 54 ～ 59 頁，這與使用絕對值的平均偏差、以及利用變異數的標準差之間的差異是相同的。為降低殘差值，將「殘差」加以平方使其全部成為「正」值，追求其合計數的最小值。換言之，**即藉由「殘差平方和最小化」來畫出預測模型直線的思考方式，形成了迴歸分析的預測算式**。

運用此計算式的手法稱為「最小平方法」。有時也以「OLS」（Ordinary Least Squares regression）的縮寫表示。請當成新知識記下來吧！

迴歸直線算式是為使
「殘差平方和最小化」的計算式

$$y - \bar{y} = \frac{\sigma_{xy}}{\sigma_x^2}(x - \bar{x})$$

■迴歸分析的預測模式為至今所學的集大成

終於，本書的內容到這就是結尾了。出現了許多的統計名詞、符號與算式，最後來到了「以迴歸分析求取多變量分析的預測」。本書「所建議的統計學學習順序」為「先實際使用看看」、「知道理由」，再來「加深理解」。此處的「最後，加以回顧運用」，則透過迴歸分析的預測模型來進行。在這個算式中，隱含了至今所學的各項統計要素。

$$y-\bar{y}=\frac{\sigma_{xy}}{\sigma^2_x}\ (x-\bar{x})$$

$$\frac{y-\bar{y}}{\sigma_y}=\frac{\sigma_{xy}}{\sigma_x\sigma_y}\times\frac{x-\bar{x}}{\sigma_x}$$

首先，在「＝」的兩側同除「y的標準差（σ_y）」。
「除以 σ_y」可視為「乘以$\frac{1}{\sigma_y}$」。
算式會如左列呈現。

在「＝」等號的右側

$$\frac{\sigma_{xy}}{\sigma^2_x}(x-\bar{x})\rightarrow\frac{\sigma_{xy}}{\sigma_x\times\sigma_x}(x-\bar{x})\rightarrow\frac{\sigma_{xy}}{\sigma_x}\times\frac{x-\bar{x}}{\sigma_x}$$

再「乘以$\frac{1}{\sigma_y}$」

若將這個算式代換為統計用語，則如下。

$$\frac{y-(y\text{的平均})}{y\text{的標準差}}=\frac{x\text{與}y\text{的共變異數}}{x\text{與}y\text{的標準差乘積和}}\times\frac{x-(x\text{的平均})}{x\text{的標準差}}$$

「由數值減去平均值再除以標準差」為標準分數（較之於平均值相差幾個標準差）。

這個分數則為相關係數的計算式。「x 與 y 的線性關係」等於表示「相關」的數值。

標準分數。

那麼，再將「標準分數」置換為「z」、「相關係數」置換為「r」吧。

$z_y = r \times z_x$ **（目的變量的標準分數，為目的變量與解釋變量的相關係數、乘以解釋變量的標準分數所得出的數值）**

相關係數的數值範圍為「$-1 \leqq r \leqq 1$」。換言之，「y 的標準分數與 x 的標準分數相較，必然較小（接近於「0」）。若 y 的標準分數接近於「0」，表示 y 的資料值接近於 y 的平均值。**在統計學上以「迴歸」來指稱上述所謂的「回到平均」**。

「迴歸」一詞的語源

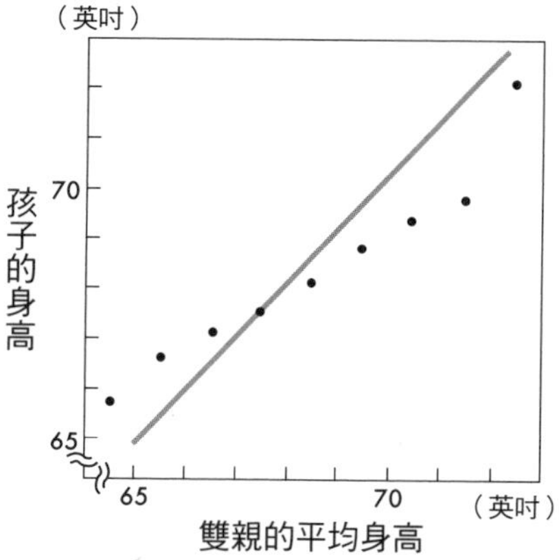

「身高高的雙親」與「身高矮的雙親」的特徵若100%遺傳給孩子，那麼人類可以一分為二：即身高高與身高矮的族群。但實際上，由圖表也可看出，身高會「向種族的平均靠攏」。此一現象統計學家高爾頓稱之為「迴歸」。

上圖是「雙親的平均身高」與「孩子的身高」相等的直線。雙親的身高若矮，則其孩子的身高高於該線所代表的數值；雙親的身高若高，則其孩子的身高矮於該線所代表的數值。

高爾頓反覆進行這樣的研究，是建立起以統計學分析「兩種變量的關係」基礎的學者。因此，在現今的統計學中，仍將**兩個變量以上的關聯性統稱為「迴歸分析」**。

統計學的趣味由此開始

最後進行的迴歸分析預測模型的說明，現在只要抱持著「算式中充滿了至今所學的統計元素」的感覺就足夠了。請將此處的學習要點，也就是計算式中的「迴歸」代表的意義為「回到平均」，以及上面提到「迴歸」語源為高爾頓的遺傳研究，兩者一起記住吧！

本書的開頭介紹過「統計學是為解決社會課題而因應而生的學問」。本書雖然經常以「首先使用看看」為起點來累積統計學知識，但藉由確實地學習與「讀取」一個一個的計算式，各位讀者應該也注意到統計學的數學趣味性了吧！

預測模型是為了「殘差平方和最小化」，其實這運用了在（日本）高中數學所學的「微分」。以此為基礎再深入一步，學習統計學背後的數學這門學問也應該不錯！而在讀畢本書的此刻，這也已經成為選項之一了！

不是「魔法道具」而是「討論的材料」

有意義地使用統計學的心得

Refresh 人事異動的時間差不多要告一段落，回歸業務部的日子也快來臨了。
這麼說來，和美小姐桌上的那個算式……
如果活用至今所學，應該能解開了吧…？
$\sum_{r=1}^{365}(1.01)^r = 1.01^1 + 1.01^2 + 1.01^3 \cdots$
我想想…
喀噠喀噠…
咦！「3715」!?
沒錯……「1」加上「0.01」……
也就是雖然只有1％，
但這個式子經過365次的計算，
也會變成很驚人的數字吧！
和美小姐
「1」重複相加365次雖然也會變成「365」，
但，只要在「1」之上加上「0.01」的每天努力不懈，
積沙成塔的重要，是這個算式教我的事。

即便很微小，
我也希望自己能夠
成為大家助力，
因此我去拜託社長，
希望能有一個部門來處理
大家都感到棘手的資料分析，
於是成立了這個部門。
唔唔
拜託
您了
OK。
原來是這樣啊！
和美小姐好厲害啊！
我不拼命好好做
是不行的！
我即便回到業務部，
也會繼續加油學習統計學的！
謝謝！
我很高興喔。

那之後
営業部
至今為止公司內部的廣告宣傳費用與業績的相關係數為0.72，可以認為有相對較強的正相關……
以現狀而言，若增加投入的行銷費用，可以期待業績的持續成長。
特別是與上一次的廣告相較，當然這一次的廣告所帶來的業績也不錯，但在針對這兩次的廣告，
客戶的偏好是否有所差異進行檢定時，
所得出的p值為0.3%（**），
這是能夠判斷偏好有所差異的數值。
由此我們可以推論這一次的廣告比起前一次的廣告，更受好評。
唔嗯
唔嗯

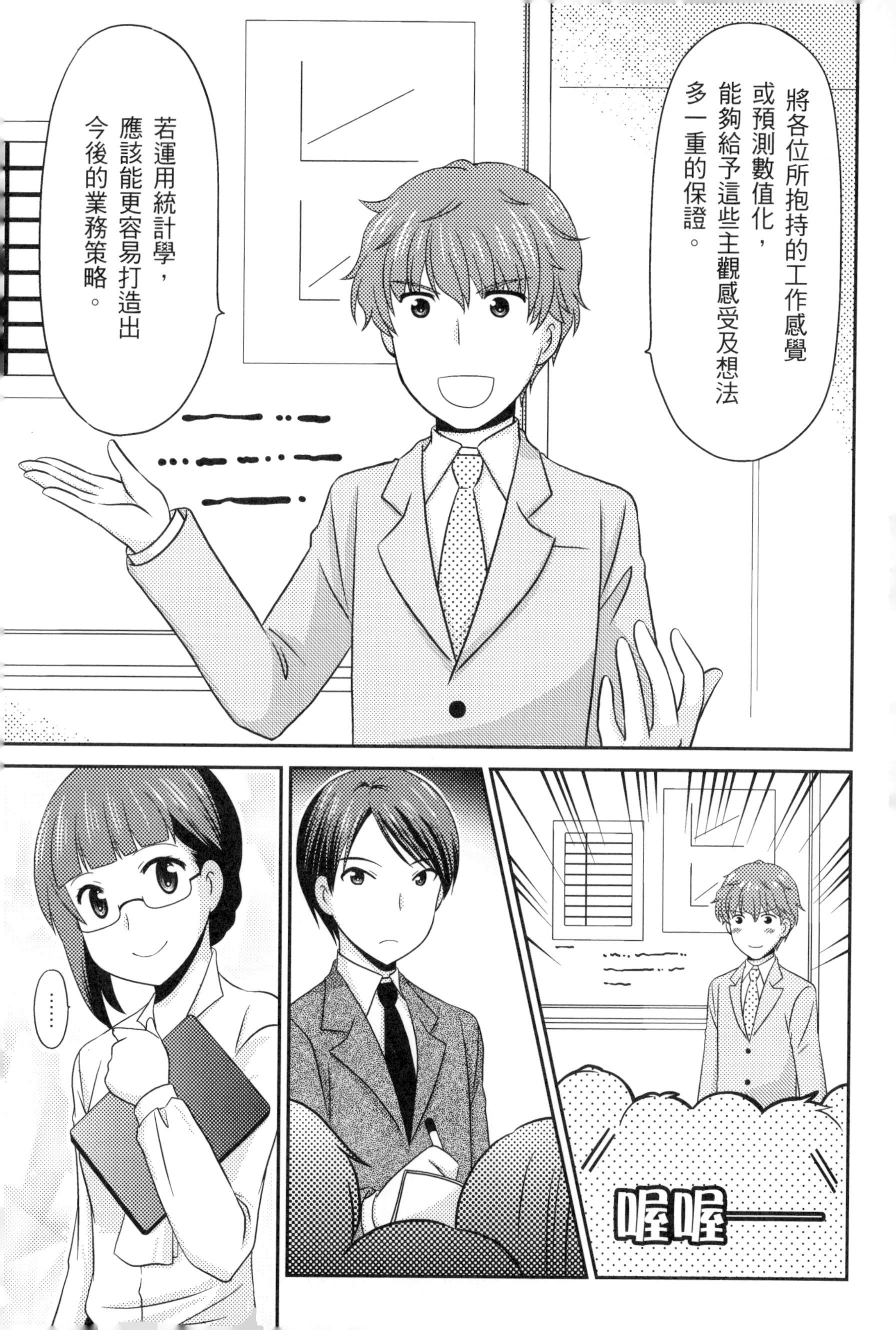
將各位所抱持的工作感覺或預測數值化，能夠給予這些主觀感受及想法多一重的保證。
若運用統計學，應該能更容易打造出今後的業務策略。
……
喔喔——

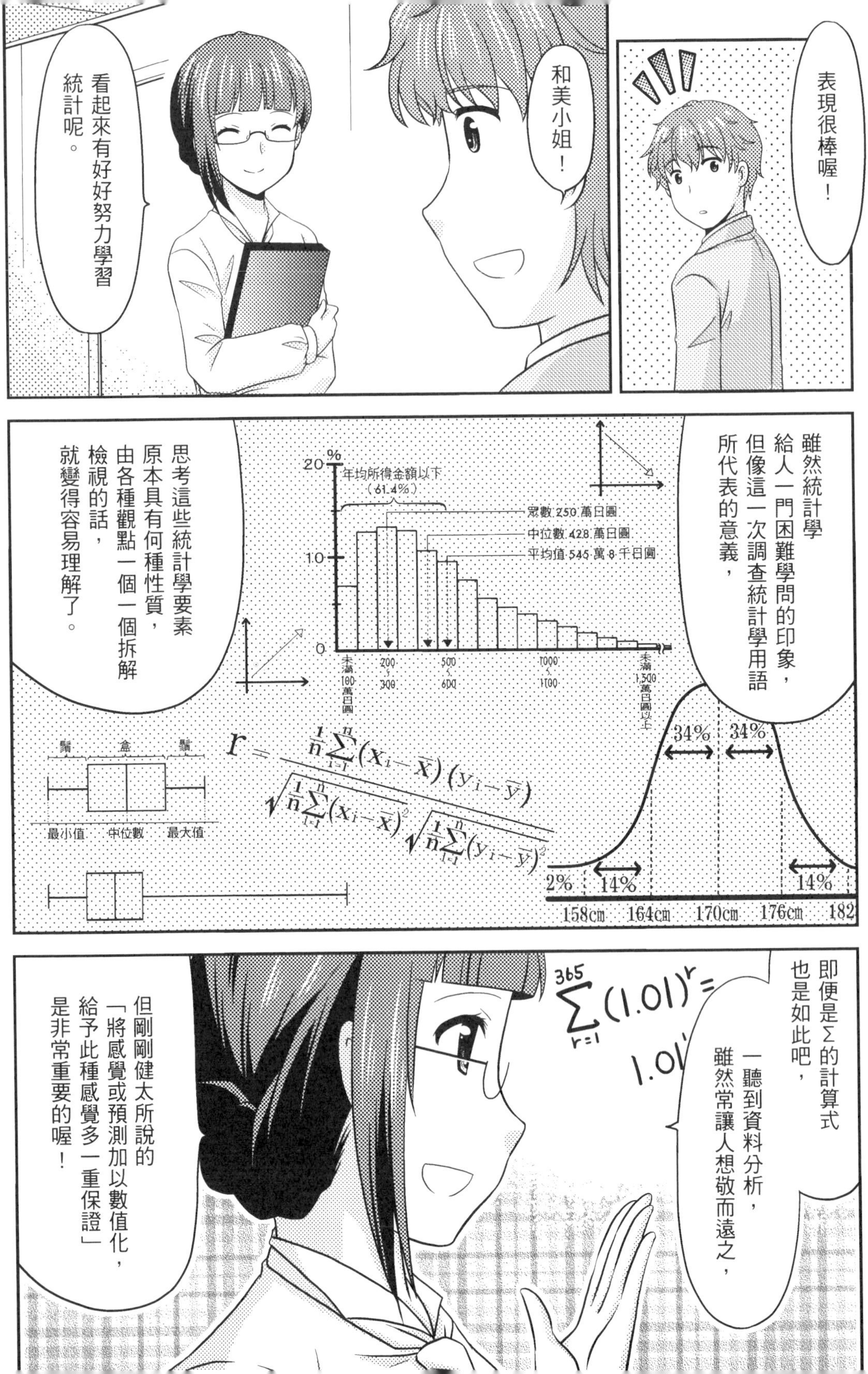
表現很棒喔！
和美小姐！
看起來有好好努力學習統計呢。
雖然統計學給人一門困難學問的印象，但像這一次調查統計學用語所代表的意義，
思考這些統計學要素原本具有何種性質，由各種觀點一個一個拆解檢視的話，就變得容易理解了。
20%
10
0
年均所得金額以下（61.4%）
眾數 250 萬日圓
中位數 428 萬日圓
平均值 545 萬 8 千日圓
未滿100萬日圓
200~300
500~600
1000~1100
未滿1,500萬日圓以上
鬚 盒 鬚
最小值 中位數 最大值
$r=\frac{\frac{1}{n}\sum_{i=1}^{n}(x_i-\overline{x})(y_i-\overline{y})}{\sqrt{\frac{1}{n}\sum_{i=1}^{n}(x_i-\overline{x})^2}\sqrt{\frac{1}{n}\sum_{i=1}^{n}(y_i-\overline{y})^2}}$
34% 34%
2% 14% 14%
158cm 164cm 170cm 176cm 182
即便是Σ的計算式也是如此吧，
$\sum_{r=1}^{365}(1.01)^r=$
一聽到資料分析，雖然常讓人想敬而遠之，
但剛剛健太所說的「將感覺或預測加以數值化，給予此種感覺多一重保證」是非常重要的喔！

不過，統計學並非萬能的道具，
只是讓人不要隨著數字起舞的工具之一，
不要忘了這一點喔！
好！接下來也要更加努力囉！
順帶一提，資料分析部的位子一直都是空著的喔！
還有很多想要教你的東西！
是！
哈哈哈

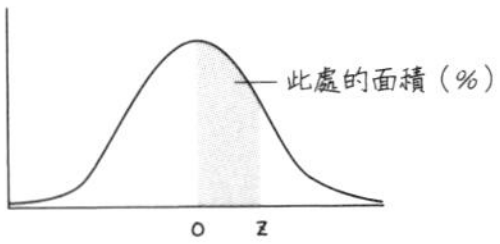

標準常態分配表

Z	0.00	0.01	0.02	0.03	0.04	0.05	0.06	0.07	0.08	0.09
0.0	.0000	.0040	.0080	.0120	.0160	.0199	.0239	.0279	.0319	.0359
0.1	.0398	.0438	.0478	.0517	.0557	.0596	.0636	.0675	.0714	.0753
0.2	.0793	.0832	.0871	.0910	.0948	.0987	.1026	.1064	.1103	.1141
0.3	.1179	.1217	.1255	.1293	.1331	.1368	.1406	.1443	.1480	.1517
0.4	.1554	.1591	.1628	.1664	.1700	.1736	.1772	.1808	.1844	.1879
0.5	.1915	.1950	.1985	.2019	.2054	.2088	.2123	.2157	.2190	.2224
0.6	.2257	.2291	.2324	.2357	.2389	.2422	.2454	.2486	.2517	.2549
0.7	.2580	.2611	.2642	.2673	.2704	.2734	.2764	.2794	.2823	.2852
0.8	.2881	.2910	.2939	.2967	.2995	.3023	.3051	.3078	.3106	.3133
0.9	.3159	.3186	.3212	.3238	.3264	.3289	.3315	.3340	.3365	.3389
1.0	.3413	.3438	.3461	.3485	.3508	.3531	.3554	.3577	.3599	.3621
1.1	.3643	.3665	.3686	.3708	.3729	.3749	.3770	.3790	.3810	.3830
1.2	.3849	.3869	.3888	.3907	.3925	.3944	.3962	.3980	.3997	.4015
1.3	.4032	.4049	.4066	.4082	.4099	.4115	.4131	.4147	.4162	.4177
1.4	.4192	.4207	.4222	.4236	.4251	.4265	.4279	.4292	.4306	.4319
1.5	.4332	.4345	.4357	.4370	.4382	.4394	.4406	.4418	.4429	.4441
1.6	.4452	.4463	.4474	.4484	.4495	.4505	.4515	.4525	.4535	.4545
1.7	.4554	.4564	.4573	.4582	.4591	.4599	.4608	.4616	.4625	.4633
1.8	.4641	.4649	.4656	.4664	.4671	.4678	.4686	.4693	.4699	.4706
1.9	.4713	.4719	.4726	.4732	.4738	.4744	.4750	.4756	.4761	.4767
2.0	.4772	.4778	.4783	.4788	.4793	.4798	.4803	.4808	.4812	.4817
2.1	.4821	.4826	.4830	.4834	.4838	.4842	.4846	.4850	.4854	.4857
2.2	.4861	.4864	.4868	.4871	.4875	.4878	.4881	.4884	.4887	.4890
2.3	.4893	.4896	.4898	.4901	.4904	.4906	.4909	.4911	.4913	.4916
2.4	.4918	.4920	.4922	.4925	.4927	.4929	.4931	.4932	.4934	.4936
2.5	.4938	.4940	.4941	.4943	.4945	.4946	.4948	.4949	.4951	.4952
2.6	.4953	.4955	.4956	.4957	.4959	.4960	.4961	.4962	.4963	.4964
2.7	.4965	.4966	.4967	.4968	.4969	.4970	.4971	.4972	.4973	.4974
2.8	.4974	.4975	.4976	.4977	.4977	.4978	.4979	.4979	.4980	.4981
2.9	.4981	.4982	.4982	.4983	.4984	.4984	.4985	.4985	.4986	.4986
3.0	.4987	.4987	.4987	.4988	.4988	.4989	.4989	.4989	.4990	.4990
3.1	.4990	.4991	.4991	.4991	.4992	.4992	.4992	.4992	.4993	.4993
3.2	.4993	.4993	.4994	.4994	.4994	.4994	.4994	.4995	.4995	.4995
3.3	.4995	.4995	.4995	.4996	.4996	.4996	.4996	.4996	.4996	.4997
3.4	.4997	.4997	.4997	.4997	.4997	.4997	.4997	.4997	.4997	.4998
3.5	.4998	.4998	.4998	.4998	.4998	.4998	.4998	.4998	.4998	.4998
3.6	.4998	.4998	.4999	.4999	.4999	.4999	.4999	.4999	.4999	.4999
3.7	.4999	.4999	.4999	.4999	.4999	.4999	.4999	.4999	.4999	.4999

※標準常態分配表數字所代表的是，將全體的面積視為 1.0（100%）時所求數值的面積（單側的 50%），左側欄位表示小數點第一位，上方欄位則代表小數點第二位（例：Z = 1.67 時，左側欄位看 1.6，上方欄位看 0.07，兩個欄位交會點的數值為 .4525，45.25% 則為次數分配的比率）。

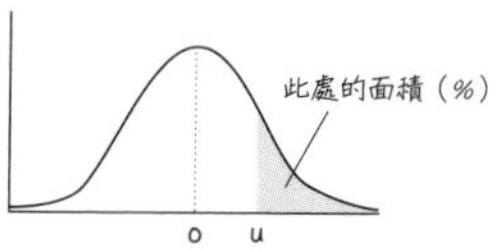

標準常態分配表（上尾機率）

u	0.00	0.01	0.02	0.03	0.04	0.05	0.06	0.07	0.08	0.09
0.0	.5000	.4960	.4920	.4880	.4840	.4801	.4761	.4721	.4681	.4641
0.1	.4602	.4562	.4522	.4483	.4443	.4404	.4364	.4325	.4286	.4247
0.2	.4207	.4168	.4129	.4090	.4052	.4013	.3974	.3936	.3897	.3859
0.3	.3821	.3783	.3745	.3707	.3669	.3632	.3594	.3557	.3520	.3483
0.4	.3446	.3409	.3372	.3336	.3300	.3264	.3228	.3192	.3156	.3121
0.5	.3085	.3050	.3015	.2981	.2946	.2912	.2877	.2843	.2810	.2776
0.6	.2743	.2709	.2676	.2643	.2611	.2578	.2546	.2514	.2483	.2451
0.7	.2420	.2389	.2358	.2327	.2296	.2266	.2236	.2207	.2176	.2148
0.8	.2119	.2090	.2061	.2033	.2005	.1977	.1949	.1922	.1894	.1867
0.9	.1841	.1814	.1788	.1762	.1736	.1711	.1685	.1660	.1635	.1611
1.0	.1587	.1562	.1539	.1515	.1492	.1469	.1446	.1423	.1401	.1379
1.1	.1357	.1335	.1314	.1292	.1271	.1251	.1230	.1210	.1190	.1170
1.2	.1151	.1131	.1112	.1093	.1075	.1056	.1038	.1020	.1003	.0985
1.3	.0968	.0951	.0934	.0918	.0901	.0885	.0869	.0853	.0838	.0823
1.4	.0808	.0793	.0778	.0764	.0749	.0735	.0721	.0708	.0694	.0681
1.5	.0668	.0655	.0643	.0630	.0618	.0606	.0594	.0582	.0571	.0559
1.6	.0548	.0537	.0526	.0516	.0505	.0495	.0485	.0475	.0465	.0455
1.7	.0446	.0436	.0427	.0418	.0409	.0401	.0392	.0384	.0375	.0367
1.8	.0359	.0351	.0344	.0336	.0329	.0322	.0314	.0307	.0301	.0294
1.9	.0287	.0281	.0274	.0268	.0262	.0256	.0250	.0244	.0239	.0233
2.0	.0228	.0222	.0217	.0212	.0207	.0202	.0197	.0192	.0188	.0183
2.1	.0179	.0174	.0170	.0166	.0162	.0158	.0154	.0150	.0146	.0143
2.2	.0139	.0136	.0132	.0129	.0125	.0122	.0119	.0116	.0113	.0110
2.3	.0107	.0104	.0102	.0099	.0096	.0094	.0091	.0089	.0087	.0084
2.4	.0082	.0080	.0078	.0075	.0073	.0071	.0069	.0068	.0066	.0064
2.5	.0062	.0060	.0059	.0057	.0055	.0054	.0052	.0051	.0049	.0048
2.6	.0047	.0045	.0044	.0043	.0041	.0040	.0039	.0038	.0037	.0036
2.7	.0035	.0034	.0033	.0032	.0031	.0030	.0029	.0028	.0027	.0026
2.8	.0026	.0025	.0024	.0023	.0023	.0022	.0021	.0021	.0020	.0019
2.9	.0019	.0018	.0018	.0017	.0016	.0016	.0015	.0015	.0014	.0014
3.0	.0013	.0013	.0013	.0012	.0012	.0011	.0011	.0011	.0010	.0010
3.1	.0010	.0009	.0009	.0009	.0008	.0008	.0008	.0008	.0007	.0007
3.2	.0007	.0007	.0006	.0006	.0006	.0006	.0006	.0005	.0005	.0005
3.3	.0005	.0005	.0005	.0004	.0004	.0004	.0004	.0004	.0004	.0003
3.4	.0003	.0003	.0003	.0003	.0003	.0003	.0003	.0003	.0003	.0002
3.5	.0002	.0002	.0002	.0002	.0002	.0002	.0002	.0002	.0002	.0002
3.6	.0002	.0002	.0002	.0001	.0001	.0001	.0001	.0001	.0001	.0001
3.7	.0001	.0001	.0001	.0001	.0001	.0001	.0001	.0001	.0001	.0001

※由於上尾機率呈現的是大於標準分數數值的機率（分配），因此與相對應的標準常態分配表的合計數必定為 50%（例：Z = 1.67 時，標準常態分配表的數值為 .4525，上尾機率則為 .0475，合計為 .5000 → 50%）。

公式彙整

偏差（52頁）

＝【數值】－【平均值】

平均偏差（54頁）

＝讓【偏差】的正負符號全部為「＋」後加總合計，再除以【資料個數】所得出的數值

偏差平方和（54頁）

＝將所有的【偏差】平方之後加總合計所得出的數值

變異數（54頁）

＝【偏差平方和】÷【資料個數】

標準差（58頁）

＝$\sqrt{\text{【變異數】}}$（變異數為標準差的平方）

標準分數（58頁）

＝【偏差】÷【標準差】

偏差值（50頁）

$$= 50 + 【標準分數】\times 10$$

變異係數（72頁）

=【標準差】÷【平均值】

偏差乘積和（114頁）

= x 與 y 相對應的偏差各自相乘後加總合計的數值

共變異數（114頁）

=【偏差乘積和】÷【資料個數】

相關係數r（108頁）

$$= \frac{【x\text{與}y\text{的共變異數}】}{【x\text{的標準差}】\times【y\text{的標準差}】}$$

淨相關係數r（134頁）

$$= \frac{【x\text{與}y\text{的相關係數}】-(【x\text{與}z\text{的相關係數}】\times【y\text{與}z\text{的相關係數}】)}{\sqrt{1-(【x\text{與}z\text{的相關係數}】)^2}\times\sqrt{1-(【y\text{與}z\text{的相關係數}】)^2}}$$

索引

粗體字為本文中粗體字重點出現的頁碼，細字則為解說索引名詞特徵的頁碼

參考文獻

本處所介紹的參考文獻，也是讀罷本書之後對統計學全貌有所理解的讀者們，再次重讀本書加深理解、並且要更進一步理解統計學時的「推薦書單」。閱讀統計學書籍的關鍵在於「持續漸進」；不懂的地方，也可能透過其他書籍的說明而茅塞頓開。找到「合乎自己需求」的說明，也是能夠與統計學長久交往、深入理解的訣竅。

- **清水誠**（一九九六）《資料分析 開始的第一步 從數值資訊可以讀出什麼訊息？》講談社
- **向後千春、富永敦子**（二〇〇七）《理解統計學 在漢堡店的無痛學習 簡單快樂統計學》技術評論社
- **小島寬之**（二〇〇六）《圖解統計學入門》鑽石社（易博士出版社）
- **白砂堤津耶**（二〇一五）《例題學習法 由初級開始的統計學 第二版》日本評論社
- **石井俊全**（二〇一二）《首先從這一本開始 了解統計學》貝雷出版
- **篠崎信雄、竹內秀一**（二〇〇九）《統計分析入門（第二版）》科學社
- **神永正博**（二〇一一）《看穿謊言的統計學 不無聊的統計入門》講談社
- **前野昌弘、三國彰**（二〇〇〇）《圖解 統計分析 由資料的檢視 ・ 收集方法到迴歸分析與多變量分析》日本實業出版社
- **向後千春、富永敦子**（二〇〇八）《理解統計學「迴歸分析 ・ 因子分析篇」》技術評論社
- **涌井貞美**（二〇一三）《首先從這一本開始 理解統計分析》貝雷出版

以下的五本參考文獻，則適合對於統計學的全貌有所理解，想要針對各單項內容加深理解、探究統計學這門學問的人。請各位讀者將來來挑戰看看。

- **東京大學教養學部統計學教室**（一九九一）《統計學入門「基礎統計學 I」》東京大學出版會
- **西岡康夫**（二〇〇四）《過關取分 統計學筆記》講談社
- **永田靖**（一九九六）《統計方法的結構 正確理解的三十個關鍵》日科技連出版社
- **薩摩順吉**（一九八九）《機率 ・ 統計（理工科系的數學入門課 七）》岩波書店
- **皆本晃彌**（二〇一五）《完全理解機率統計—定理的詳細證明—》近代科學社

結語

統計學基礎知識讓生活與工作有了質的改變

各位讀者，順利讀完本書了嗎？大概還有很多不了解的地方吧。「統計學即便是入門書還是很困難」，這是我自己在剛開始學統計學時的真實感想。

想著在深谷裡不知道會不會出現微弱的燈光，突然卻又攀上險峻的山壁。一邊理解「統計學這座山是什麼山」的同時，一步一步向前邁進，就是這樣的狀況。而這就是學習的「順序路徑」這點，我是後來才知道的。但是，我希望有更多的人能夠了解統計學，希望統計學的理解能力能成為各位自己的工具。我認為不是只有上述的「順序路徑」才是接近統計學的方法，在這個念頭下所整理出來的、便是構成本書的「學習統計學的『建議順序』」。

在本書的漫畫中，健太與文典同心協力成功地完成了簡報。但是，在第一線的職場中，認為統計或機率這些數字很困難，無法取得理解與共識也是現實。負責資料分析者與第一線的業務或生產製造人員、管理階層，如果能夠一步一步接近統計學、溝通對於統計學用語或數字看法的理解，職場或公司組織的團隊合作也會更加堅固。在本書之中也包含了這樣的想法。統計學在改變你對於社會的看法、提升工作的品質，以及與他人討論、溝通對事物的理解上，一定也會有所助益的吧。

小林 克彥

國家圖書館出版品預行編目資料

超統計學/小林克彥監修；方瑜翻譯. -- 修訂一版. -- 臺北市：易博士文化, 城邦文化事業股份有限公司出版：英屬蓋曼群島家庭傳媒股份有限公司城邦分公司發行, 2021.03
面；　公分
譯自：マンガでわかるやさしい統計学
ISBN 978-986-480-145-9(平裝)

1.統計學

510　　110003130

DO4008

超統計學

原 著 書 名／マンガでわかる　やさしい統計学
原 出 版 社／池田書店
監　　　修／小林克彥
漫　　　畫／智・Side Ranch
譯　　　者／方瑜
選　書　人／蕭麗媛
執 行 編 輯／呂舒峮、林荃瑋

業 務 經 理／羅越華
總　編　輯／蕭麗媛
視 覺 總 監／陳栩椿
發　行　人／何飛鵬
出　　　版／易博士文化
城邦文化事業股份有限公司
台北市中山區民生東路二段 141 號 8 樓
電話：(02) 2500-7008　傳真：(02) 2502-7676
E-mail：ct_easybooks@hmg.com.tw
發　　　行／英屬蓋曼群島商家庭傳媒股份有限公司城邦分公司
台北市中山區民生東路二段 141 號 11 樓
書虫客服服務專線：(02) 2500-7718 、2500-7719
服務時間：週一至週五上午 09:30-12:00 ；下午 13:30-17:00
24 小時傳真服務：(02) 2500-1990 、2500-1991
讀者服務信箱：service@readingclub.com.tw
劃撥帳號：19863813
戶名：書虫股份有限公司
香港發行所／香港發行所／ 城邦（香港）出版集團有限公司
香港灣仔駱克道 193 號東超商業中心 1 樓
電話：(852) 2508-6231 傳真：(852) 2578-9337
E-mail：hkcite@biznetvigator.com
馬新發行所／馬新發行所／ 城邦（馬新）出版集團【Cite (M) Sdn. Bhd. (458372U) 】
11, Jalan 30D/146, Desa Tasik, Sungai Besi,
57000 Kuala Lumpur, Malaysia
電話：(603) 9056-3833 傳真：(603) 9056-2833
封 面 構 成／簡至成
美 術 編 輯／簡至成
製 版 印 刷／卡樂彩色製版印刷有限公司
執 筆 協 力／塩澤雄二

2019 年 01 月 03 日 初版
1 年 03 月 11 日 修訂一版
-986-480-145-9
0 元　HK$183

Printed in Taiwan

城邦讀書花園
www.cite.com.tw